西　装

文化服装讲座

西装

文化服装讲座

西 装

西 装

文化服装讲座

高等职业技术教育服装专业使用教材

文化服装讲座

（新版）

（3）

（日）文化服装学院 编

范树林 郝瑞闽 文家琴 编译

西装篇

- 女式西装、马甲
- 男式西装、马甲
- 特体西装
- 西装样板的补正

中国轻工业出版社

图书在版编目（CIP）数据

文化服装讲座（3）：西装篇/范树林等编译．—北京：中国轻工业出版社，2021.8
ISBN 978-7-5019-2225-3

Ⅰ．文…　Ⅱ．范…　Ⅲ．西服-基本知识　Ⅳ．TS941

中国版本图书馆 CIP 数据核字(98)第 13339 号

责任编辑：秦　功　刘忠波
策划编辑：秦　功　　责任终审：滕炎福　　封面设计：郭文慧
版式设计：丁　夕　　责任校对：朗静瀛　　责任监印：张京华

*

出版发行：中国轻工业出版社（北京东长安街6号，邮编：100740）
印　　刷：三河市万龙印装有限公司
经　　销：各地新华书店
版　　次：2021年8月第1版第15次印刷
开　　本：787×1092　1/16　　印张：10
字　　数：231千字　插页：2
书　　号：ISBN 978-7-5019-2225-3　　定价：28.00元
著作权合同登记号图字：01-98-0863
邮购电话：010—65241695
发行电话：010—85119835　　传真：85113293
网　　址：http://www.chlip.com.cn
Email：club@chlip.com.cn
如发现图书残缺请与我社邮购联系调换
210936J2C115ZYW

文化服装讲座(新版)1~6集介绍

文化服装讲座(1)
· 原理篇

学习服装制作理论与技术的入门篇。主要内容：服饰概论、文化式原型的制图及应用原理；局部制图与基础缝制。

文化服装讲座(2)
● 基础篇

在第一集理论与技术的基础上，进行应用与发展，主要内容：男女式衬衣、裤子以及裙装的平面结构制图、样板与制作工艺。

文化服装讲座(3)
● 西装篇

本集主要内容：男女西装、马甲的平面结构制图、样板与制作工艺，并对每一服种又包括了多种款式。特体西装及样板的补正，也是本书的重要内容。

文化服装讲座(4)
● 茄克、大衣篇

从服装的品种，此集是前三集内容的延续。主要内容：男女茄克、大衣的平面结构制图、样板与制作工艺。

文化服装讲座(5)
● 童装、礼服篇

本集为童装、礼服篇。儿童的体型变化与特征，以及与设计的关系等。从基础制图开始，以2岁到12岁年龄的儿童为对象，囊括了所有服种。礼服内容：有礼服的分类及变迁；各类礼服的平面结构制图、样板与制作工艺。

文化服装讲座(6)
● 产业篇

本集较详细地介绍了服装产业的生产程序与样板制作方法。工业用样板的制作以及各服种的样板缩放是本集的重点。

内 容 提 要

　　本书是高等职业技术教育服装教材丛书，文化服装讲座(新版)第三集。本集内容主要包括两个部分，共分四章。第一部分为西装的样板制作与工艺工程，第二部分为马甲的样板制作与工艺工程。

　　西装部分包括男、女西装的基本型与变化型，特体西装与西装样板补正也是重要内容。

　　马甲部分同样也包括男女基本型与变化型，从基本制图到样板以及制作工艺，都有详细解说。

　　本书为高等职业技术教育服装专业教材，也可作为服装中专、服装职工、技术人员的技术提高、培训使用教材，对广大服装爱好者也是一本必备的读物。

译者简历

范树林 男，1966年出生于天津市，1939年毕业于日本东京文化服装学院。1987年至1989年在日留学期间，主攻服装样板与制作工艺，回国后从事服装教育工作。现任中国人民解放军军需工业学院、邢台职业技术学院服装系主任教授。出版有译著《服装样板设计技术》。

郝瑞闽 女，1964年出生，祖籍石家庄市。1986年3月赴日本东京文化服装学院留学，1988年3月毕业回国后从事服装教育工作。现为中国人民解放军军需工业学院、邢台职业技术学院服装系教授。1996年曾出版译著《服装样板设计技术》。

文家琴 女，1966年出生，祖籍湖北黄陂。1986年3月赴日本东京文化服装学院留学，1989年3月毕业回国后从事服装教育工作。现为中国人民解放军军需工业学院、邢台职业技术学院服装系副教授。1996年曾出版译著《服装样板设计技术》。

序

　　服装是人类精神文明与物质文明的浓缩，是文化的象征。时代造就了服装文化，同时服装文化又反映出了时代的政治、经济、文化、社会制度的特征。

　　随着社会主义市场经济的建立与逐步完善，服装业取得了长足的发展。人们不再停留在感性阶段认识服装，而是更加理智地去感知服装赋予人类的内涵。服装产业化程度的高低，往往反映出了一个国家现代化的进程。为进一步提高我国服装产业的水准，强化服装应用技术的作用，中国人民解放军军需工业学院、邢台职业技术学院服装系组织留日归国教师以日本文化服装讲座为原型，编译了这套教材，其中包括《原理篇》、《基础篇》、《西装篇》《茄克、大衣篇》、《童装、礼服篇》、《产业篇》等六册。这套教材的编译完成，体现出了参编人员的长期探索与研究的成果，以及近10年来教学实践中的经验总结。他们既注重借鉴国外的有益经验，更注重同我国服装产业的有机结合。在目前我国服装应用技术教学中，在我国服装产业中，这套教材的出版，就其系统性和科学性上作了积极尝试与探索。

　　这套教材不仅适合我国高等职业技术院校服装专业作为教材使用，也可以作为普通高等院校服装专业教材，还可以作为中等职业技术学校服装专业的教学参考书，还是广大服装产业从业人员和爱好者的专业读物。

　　在这套教材的出版过程中，得到了国家教委职教司教材处、日本东京文化服装学院及文化出版局、中国轻工业出版社等单位和许多专家的大力支持，在此表示感谢。

中国人民解放军军需工业学院
邢台职业技术学院　院长　**杨旺才**

1997 年 11 月

前　言

　　中国人民解放军总后勤部与国家教委于1991年联合发文成立邢台职业技术学院，试办高等职业技术教育。学院在特色教学方面确立了以职业为导向、以能力培养为基础的培养目标，制定了与培养目标相适应的教学计划与教学大纲，据此编写出了这一符合教学大纲的配套教材。

　　本教材是在新版《文化服装讲座》的基础上融汇了编译者留日期间的所学以及多年的服装教学实践而成，经过三届学生的试用，教学效果良好，在对学生的技能培养方面发挥了重要作用。在内部试用过程中已经多次修订。

　　本教材具有很强的原理性与知识性，内容系统、全面，在编排形式上也有较大的创新，突出应用和职业技能的训练是本书的特点。

　　本教材由范树林主译，男西装制图、男西装马甲的制图与工艺由郝瑞闽编译，插肩袖无领女套装、戗驳头八开身女套装、男西装样板与试穿补正由文家琴编译。

　　在本书的编译过程中，得到了日本东京文化服装学院院长大沼淳先生、学务部部长古田隆吉先生，邢台职业技术学院院长杨旺才先生、副院长王建贽先生、服装系主任王佩国先生的大力关心与支持，在此向所有帮助和关心支持本教材的领导和先生们表示衷心的感谢。

　　由于编译水平有限，加之时间匆促，错漏之处在所难免，恳请各界读者及服装专业同行们多提宝贵意见，以便再版时修正。

编译者
1997年10月

目 录

第一章　女套装

女式平驳头西装 …………………………………………………… (5)
女式戗驳头西装 …………………………………………………… (44)
直线型青果领女西装 ……………………………………………… (47)
公主线型女套装 …………………………………………………… (51)
插肩袖无领女套装 ………………………………………………… (56)
戗驳头八开身女套装 ……………………………………………… (57)

第二章　男套装

单排两粒扣平驳头西装 …………………………………………… (62)
男西装样板补正与试穿补正 ……………………………………… (81)
双排戗驳头四粒扣西装 …………………………………………… (94)
单排三粒扣平驳头西装 …………………………………………… (96)
休闲西装 …………………………………………………………… (98)
肥胖体型用单排二粒扣西装 ……………………………………… (100)

第三章　马甲

女式基本型马甲 …………………………………………………… (102)
女式束带型马甲 …………………………………………………… (109)
男式西装马甲 ……………………………………………………… (112)
男式基本型马甲(比例式) ………………………………………… (118)
男式 L 字形接缝的马甲 …………………………………………… (120)
男式重叠式马甲 …………………………………………………… (126)

第四章　中山服

中山装的缝制工程表 ……………………………………………… (145)

第 一 章
女 套 装

原则上讲，用同种面料制作的上下衣叫套装。

女服以西装的形式出现是在19世纪70年代的后期。由于19世纪80年代体育的普及，男西装的倾向就被引入到各式各样的运动服中。到了19世纪90年代，女西装作为外出服已基本定型。进入20世纪后，以第一次、第二次世界大战的社会状况为背景，随着职业女性的增加，宽松式的套装已普及到一般大众并且定型。

战后随着生活的现代化，女性的社会地位逐步提高，经济上也逐渐独立。这样，女性的生活方式发生大幅度的变化，随之而来的便是寻求与此生活方式相吻合的服装。

由于着装意识与形态的多样化，套装也并不仅仅是西装，因此，从名称上下定义很难。如今以设计师或消费者的感觉进行称呼的为多。以下，为了初学者的方便，把套装从形态、素材、目的、用途、季节等几个方面分类进行解说。

套装的名称

根据形态的命名

根据套装的形态而取的名称几乎是以西服外套（jacket）为基础的，因此这里只对西服外套进行说明。

西服套装 具有正统西装格调的西服外套的总称，领子、口袋、造型等根据流行的不同多少发生变化。

单排扣西服套装 前门为一排扣的西服外套，多为平驳头。

双排扣西服外套 增大了前门的重叠量，一般为二排扣、戗驳头。

运动套装（blazer suit） 具有宽松感觉的西装型外套。本来是作为体育用的制服，现在多以单件的休闲式西服外套形式出现。

西服套装

单排扣西服套装　双排扣西服套装

诺福克套装（Norfolk suit） 后面有过肩或褶、固定有腰带、机能性较好的外套。多被用作运动装。诺福克是英国的地名。

夏耐尔套装 是已故服装设计师夏耐尔发表的、以简洁线条为基调的女式无领套装。领口、前门襟、下摆、袋口等处都有镶边。

包列罗套装（Bolero suit） 长度在腰围线附近的短外套。它引自西班牙的民族服装，通常是穿在罩衫等的外面敞胸着用。

无领套装（Cardigan suit） V字形开领的套装，可作为有运动感的上装，着装轻松。

短外套（Spencer suit） 指比较合体的短

运动套装　　诺福克套装　　夏耐尔套装　　包列罗套装　　无领套装

上衣。因19世纪初期Spencer伯爵喜欢穿用，便由此得名。

接腰型套装 上衣中带有摆叶的设计，强调腰部。摆叶多做褶饰，是很优雅的外套。

衬衣型套装 前门襟、领子、袖头等为衬衣型，具有宽松感觉的外套。

猎装 像猎人、探险者等穿用的、带有贴袋或腰带的活动型外套。

巴特尔套装（Battle Suit） 从作战用外套中演变出来的造型，带有很多口袋，并且下摆带有腰带的短外套。

束带套装（belted suit） 带有腰带的外套。

长外套（tunic suit） 2cm左右长的直筒造型，稍有较长感觉的外套。

茄克套装 使身片柔软且膨胀，下摆系有腰带或绳子的外套。

宽松套装（smock suit） 具有宽罩衣格调的外套。

短外套　　接腰型套装　　衬衣型套装　　猎装

巴特尔套装　　束带套装　　长外套　　茄克套装　　宽松套装

根据目的、用途的命名

午后服（afternoon suit） 是午后访问、社交时穿用的，有正午后服的格调，且简化后的套装。

夜便礼服（dinner suit） 晚会用的套装，也可作为略式夜礼服穿用。

燕尾服（cocktail suit） 从傍晚到深夜的鸡尾酒会中穿用的套装，很潇洒。

外出服（town suit） 上街时穿用的套装。

休闲服（casual suit） 类似运动服或游玩服式的着装轻便的套装。

旅行服（travelling suit） 旅行用的套装。

骑马服（riding suit） 为适于骑马，衣身较长，在后中心制作有开衩的外套，常与马裤或裙裤搭配。

夏季套装（summer suit） 用透气性材料制作的、具有清凉感觉的套装。

冬季套装（winter suit） 用厚料制作的、以防寒为目的的套装。

根据素材的命名

针织服（Knitted suit） 用编织物或针织布料制作的套装。

皮服（leather suit） 用皮革制作的套装，可防寒，也可当潇洒装用。

素材

面料

根据季节、设计、用途、着用者的爱好来选择色彩、图案、材料等。一般情况下，当造型比较单纯时，要力求素材的变化；当造型比较复杂时，要使用简洁的素材。这里列举一些不同素材的常用布料名称。

毛料

法兰绒、粗花呢、华达呢、乔其绉、凡立丁、波拉呢、开士米、驼丝锦、精纺毛，毛与化纤的混纺、交织等。

丝绸

丝织猎装绒、古香缎、织锦缎、罗缎、印度丝、塔夫绸、绉绸、天鹅绒，丝与化纤的混纺、交织等。

其他

棉布、亚麻布、化纤、皮革等。

里料

因为里布具有滑溜的特性，所以，加上里子后不仅穿着舒适、穿脱方便，还能保护面料、延长衣服的使用寿命。因此，耐摩、耐洗、不掉色是里布所要具备的条件。除此以外，还有保暖、保型等作用。

里布的组织有平纹、斜纹、缎纹和经编等，素材有人造丝、尼龙、涤纶、棉、丝绸等。因各自的特性都不相同，所以选择时，要适合于面料与造型。一般使用与面料同色的无花纹布料。如是成套服装的时候，有时也使用与衬衣相同的布料作里布。

衬

使用衬的目的，是辅助面料进行造型，增加面料的厚度与重量，使之挺括以造出形态。

在衬的种类中，有毛衬、棉衬、麻衬，化纤的有纺衬、无纺衬、针织衬等，此外，还有局部中所使用的白棉布、胸绒等。在这些衬中喷上粘合剂，便有了粘合衬。

粘合衬增加了衬的作用，具有缝制的合理化、均一化等的特性。

在这里的制作方法中，全部使用粘合衬进行解说。

关于举例解说

下面，举四体的例子进行解说。这里只解说上衣，与之相搭配的裙子、裤子，请参照裙子与裤子的有关章节。

女式平驳头西装

设计说明

具有正统感和随意感的平驳头女西装。设计较为简单。根据使用材料的不同,穿着效果也发生变化。不同年龄、体型的人应用也较广。这是四季的基本装。为初学方便,制作的是贴袋,如变为箱袋或挖袋,再同筒裙相搭配,就变为具有高雅格调的女套装了。另外,为便于初学者掌握,这件上衣的制作方法,是把面和里分别做到绱完领子后,再进行大钩。

使用量

表布 140cm 幅宽 160cm

里布 90cm 幅宽 190cm

厚衬（前身、里领）90cm 幅宽 70cm

薄衬（贴边、领面、里领座、后背、下摆、袖口、口袋）90cm 幅宽 100cm

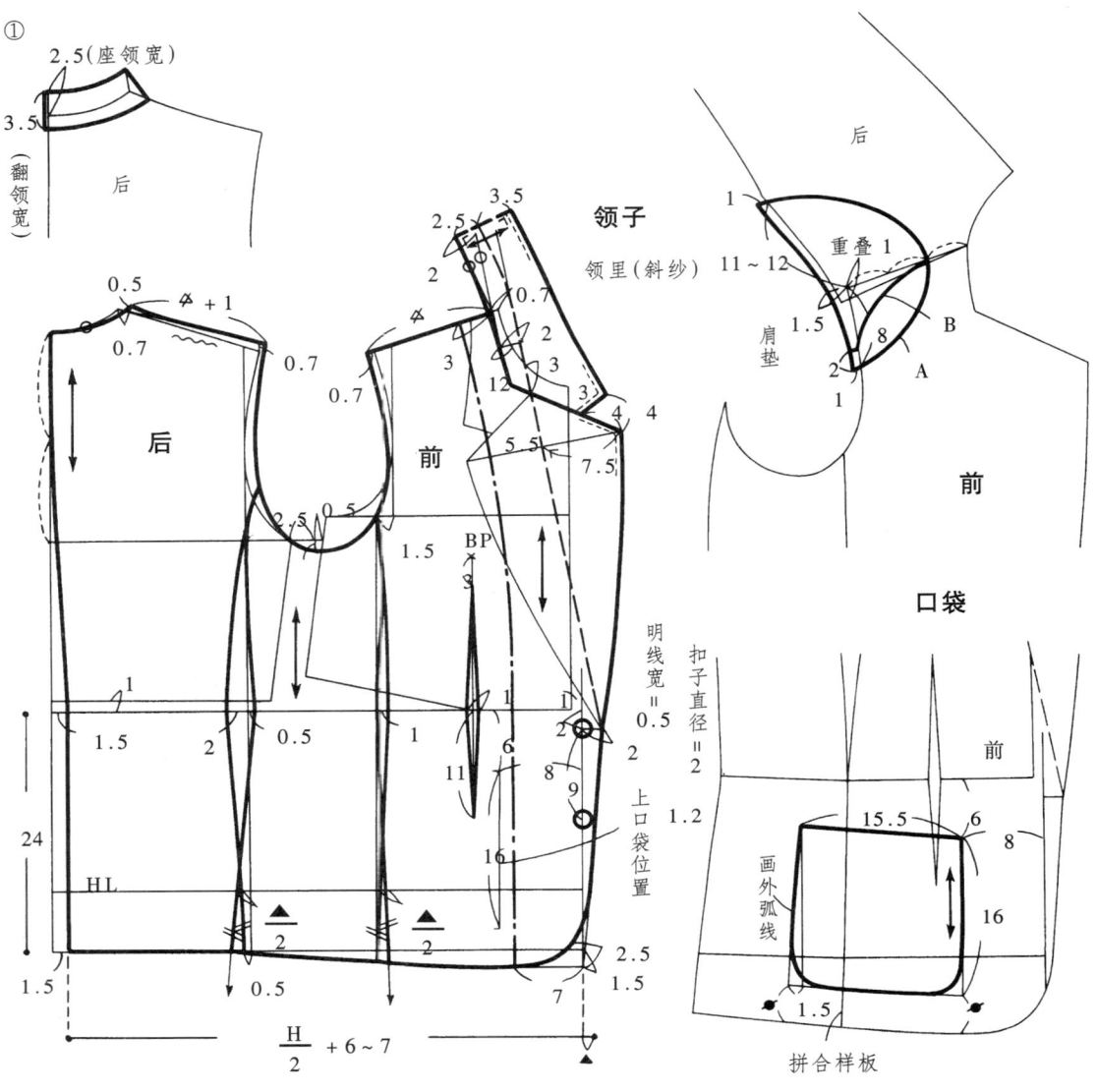

图 1-1-1①

制图(图1-1-1、图1-1-2)

身片(图1-1-1)

首先,把前身原型放到水平线上,后身原型在胸围上放了3cm的余量,然后,为分散前胸的省量和作为外套的长度余量,从WL向上抬高1cm。在前中心,为避免由于布的厚度和左右身相搭而造成围度不足,追加1cm,追加的尺寸根据布的厚度可以增减。

在颈侧点前后都去掉了0.7cm,后片作为长度的余量而追加了0.5cm。肩端点增加了垫肩的厚度。后肩的吃量,根据体型、材料、设计的需要可以增减。

袖隆线,作为外套的余量向下挖深了1cm。画袖隆线时,要掌握前后的机能性与平衡。臀围尺寸的不足量,利用交差解决。贴袋的位置,在制作完成后,要与前中心线和下摆平行,袋口要放有松量。

领子(图1-1-1)

平驳头领子,因为是"V"字型开领的一个重点,所以,在决定驳口折线时,应首先确定领形。方法是:先从折线向大身侧画出预定的领形,再印到反面,依照驳头的直观感觉来决定尺寸。其次,是决定后领的座领宽和翻领宽。领子的倾倒是要外围达到必要尺寸。座领的后宽比前宽大出来0.5cm～0.7cm,这样领子才能自然抱脖。后领的翻领比座领宽出来1cm左右。最后,把领口线和驳口折线画成圆滑的曲线。

〈带袖开衩的时候〉　　　〈不带袖开衩的时候〉

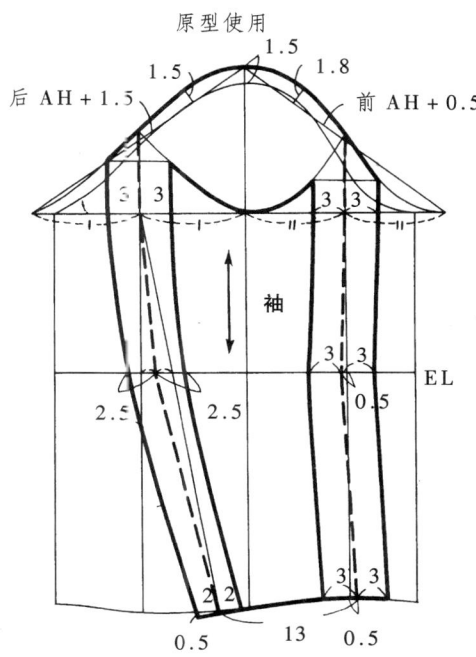

图1-1-1②

袖子(图1-1-1)

作为套装感觉的袖子,要作两片袖的制图。

带袖开衩的时候　　作为外套,袖山高度比原型增加了1.5cm。前后袖山斜线的长,分别是前后袖隆的长加0.5cm和1.5cm。画出袖山弧线后,核对袖隆吃量。但是材料不同,吃量也不一样。所以,袖隆长所加的定寸可以增减。其次,把前后袖上肥线2等分画垂线,把纸对折后,画出小袖的袖隆线。从侧面看到的袖缝线,是仿胳膊自然下垂的弯度而定的。大小袖的偏袖量也可以灵活变动。

不带袖开衩的时候　　把小袖的外袖缝线移向袖口内侧,使之从侧面看不到缝合线。

肩垫(图1-1-1)

肩垫被用作体型补正和造型等。这里对西装的肩垫做一说明。

肩垫的基本形状如图1-1-1所示,A(普通体型),B(前肩体型),根据体型的不同而区别使用。

肩垫是放到衣服内侧的,所以,在肩端点向外探出 1cm。因肩骨的前半部突出,后面较为圆滑,所以,肩垫后面的尺寸要比前面长。宽度掌握在肩宽的 2/3,厚度根据体型的特点来决定。

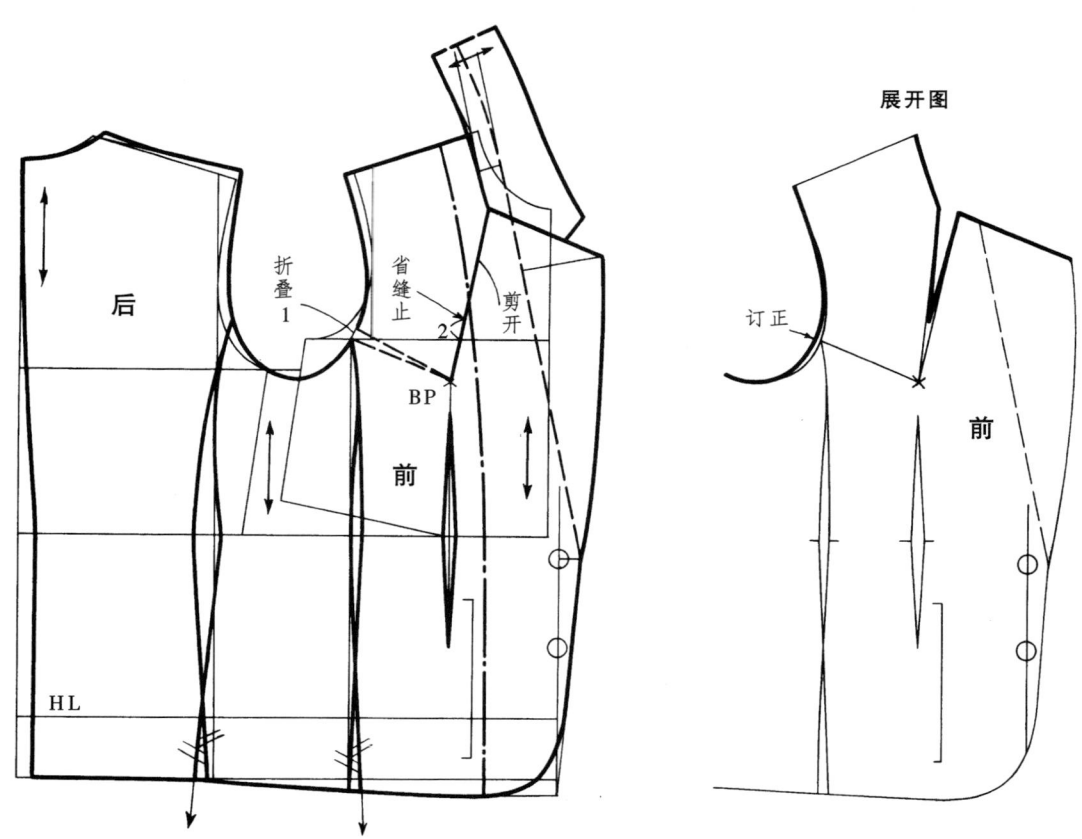

图 1-1-2

制图的应用(图 1-1-2)

在了解体型特点的基础上,制图是很重要的。这里举一个乳房较高、而后身不宜过长的制图例子。

在这种情况下,因身体趋于仰状,后身无需过长,所以,前后原型可同时放到水平线上制图。为适合胸的高度,从袖窿线到乳峰点折叠 1cm,把领口侧剪开,制作时,把剪开的省收到驳头以内就行了。

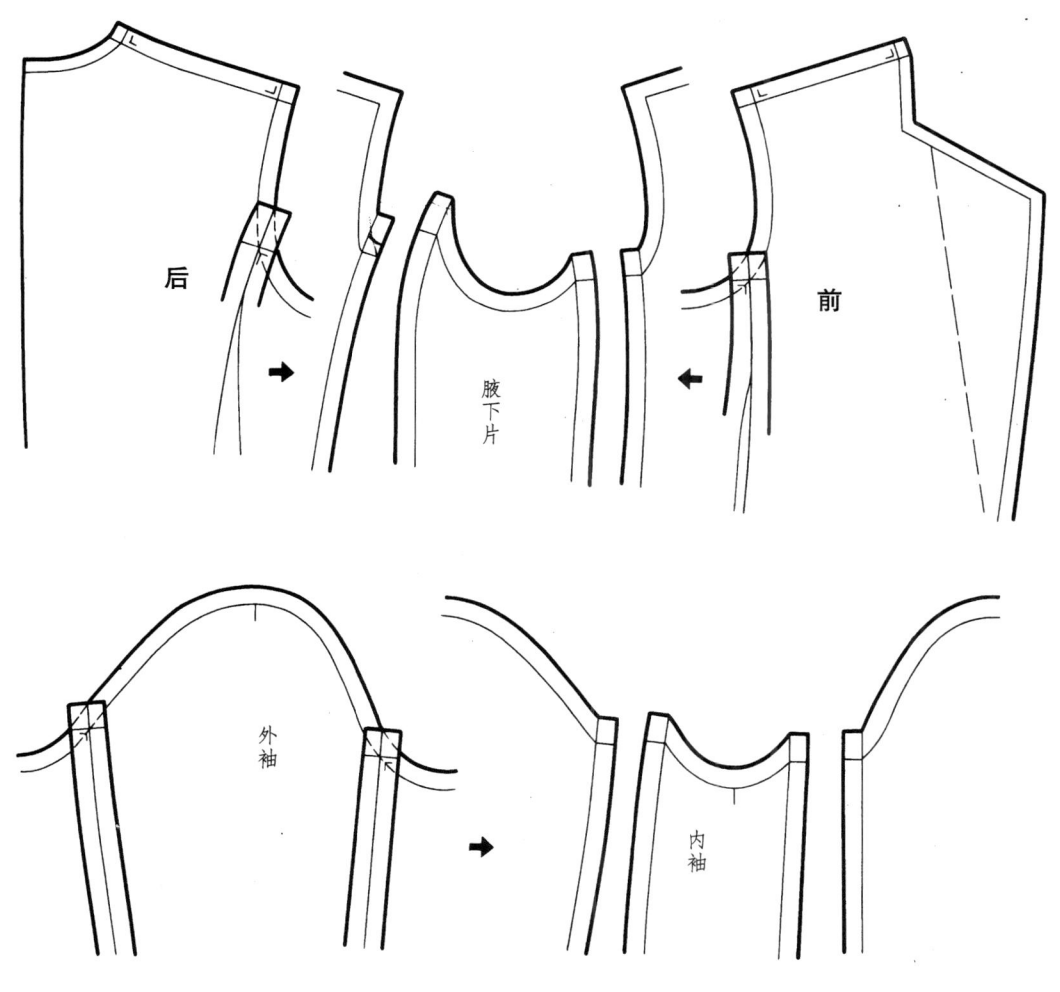

图 1-1-3

样板的制作方法(图 1-1-3、图 1-1-4)

制作样板要加放缝头。

从制图中,复制出每一部件的净样,核对缝合部位的尺寸、合印点、线的联结等,有误差的地方重新订正。

加放缝头,要平行于缝迹线,缝合部位的缝头宽度,要取相同尺寸。破缝线和袖隆线的缝头要如图所示,在缝线的延长线取直角,拼合成制作完毕的状态来决定缝头(图 1-1-3)。

这里由于要进行假缝和试穿补正,所以,缝头的加放无论是宽度还是长度都比较大(图 1-1-4)。

为便于裁剪,画入的纱向线要通过样板的两端。

面料裁剪法（图 1-1-4）

把预缩（烫）后的面料双折，反面朝外，布边对齐，使纵、横纱向成直角。排板的方式很多，但总的原则就是要尽可能少地造成浪费。有倒顺毛的要排成同一纱向。样板的纱向要平行于布的两边（即经纱纱向），全部排板完毕后，用画粉画下样板的裁剪线进行裁剪。

这里裁剪假缝中所必要的部分（前后身片、腋下片、袖子、口袋、领里）。留出领面与贴边样板的位置，待试穿补正后再裁剪。

有必要对条格图案的布料，由于补正可能要造成图案移位，所以，袖子最好用白平布进行假缝。

做标记

试穿补正的假缝有两种，一种是使用白平布，一种是使用实际的面料。需要用白平布进行试穿补正时，使用复写纸做标记；用面料实际裁剪时，一般用打线钉的方法做标记。像袖窿、袖山弧线、领口等弧度较强的部位，线钉的间隔

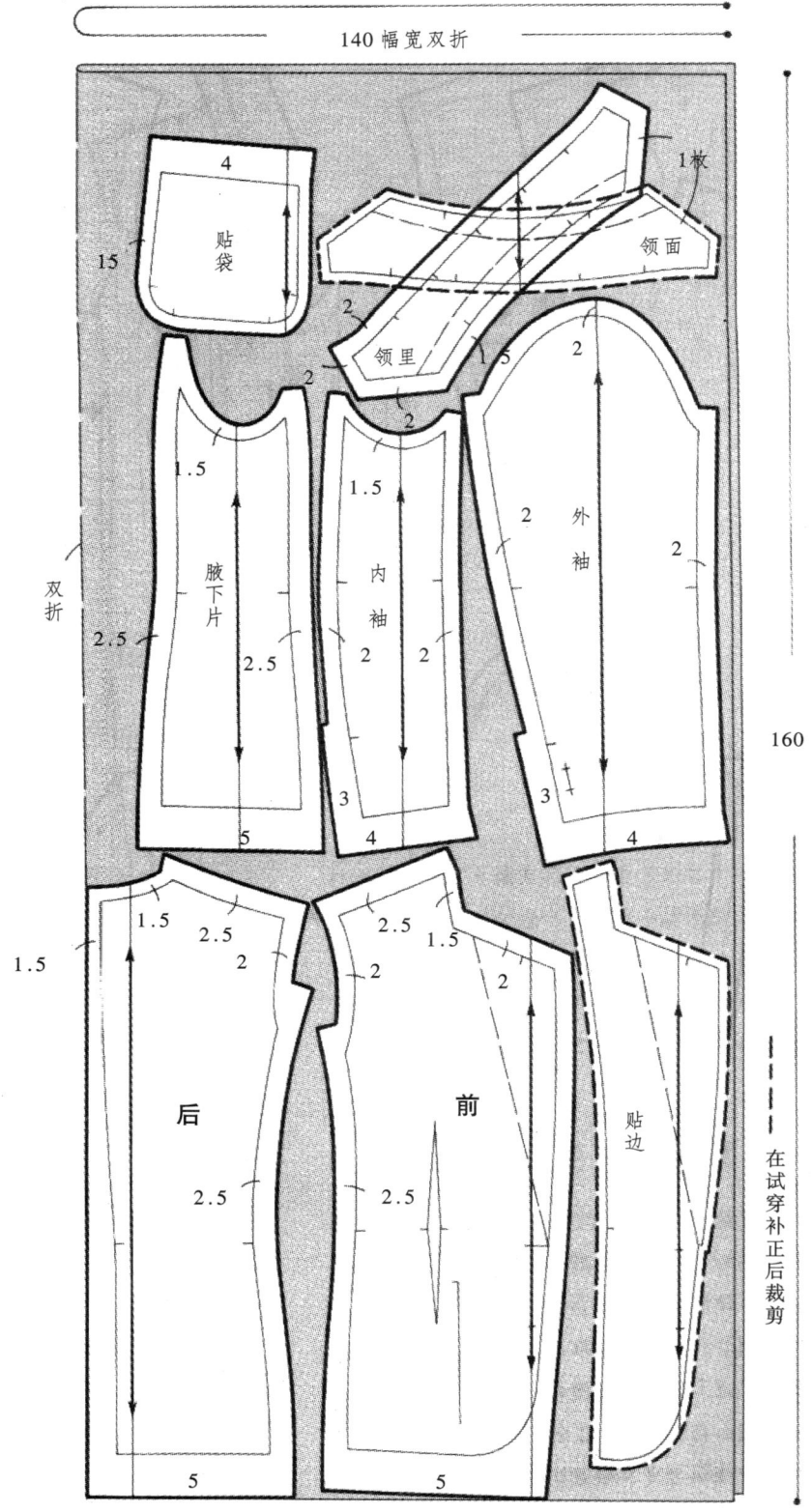

图 1-1-4

为 2cm～3cm，直线部位的间隔为 5cm～10cm。有些绒毛较长的布料，打线钉易破坏面料，还有些粗纺呢线钉也易脱落，这些都要单片用线做标记，或用缝纫机放大针码（每针 0.4cm～0.5cm）做标记。

粘衬完毕后，再打线钉。

需要假缝的时候，合印点要标到净印线上，实际制作的时候，合印点最好标在缝头线上。

假缝时的粘衬部位

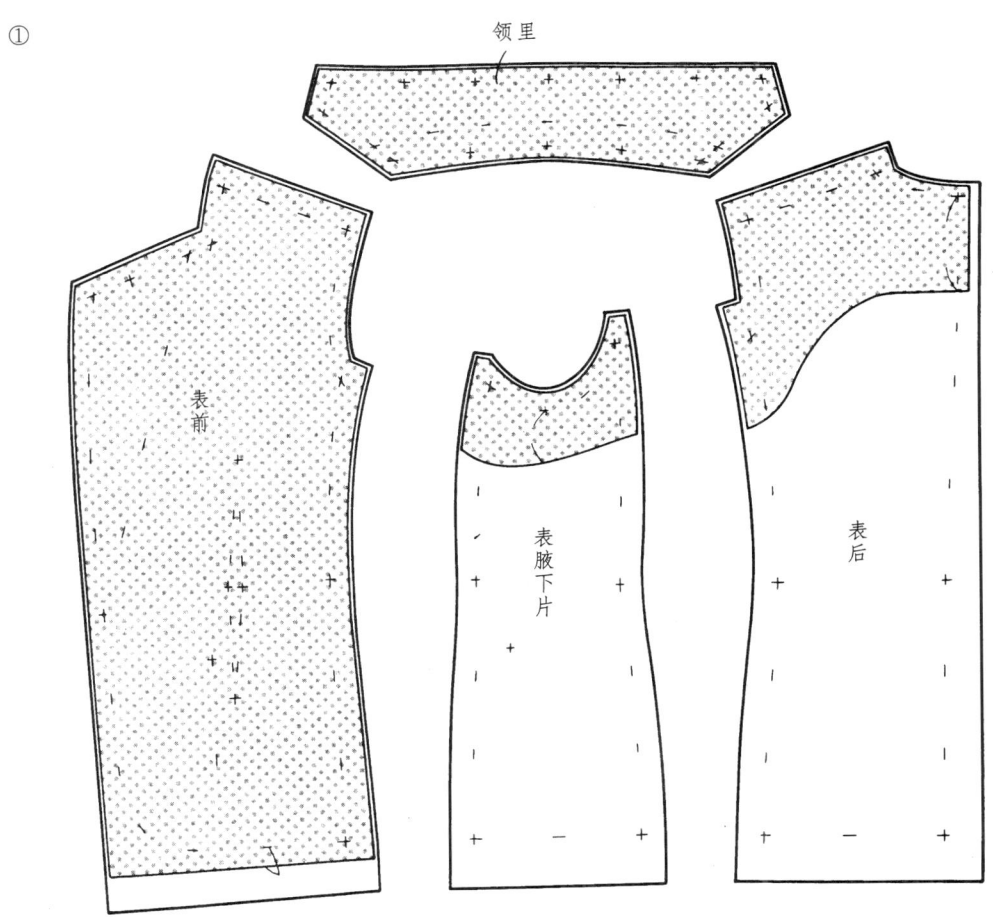

图 1-1-5①

厚衬的裁剪图

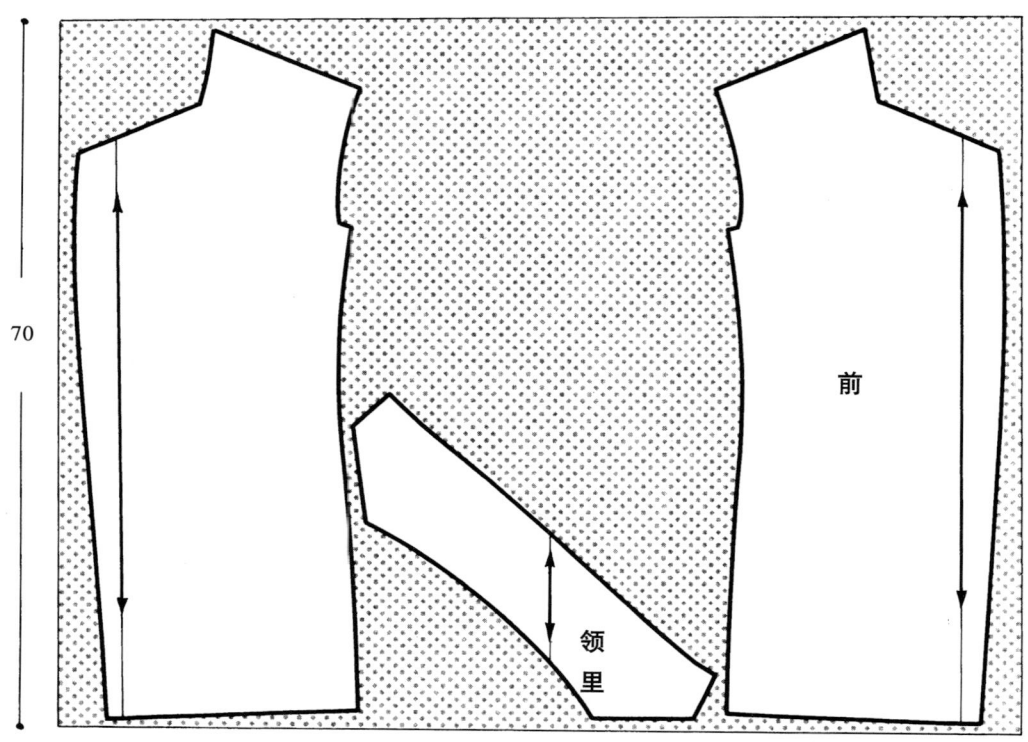

图 1-1-5②

粘合衬的裁法与粘法(图 1-1-5)

裁剪法(图 1-1-5)

如图所示,前身与里领使用厚衬,其他部分使用薄衬。如果是有纺衬,那么,前身和贴边、口袋等想要定型的部位,裁剪方向与面料相同,使用经纱。后背、腋下、领里、领面、袖口、下摆等,需要运行与一定弹性的地方,一般多为斜纱裁剪。

因无纺衬和针织衬有伸缩性,所以,一律同面料用经纱。

裁剪时,把带有粘胶的一侧放入里面双折,同面料一样整理好纱向后再裁。

粘衬的方法

如果需要假缝,也要在必要的部分粘衬。面料裁剪后,先粘衬后打线钉,前身的下摆部分,为便于修正要轻轻粘。粘衬时,要正确整理好面料与衬的纱向,还要特别注意左右片的形状是否对称。

把裁片放在烫垫上,反面朝上,衬的粘胶一侧朝下与面料重叠。待把纱向整理好后,开始粘衬。注意衬布不要起皱。蒸汽熨斗的温度掌握在160~180℃。为防止衬胶粘到熨斗底部,在熨斗下垫一片较薄的烫布,并使各部位受热平均。粘衬完毕后,要把各裁片平放至完全冷却,否则将会起泡。如发现有没完全粘合的部位,要重新粘一次。如使用粘合机粘衬,要先用裁片的零碎料试粘一次,待掌握了剥离程度后,再正式粘。温度一般在140~150℃,时间20~25秒,压力0.2~0.25MPa。

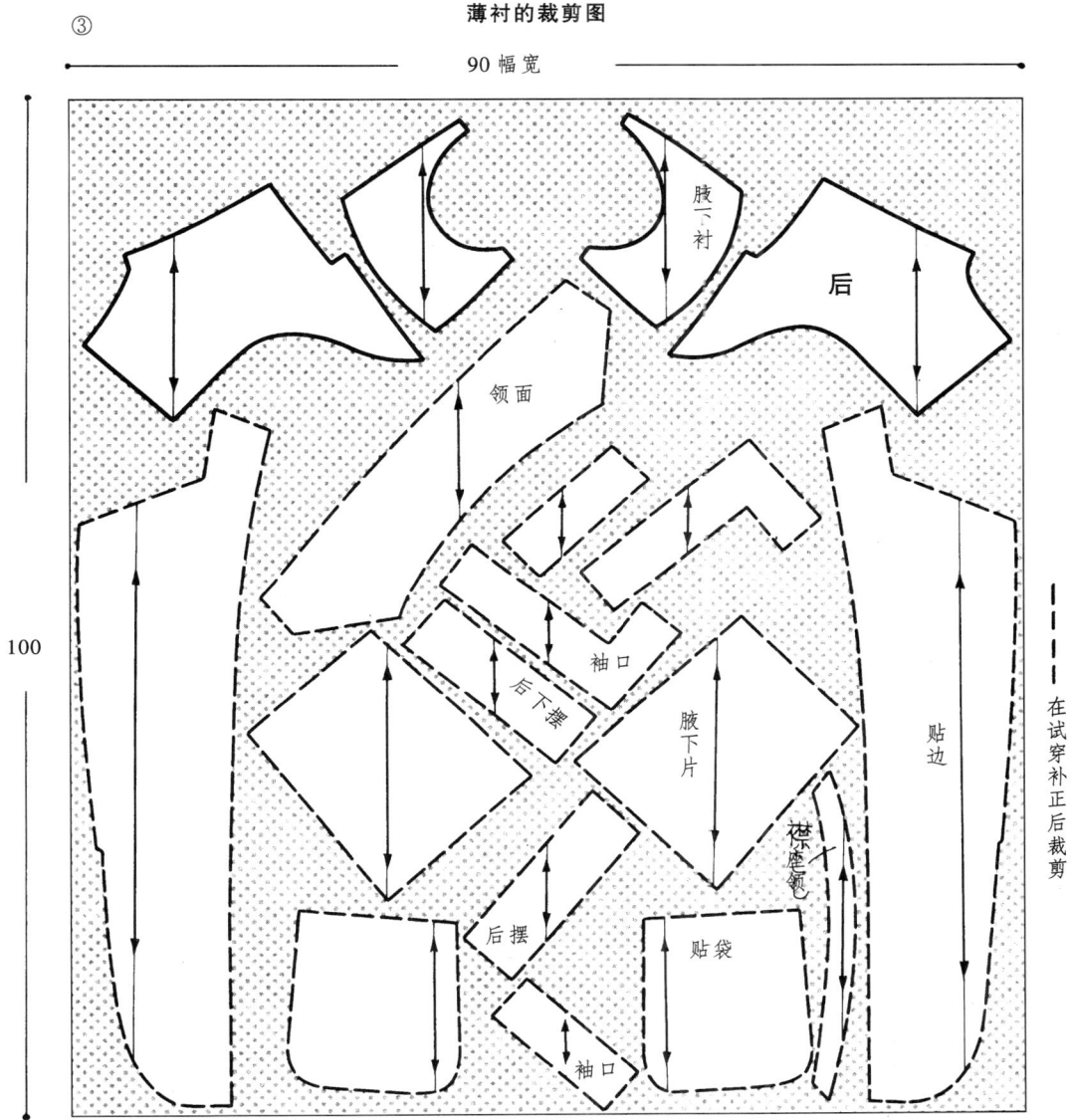

图 1-1-5③

假缝(图1-1-6~图1-1-12)

假缝后,所要进行的试穿补正有两个目的:一是看尺寸是否符合穿着人的体型,二是看设计上的比例是否失调。因此,缝合的正确与否以及能否造出立体感与设计意图是非常重要的。

①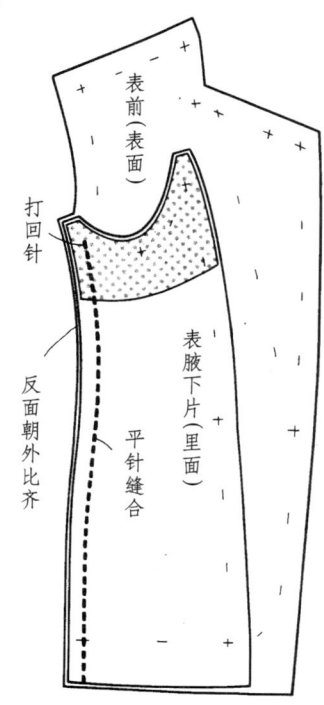

缝合时，一般采用单根棉线，但遇到纺织比较粗糙或厚料的时候，为了稳定缝头，有时也用双线。缝合时反面朝外，为了稳定缝头，缝完暗线，缝明线，同时注意缝线不要过紧。遇到厚布料的时候，因两片容易错开，所以要放平到台案上，用打线钉的要领缝线，缝线稍松，针码要大些，并且每隔一段，可以回一针。

按以下的顺序解说一下缝合方法。

收省与缝合侧缝线（图1-1-6）

①为了在试穿时不至于使袖窿下半部分的缝头防碍胳膊，缝合腋下片时，在净印线处打回针就可以了。

②每条线缝完后，再从表面缝线固定。

折前门襟、下摆（图1-1-7）

从左前片的驳头开始到下摆、右前片，把缝头按净线折进后擦线。前摆的圆角要打几个细褶后，再缝。这部分缝头的边缘也要先固定住。

合肩缝（图1-1-8）

①把后肩反面朝外放到前肩上，从侧颈点到肩端点之间，用别针固定，同时分配好吃量，从后肩侧开始缝线。侧颈点按净印回针，肩端要缝到缝头的端点。

②向前侧倒缝，从表面缝线。

图1-1-6①

②

图1-1-6②

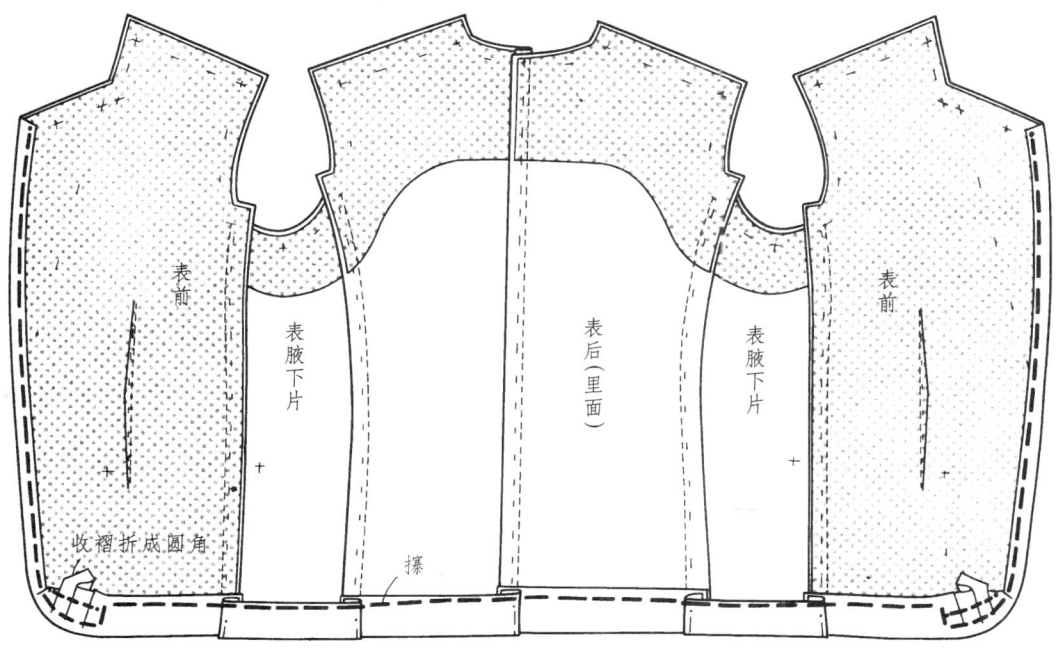

图 1-1-7

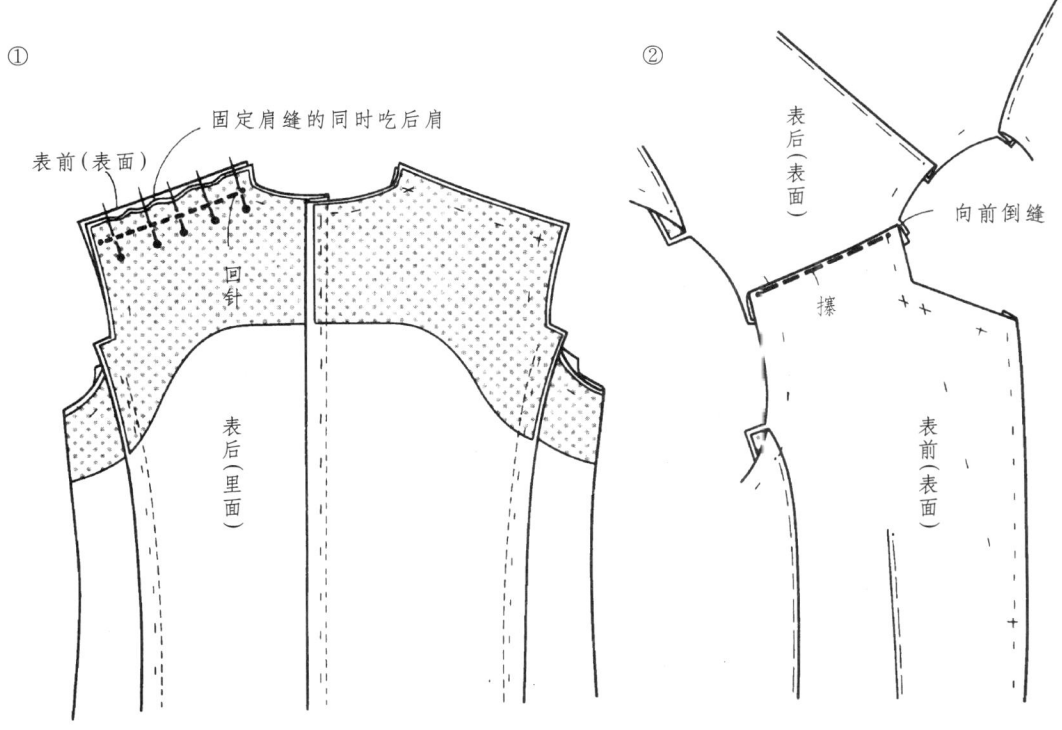

图 1-1-8①、②

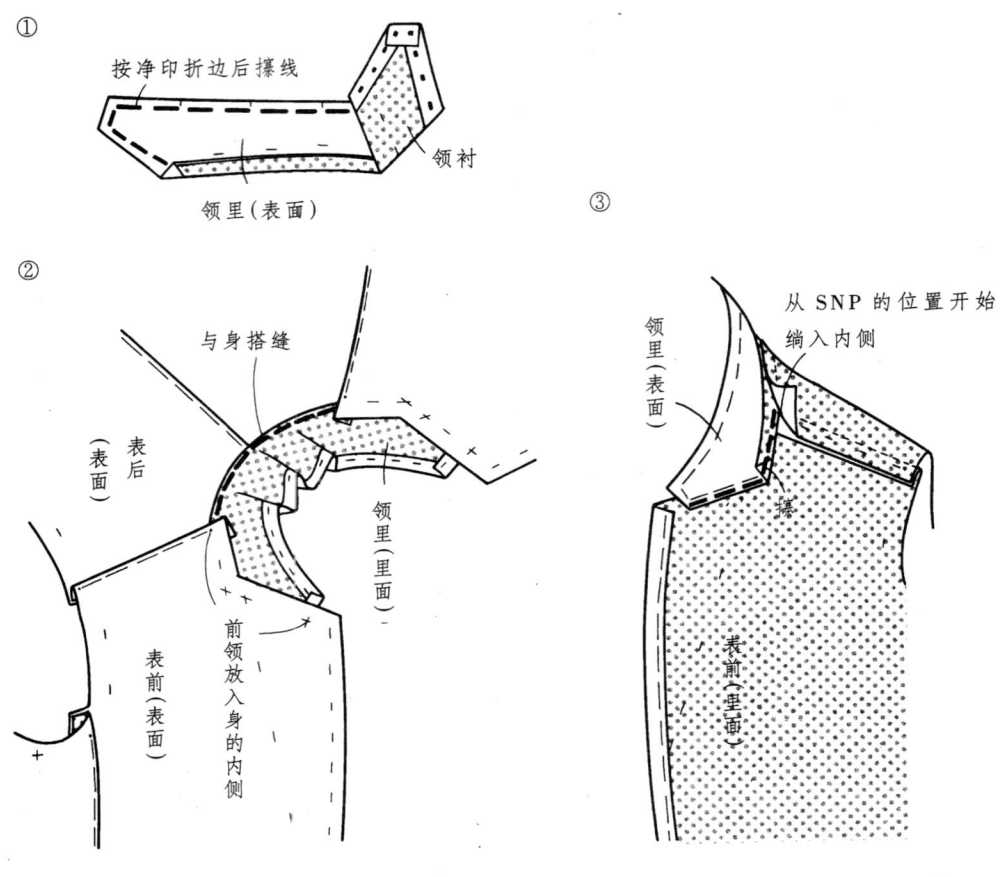

图 1-1-9①~③

做领子与上领子（图 1-1-9）

①领子粘衬完毕，用熨斗按照领外口、上领侧、领端、翻折线的顺序折烫，留出上领侧后，用撩线固定。

②③上领时按图那样，后领口放到身的上面，撩线固定，前领口从侧颈点的位置，开始上到身的内侧。

做袖子与上袖子（图 1-1-10）

①先缝合底袖缝线的暗线，缝头向外袖侧倒缝后，从表面撩线固定。

②折进袖口折边后，撩线。

③缝合外袖缝线，向外袖侧倒缝。成筒状后，可在下面垫一把尺子缝固定撩线。抽袖包缝线，要按图那样抽双道，缝完后留一截线头，两根一起抽效果很好。

④上袖时，先把袖山点与肩线比齐，边掌握吃量的分配，边用别针固定，从袖侧开始撩线，同时掌握吃量的分配。

做口袋与上口袋（图 1-1-11）

①按口袋、外围的顺序折边、撩线。圆角部分，或者通过打细褶，或者通过拱针的办法整理成形。

②把口袋准确地放到身的上口袋位置，撩线固定。

钉扣子（图 1-1-11）

试穿补正的扣子，是把白平布或纸剪成圆形后，钉到右前中心和袖开衩处。

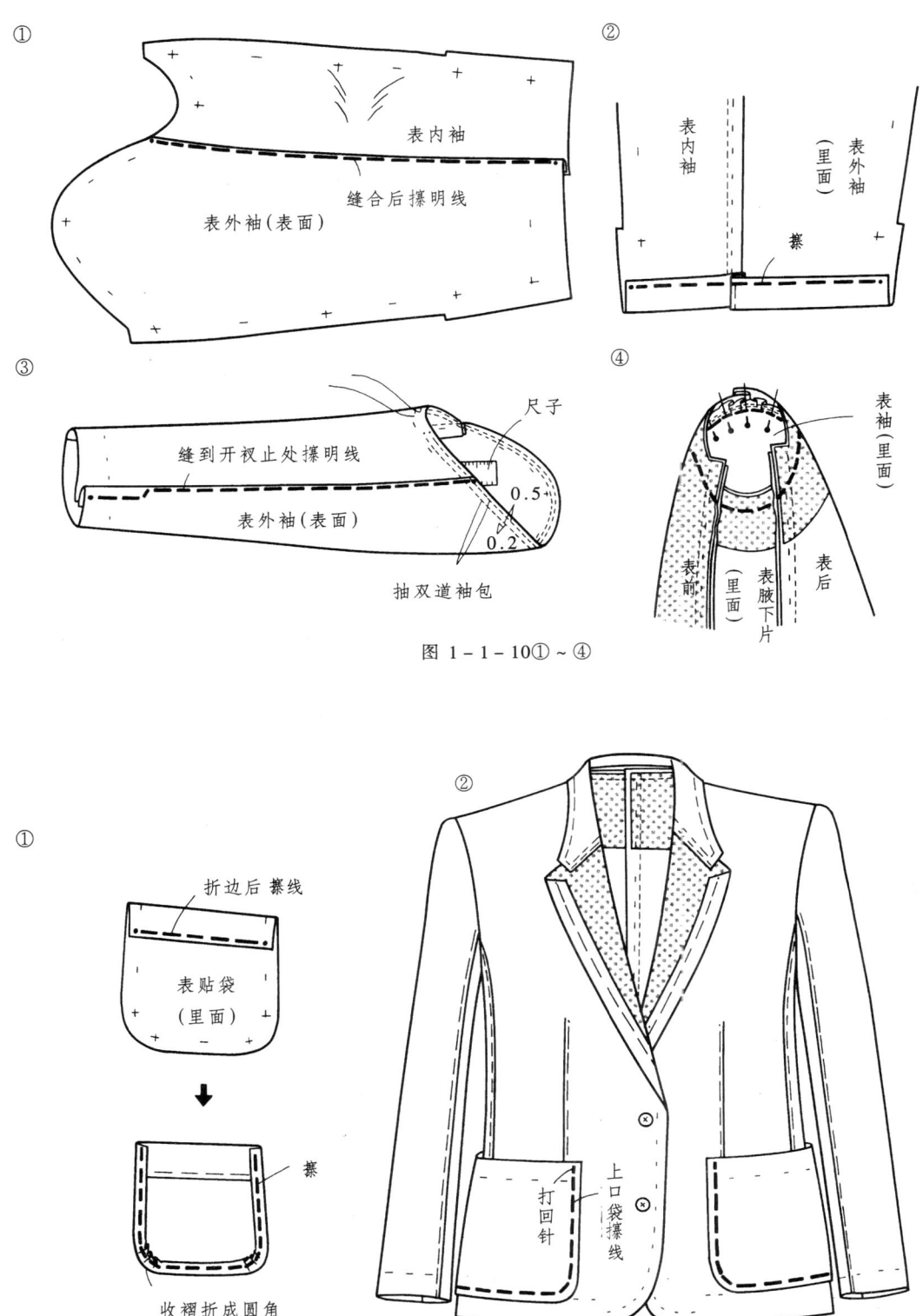

图 1-1-10①~④

图 1-1-11①、②

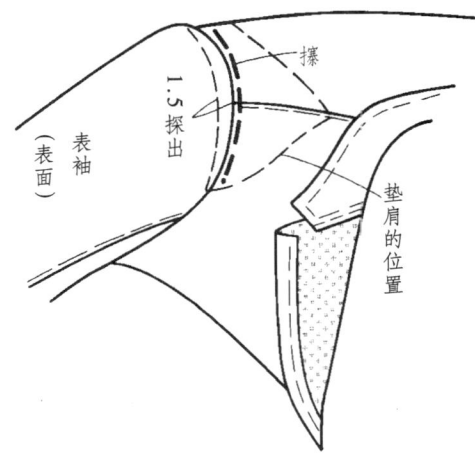

图 1-1-12

绱垫肩(图 1-1-12)

把垫肩按合印的位置与肩吻合,从表面沿袖窿线用别针或撩线固定后试穿。

试穿补正(图 1-1-13、图 1-1-14)

试穿要以成品的着装状态进行。注意中心不要偏斜,左右搭门合好后着装,以自然的姿势站立。

补正时,首先从前面、后面、侧面开始观察整体形象,检查整体分量的比例、前后身的比例、各构造线的位置等的局部比例,准确抓住补正部位及其原因后,再进入补正。

另外,要设想出根据服种不同的动作范围,一定要核实出从静止到活动的运动量。

补正方法有两种:一种是把余褶捏起来用别针别住,并把其分量在样板上补正、修改标记的方法;另一种是拆开补正部分别针,订正标记的方法。简单的补正多采用前一种方法,复杂的补正多采用后一种方法。别补正的别针时,要经常注意布的纱向,还要估算出贴边、里布、袋布等的厚度后,进行补正。

补正的原因,只是单纯一处的时候很少,各种要素相互牵连的时候很多。

这里举出在西装中常见的补正,关于溜肩、端肩以及袖子等的补正请参照"接腰型连衣裙"。

从后袖窿朝后中心腰围处出现斜绺(褶)(图 1-1-13)

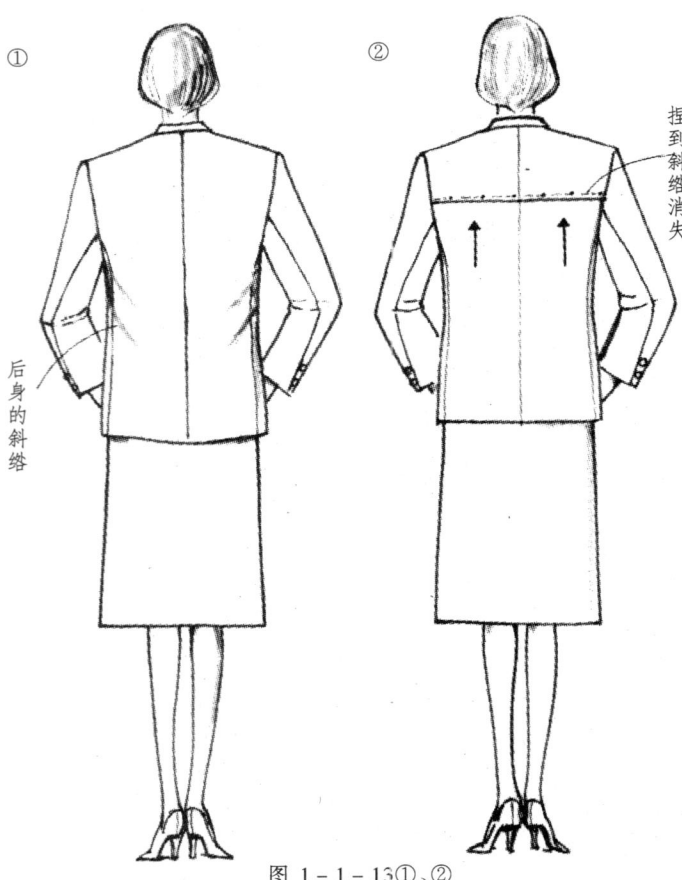

图 1-1-13①、②

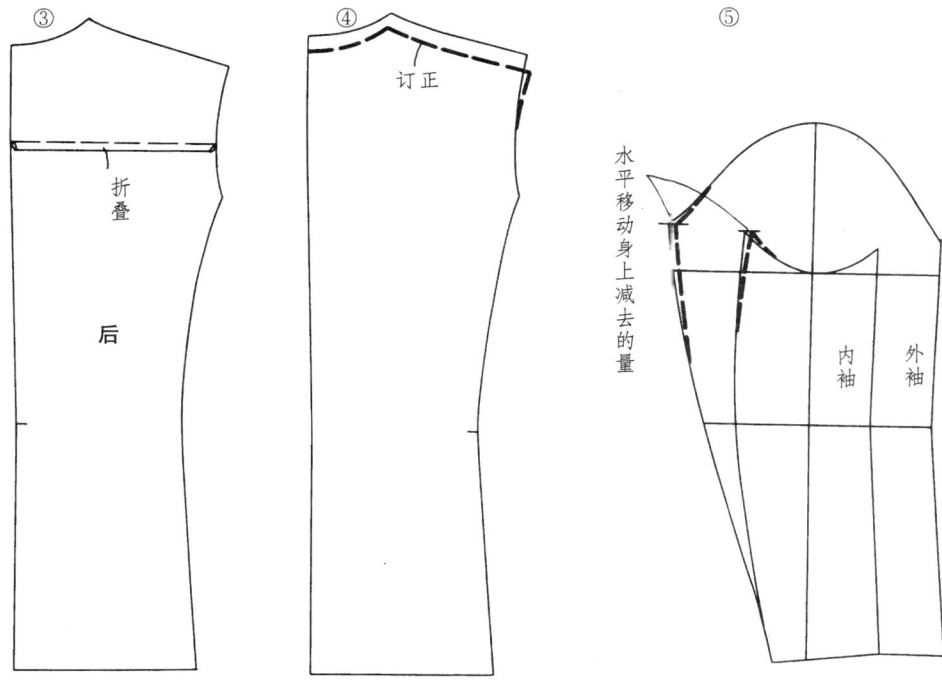

图 1-1-13③~⑤

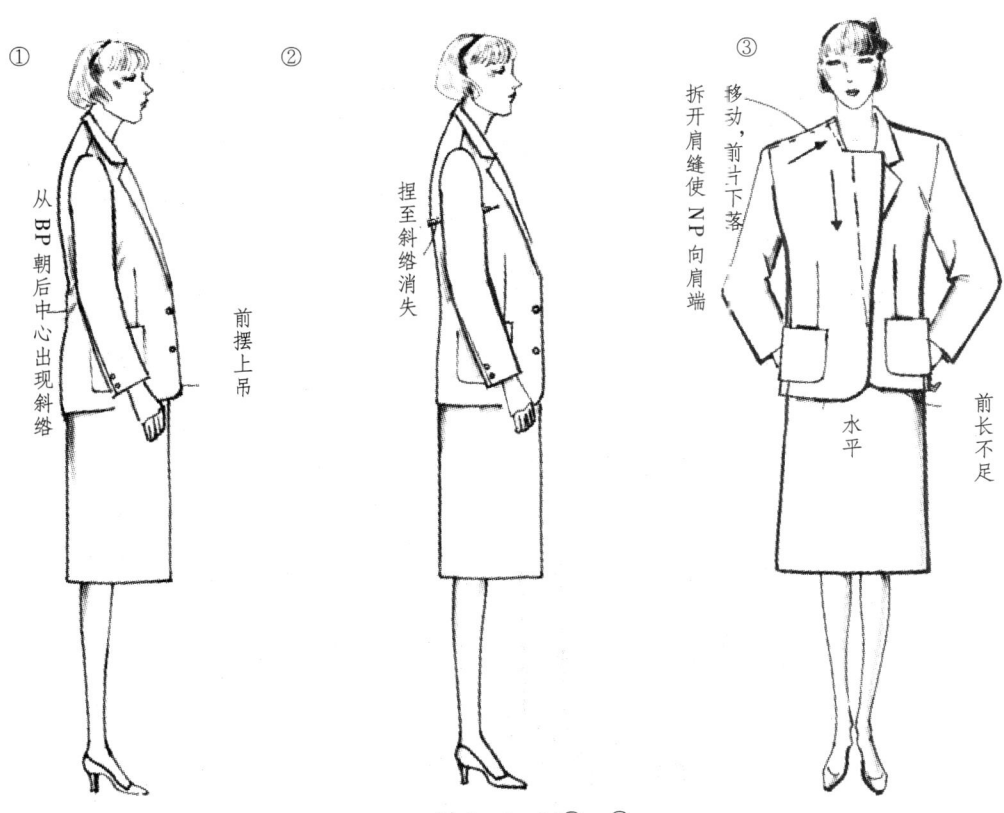

图 1-1-14①~③

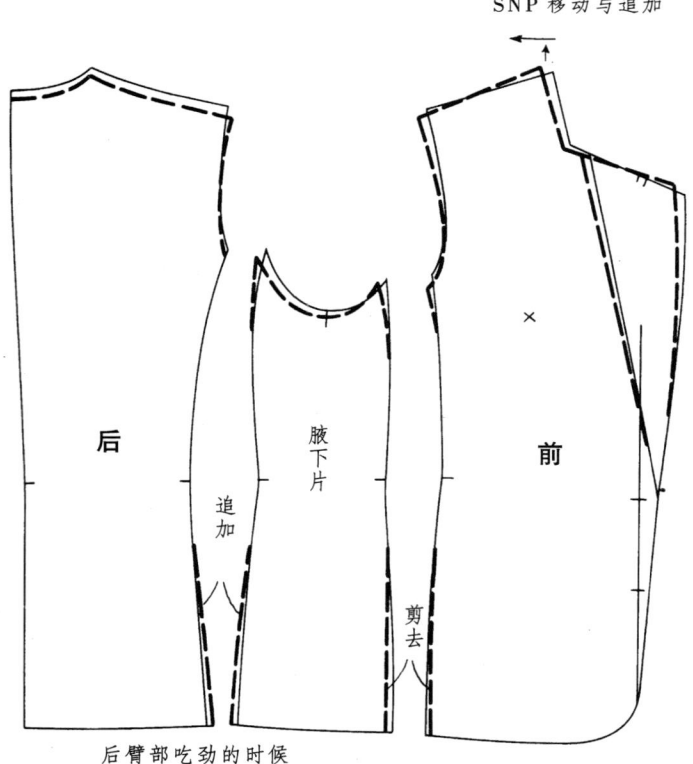

原因 后背较平、姿势较好的人易出现的余褶。

补正法 从后身胸围线的靠上处,水平捏住斜褶直至消失。样板经订正后,就形成从后中心到肩部削去了一截。与补正后身的袖窿尺寸对照,袖子也在外袖缝处订正。

从乳峰点朝后中心侧出现斜褶,前摆上吊(图1-1-14)

原因 乳房较高、稍带挺胸体的人容易出现的毛病。

补正法 把腋下处的多余量朝BP点捏成省缝状,再连续向后身呈水平,捏取相同尺寸。然后拆开肩缝,把前身的侧颈点,向肩端侧移动,向下拽动前摆直至下摆线达到水平。以上这些再在样板上进行订正。当后臂部余量不够时,要在后身与腋下片上追加。袖子的订正方法与前一项相同。

图 1-1-14④~⑤

样板整理(图1-1-15~图1-1-17)

试穿后,有需要补正的地方重新修正样板,制作出正式裁剪用样板。

这里以一般毛料为例说明样板的制作。

领面、贴边的样板制作(图1-1-15)

领面(①~③)

以里领为基准,折叠里口多余量,放开外围的余量。

贴边(④)

加放驳口折线与止口余量,为防止贴边里边收缩,长度上也加了余量。

整理样板的缝头(图1-1-16)

各部的样板订正以后,校对缝合部位的长短、弧线的联结等。为便于制作,缝头要正确加放,合印点也要记明确。

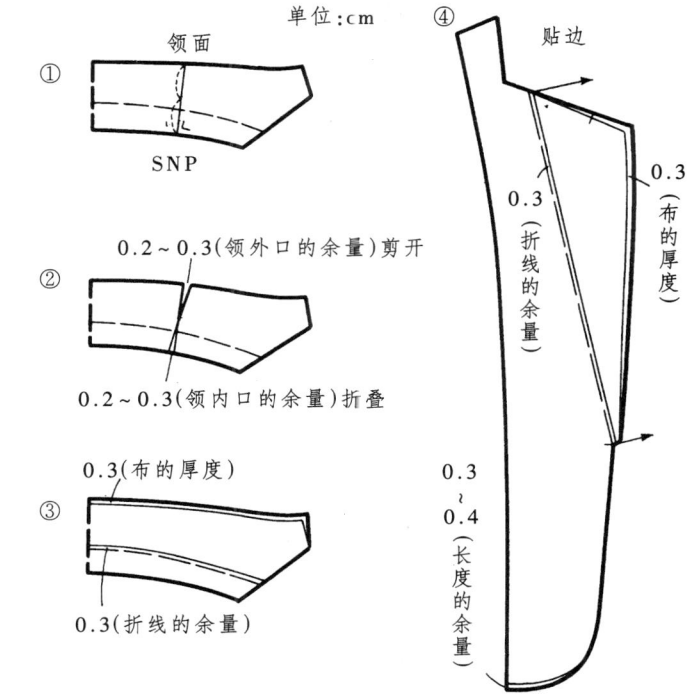

图1-1-15①~④

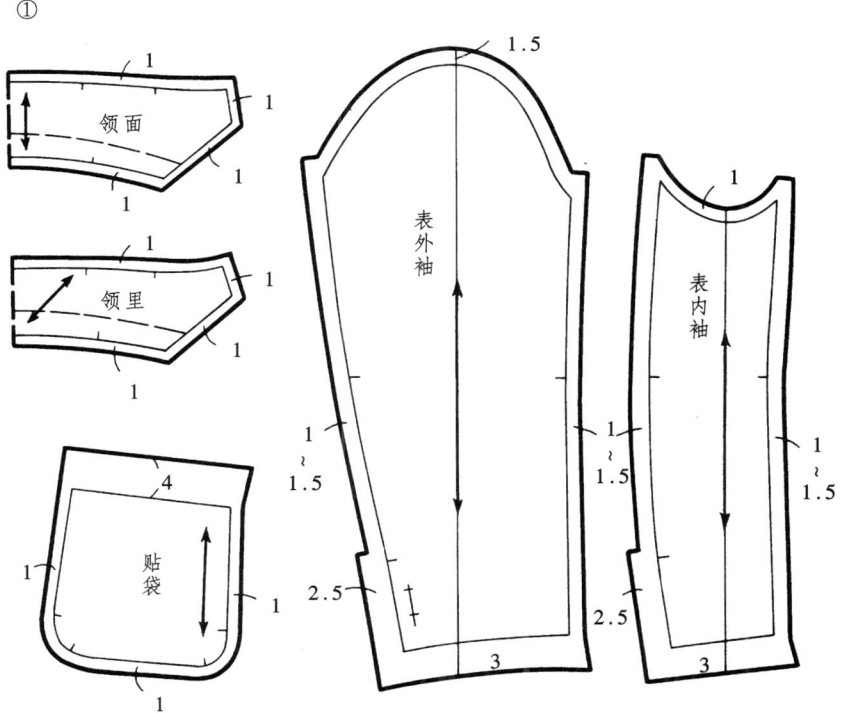

图1-1-16①

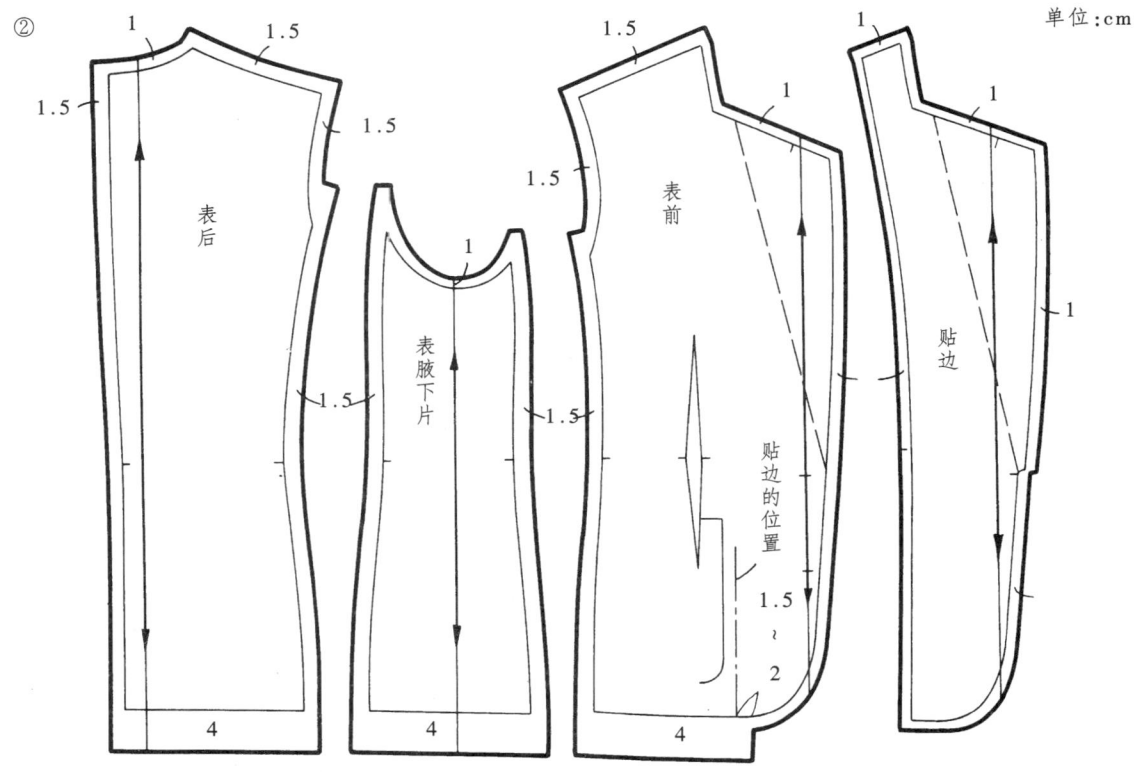

图 1-1-16②

里布的样板制作（图 1-1-17）

里布为了适应面料的伸缩性，要加放宽度和长度的余量。

身片、口袋（①、②） 大身在折下摆时，放入了 1cm 的余量，在长度上为缝头固定时，里子有一定的松量，又加了 1cm。在宽度上，每一个缝头都加放了倒缝松量。袋里的缝头为吐止口，此面要少放些。

袖子（③～⑤） 因为袖山的缝头要包在袖隆线外侧，这样会造成袖山线的长度不足，因此，如图③④所示，在每一个缝头加放余量，重新订正袖山弧线。其次在缝头中再加放倒缝余量，长度加放 1cm 制作样板。为了使袖长的余量上下分配，袖肘线的合印点向下移动了 0.5cm。

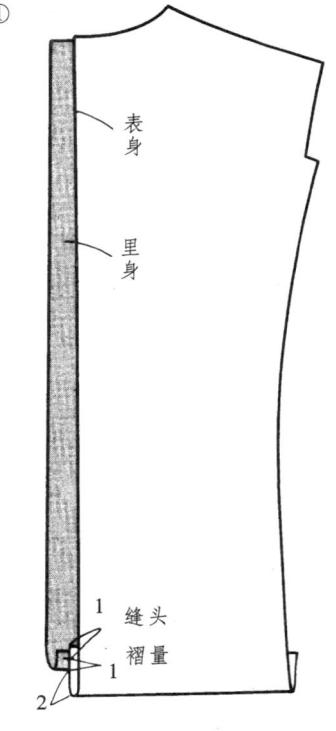

图 1-1-17①

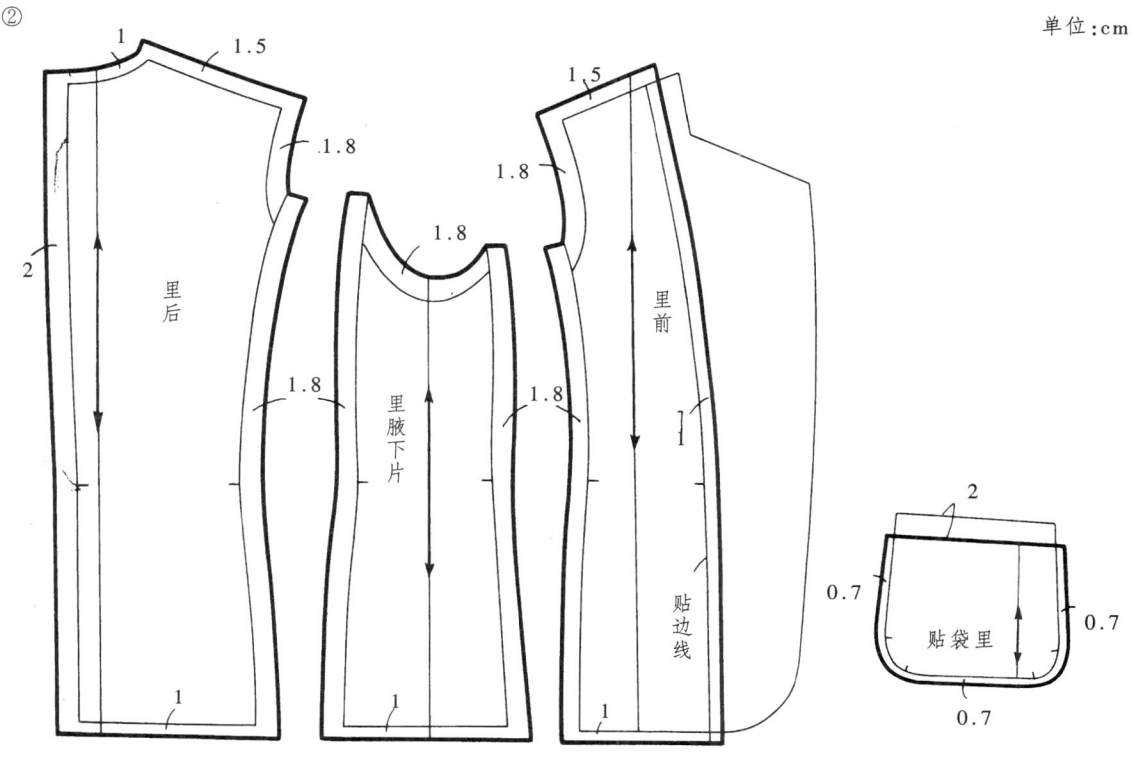

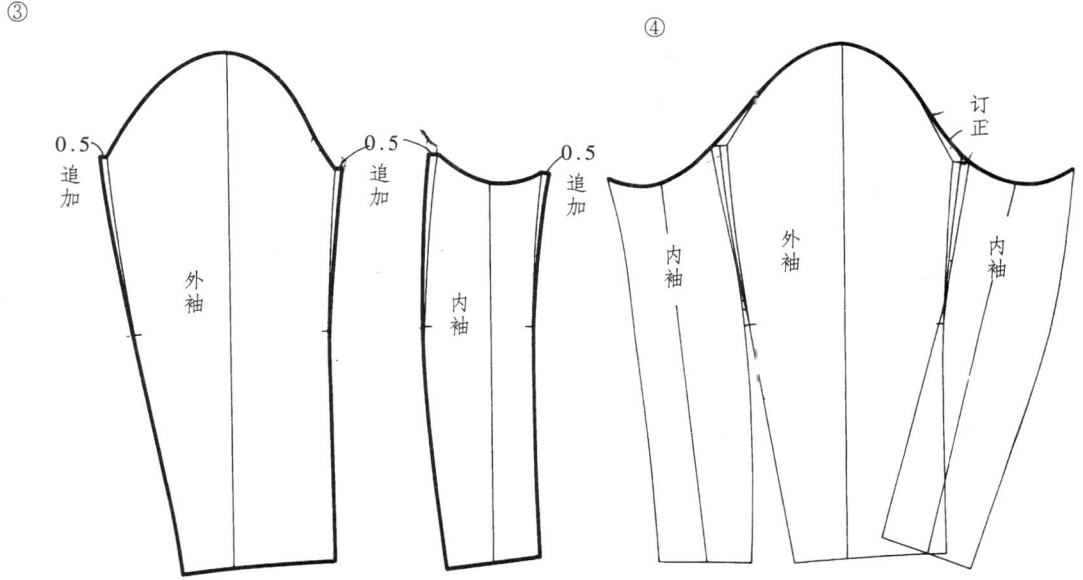

图 1-1-17②~④

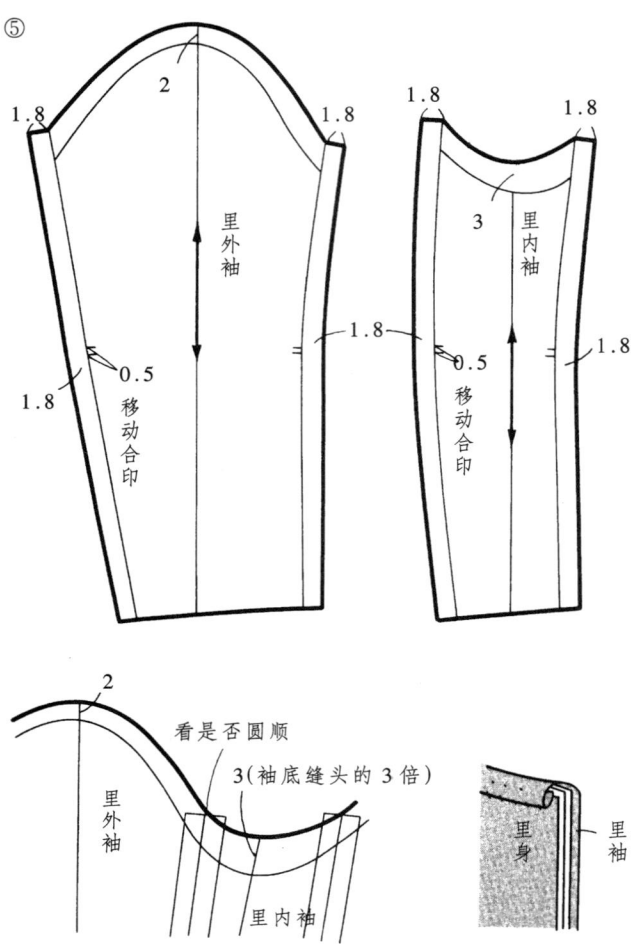

图 1-1-17⑤

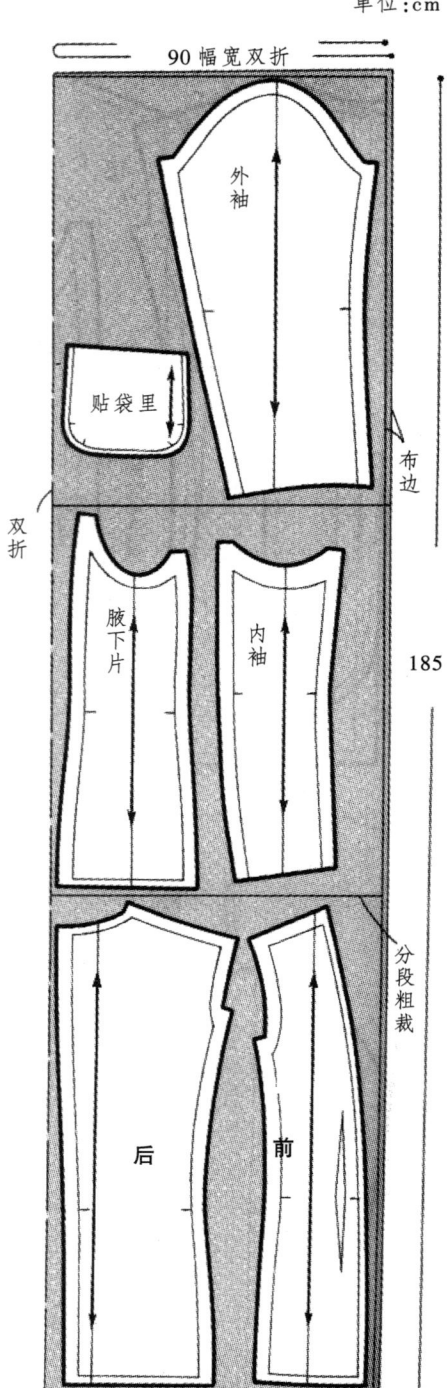

制作前准备(图 1-1-18~图 1-1-20)

领面、贴边的裁剪与其他缝头的整理

用裁剪面料时,留出的布料裁剪领面与贴边。然后用前一项中制作的样板修正面料、订正部位的标记以及整理缝头。

里布的裁剪(图 1-1-18)

里布因为较软、较滑,纱向容易偏斜,先把相同长度的样板同一排列分段粗裁,其次把幅宽双折后把折线烫平,使之稳定,整理好纱向后,铺上样板进行裁剪。

但是,当纱向难以理顺的时候,最好先铺一张纸再放上里布,两端用别针固定后,再进行裁剪。

图 1-1-18

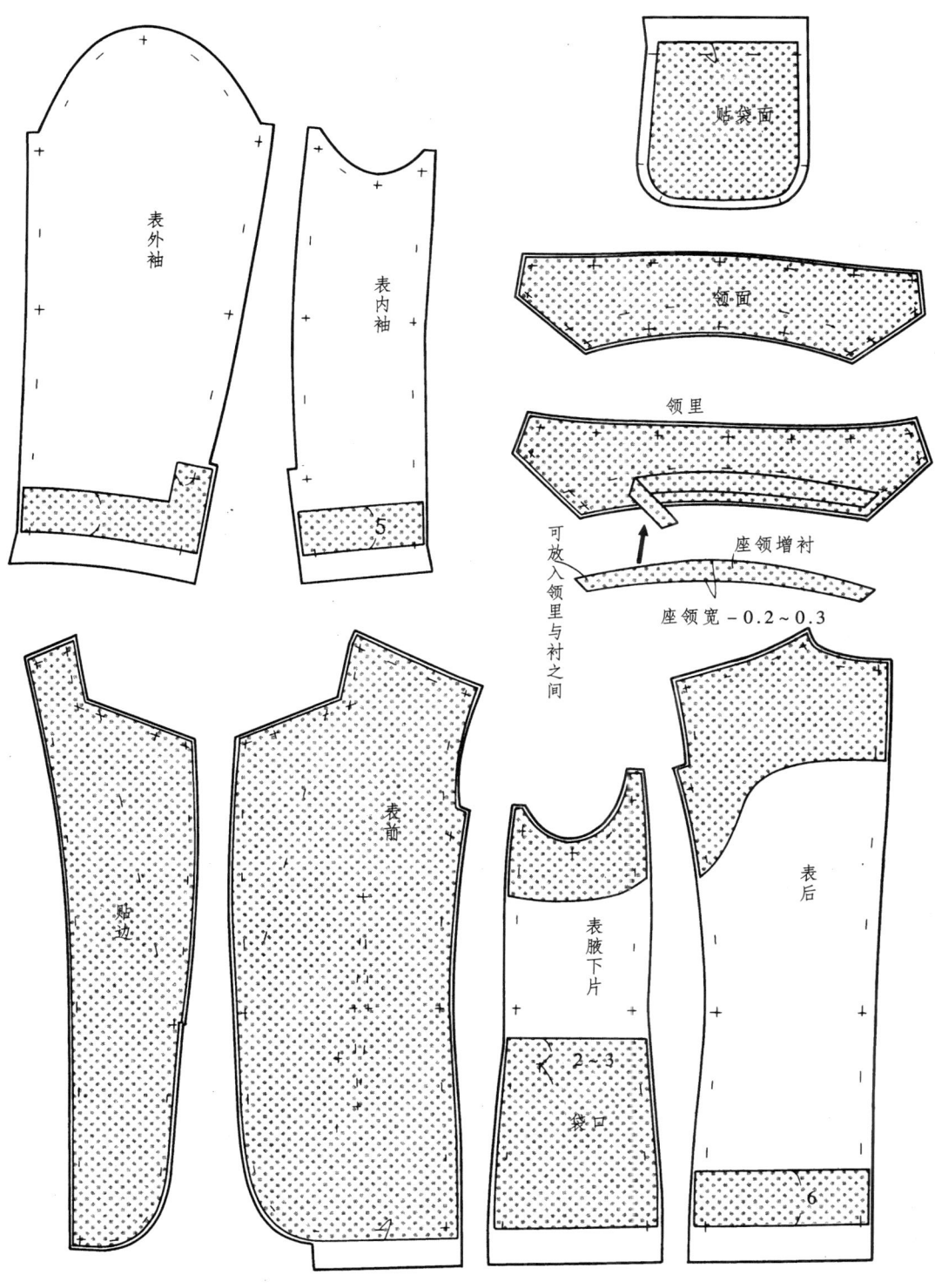

图 1-1-19

粘衬(图1-1-19)

在假缝时，没有粘到的部位，如下摆、袖口、袋口、领座、领面、贴边等，裁衬后粘衬。如果想要柔软些的领子，里领的座领衬可以不粘。再就是假缝时粘得不牢固的地方，要重新粘牢。详见"粘合衬的裁法与粘法"。

粘扦条(图1-1-20)

在纱向和缝线易伸缩、变形的地方和需要补强的地方要粘扦条。前门要在止口线内侧，驳口线要在大身侧距折线1.5cm的地方粘扦条。圆摆处要在扦条内侧打剪口。

固定缝线(图1-1-20)

在里领的座领距折线0.5cm处缝一道线，然后再隔0.5cm缝一道。要想使座领很硬实的话，可以用相同的间距把座领纳一遍。但来回纳的话容易打扭，最好向同一个方向纳。袋口也在缝头侧缝一道线。

在驳口折线的扦条中，用倒钩针固定。

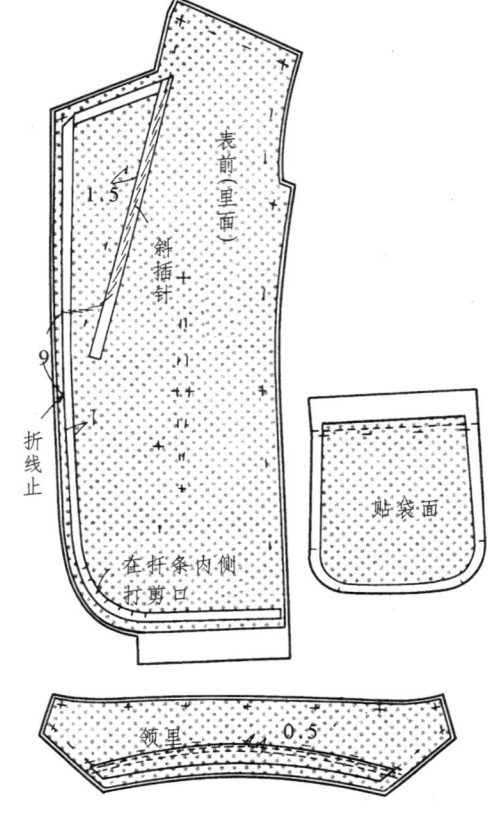

图1-1-20

制作(图1-1-21~图1-1-27)

第1工程(图1-1-21)

收前身胸省(①②) 因省量很小，垫上垫条收省。先把省缝对折熨烫，然后在腋下侧垫上斜纱的棉布或面料垫条缝纫，把省缝向前中心劈缝。这样从表面看比较平稳。

缝合前身与腋下片(③④) 用别针别住前身与腋下片的缝头或用手针撩住也行，然后机缝、劈缝。

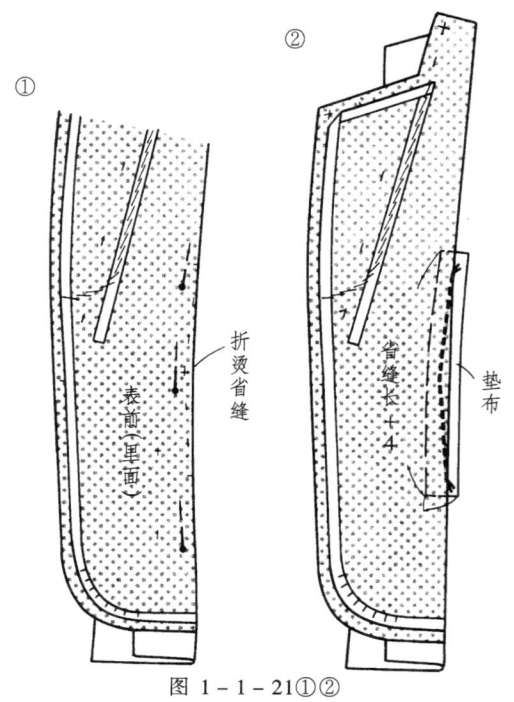

图1-1-21①②

女西装缝制工程表

准 备 工 程

1．面料、零配件裁剪	前身、后背、腋下片、袖子、领子、贴边、贴袋面
2．裁衬，粘衬	粘前身衬、贴边衬、后背、腋下片衬、下摆衬、袖口衬、领衬、袋口衬（如需增加胸衬与驳头衬也同时粘）拉扦条
3．裁剪里布	前身、后背、腋下、袖子、贴袋里
4．做贴袋的准备	贴袋

	缝 纫 工 程	熨 烫 工 程
第1工程	1．收面的胸省（斜纱垫条垫在侧缝的一侧）	1．把省向前中心劈烫
	2．缝合面的前身与腋下片	2．劈缝
	3．钩贴袋里、面	3．沂烫袋口里，扣烫钩线缝头，翻烫贴袋面，扦袋口
	4．绱贴袋	4．撩贴袋，烫贴袋
第2工程	1．合后身面的背中线	1．劈烫
	2．合面的侧缝线	2．劈缝
	3．合肩缝	3．劈烫
	4．绱里领	4．打剪口，劈缝
第3工程	1．收里的胸省，合里的前片与腋下片	1．撩缝，向后中心倒烫缝头
	2．缝合贴边与里的前身	2．向侧缝线倒烫缝头
	3．缝合里的背中线	3．撩缝，向右侧到烫
	4．缝合里的侧缝线	4．撩缝，向后中心倒烫
	5．合里的肩缝	5．向后身倒缝
	6．绱领面	6．打剪口，前领口劈缝，后领口向下倒缝
第4工程	1．钩前门、领子	1．手针固定领里、领面的上领点
	2．压领子、前门明线	2．翻烫领子、前门
		3．固定绱领缝头
		4．折面的下摆，环下摆

续表

	缝 纫 工 程	熨 烫 工 程
第 5 工 程	1.缝合面的外袖缝线	1.烫袖口折边,外袖缝劈缝,袖开衩倒缝
	2.缝合里的外袖缝线	2.擦缝,向外袖倒烫
	3.钩里、面袖口	3.折面的内袖口折边,手针环袖开衩外露缝头
	4.合袖底缝线	4.表袖缝头劈缝,里袖向外袖倒缝
		5.扦袖口折边,固定里外袖缝头
		6.抽袖包,烫袖山缝头
		7.斜钩针擦里外袖,扦袖衩缝头
第 6 工 程	绱袖子	1.擦袖子
		2.绱袖山布
		3.绱肩垫
		4.固定里外后侧缝线
		5.固定里外袖窿缝头
		6.扦袖窿
第 7 工 程		1.扦下摆
		2.拱针固定驳口折线
		3.锁眼
		4.整烫
		5.拆擦线
		6.钉扣

做贴袋(⑤~⑧) 折烫里袋口的缝头后与表袋叠放。比齐合印点与缝头后擦线,要使表袋有足够的吐止口备量。缝缝时要看里钩。然后在圆角处拱针扣烫,翻到表面,扦袋口。在布料较厚的情况下,把重叠部分的缝头剪去再钩。

绱口袋(⑨⑩) 使袋口稍有松量后用别针别住,擦线后压明线。袋口两侧打回针,把剩余针脚引到反面打结。

第 2 工程(图 1-1-22)

缝合面的背中线与侧缝线(①) 缝合背中线与侧缝线后劈缝。然后在下摆的缝头距边 1cm 处,用机针放大针码缝线,此线作为扦里的标记。

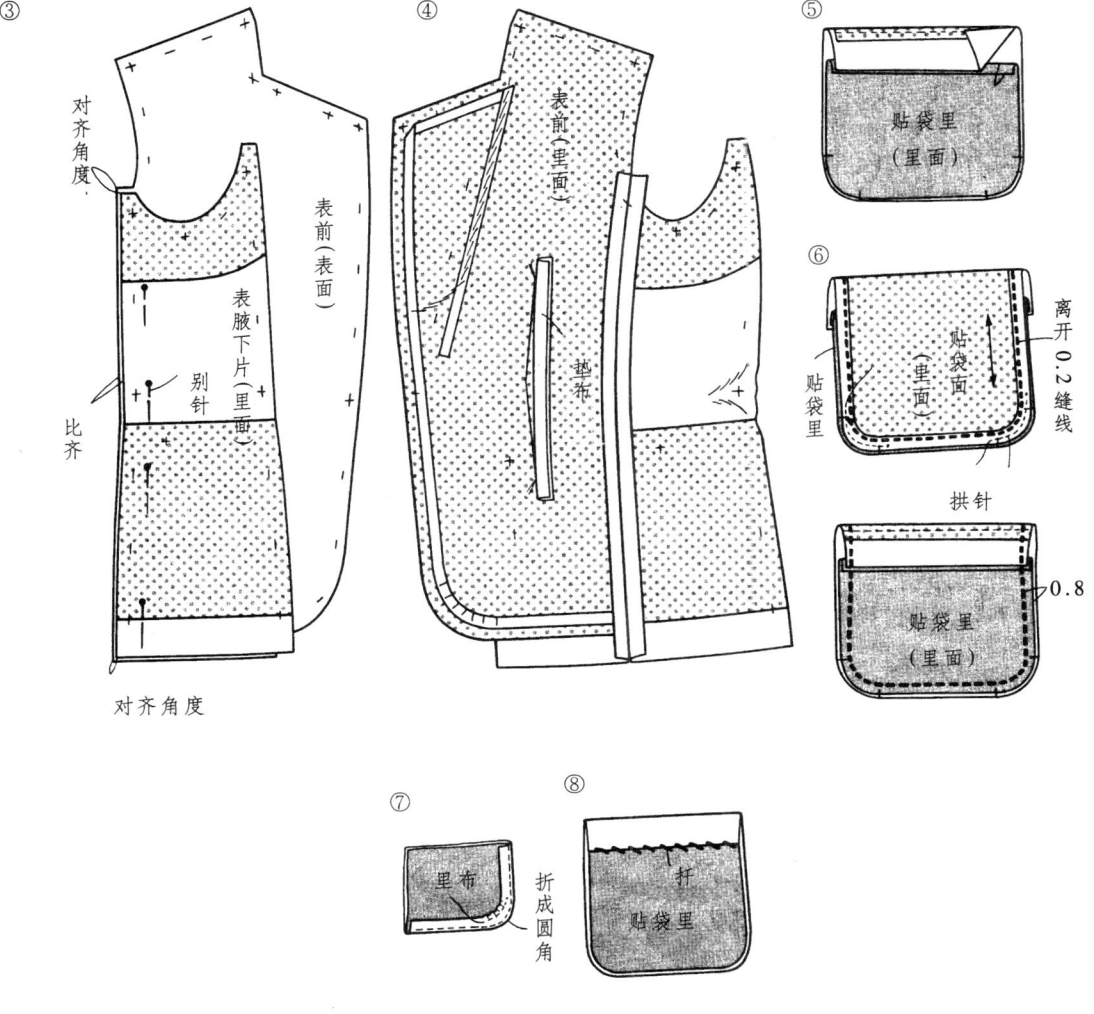

图 1-1-21③~⑧

合面的肩缝（②） 合肩缝时在颈侧点向前多缝1针打回针，劈缝。

绱里领（②③） 在大身的领口拐角处打剪口。把里领与大身按后中心、颈侧点、剪口、折线、绱领止点的顺序对准合印点，比齐缝头后撩线、机缝。在绱领点打回针，有剪口的位置，注意缝线不要偏斜。劈缝时，在后领口叫劲的地方打几个剪口。

第3工程（图1-1-23）

合里前身的省缝与腋下片（①） 里布为了适应面料的伸缩性，在缝头中留有余量。撩净印线后，在缝头侧离撩线0.2cm~0.3cm机缝。里布在起针与缝完后，如果打回针容易抽缩，所以，要留出10cm左右的线脚，用手打结。缝头在撩线处向后中心倒烫。

缝合贴边与里前身（①） 使里布稍有吃势同贴边缝合。下摆在净印上2cm处打回针。

缝合里的背中线（①） 在后中心缝头中留有后背余量。从后颈点以下2cm~3cm处至腰节线之间，偏向缝头侧1cm机缝，腰节线以下向外0.2cm~0.3cm机缝。缝头向右身倒烫。

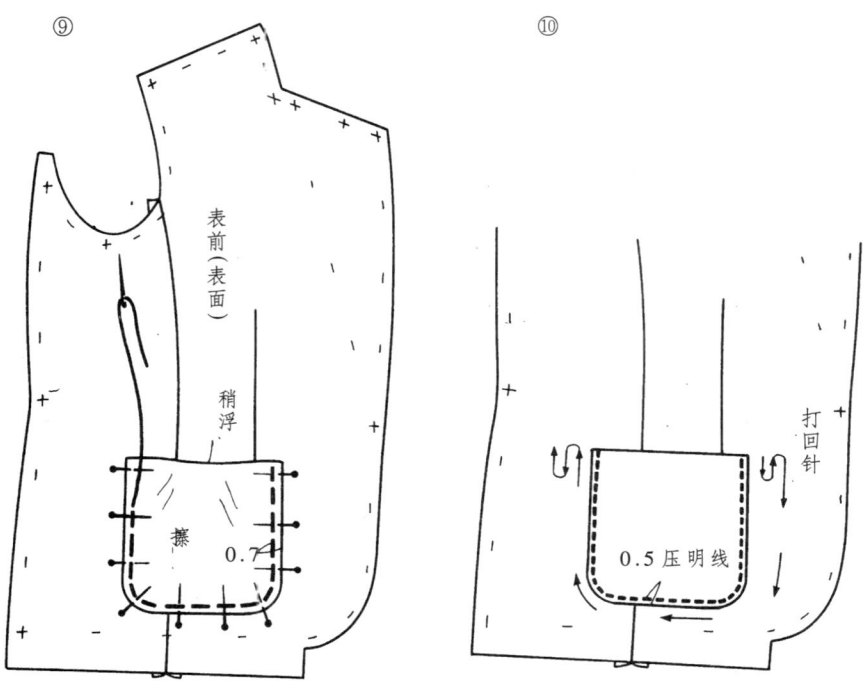

图 1-1-21⑨、⑩

缝合里的侧缝线（①） 参照面的侧缝缝合。

合里的肩缝（②） 参照面的肩缝缝合。缝头向后倒。

绱领面（③） 在贴边的领口拐角打剪口。绱法同里领相同。在领面的颈侧点缝头上打剪口,前领口劈缝,后领口向大身侧倒烫。在缝头叫劲的地方打剪口。

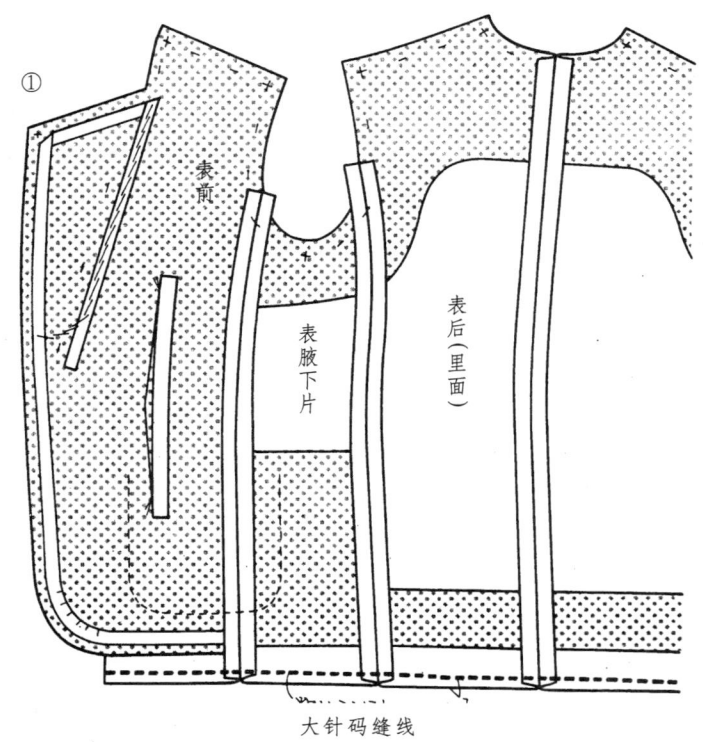

图 1-1-22①

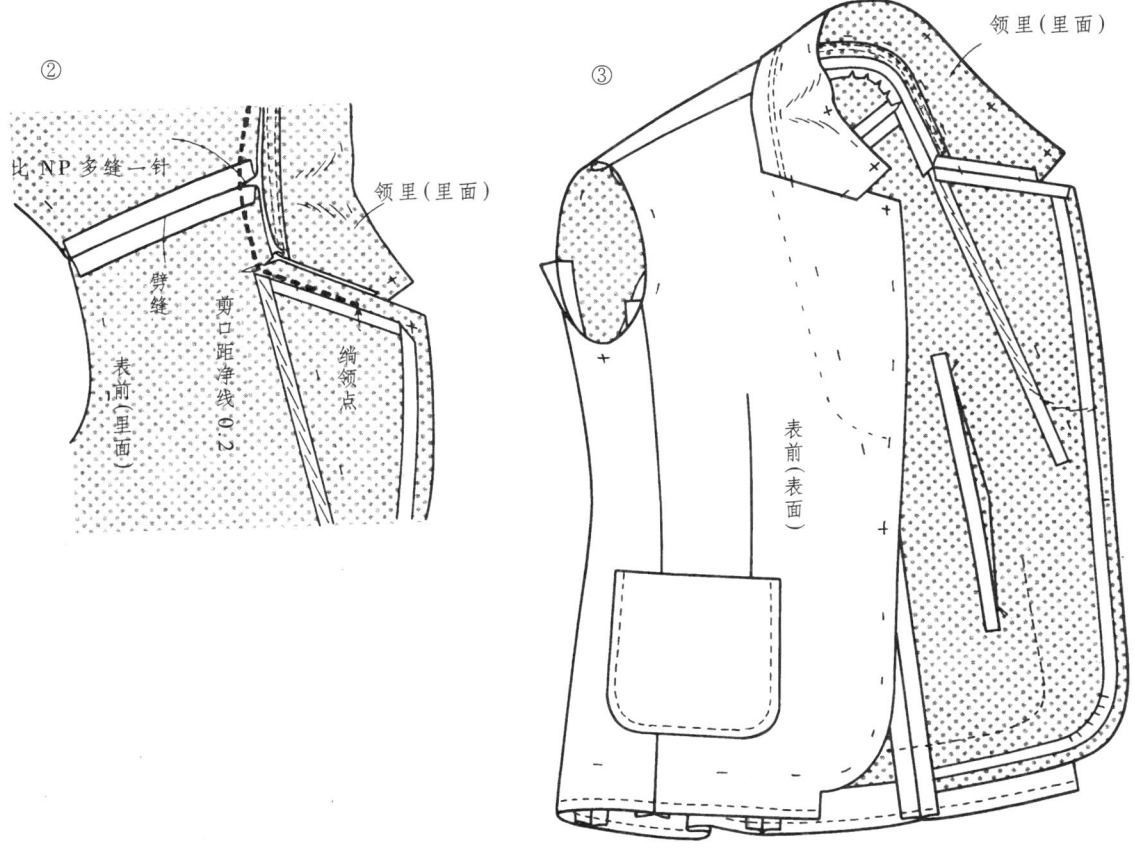

图 1-1-22②、③

第4工程（图1-1-24）

固定领面、领里的绱领点（①） 把正面放在里面，在绱领点按（1）~（6）的顺序用0.1cm左右的小针码上下穿引，打结固定。使用缝纫线。

钩前门、钩领子（②~④） 对准领外围、前门止口的缝头、合印点后如图②擦线。这时，要保证领角、驳头拐角（面）有足够的余量，在扦条上擦线（如图③）。然后钩领子、钩前门。在前门上半部，缝线要沿扦条边，下半部缝线要在扦条外0.2cm~0.3cm钩缝。在绱领点要把缝头扒平，距固定线1针前起针和结束（如图④）。

翻烫领子、前门（⑤~⑦） 劈烫或扣烫前门与领外围缝头，把大身与里领的缝头剪去0.3~0.4cm（⑤）。翻到表面，里领与大身吐止口0.1cm~0.2cm（⑥）。熨烫时，使用水布蘸少量水使缝头牢固定型。待缝头稳定后，从表面擦钱（⑦）。

固定上领缝头（⑦~⑨） 对正领里、领面的绱领线后，先用贯缝擦线固定领口（⑦）。然后在身的里面，把绱领缝头用倒环针固定（⑧⑨）。

①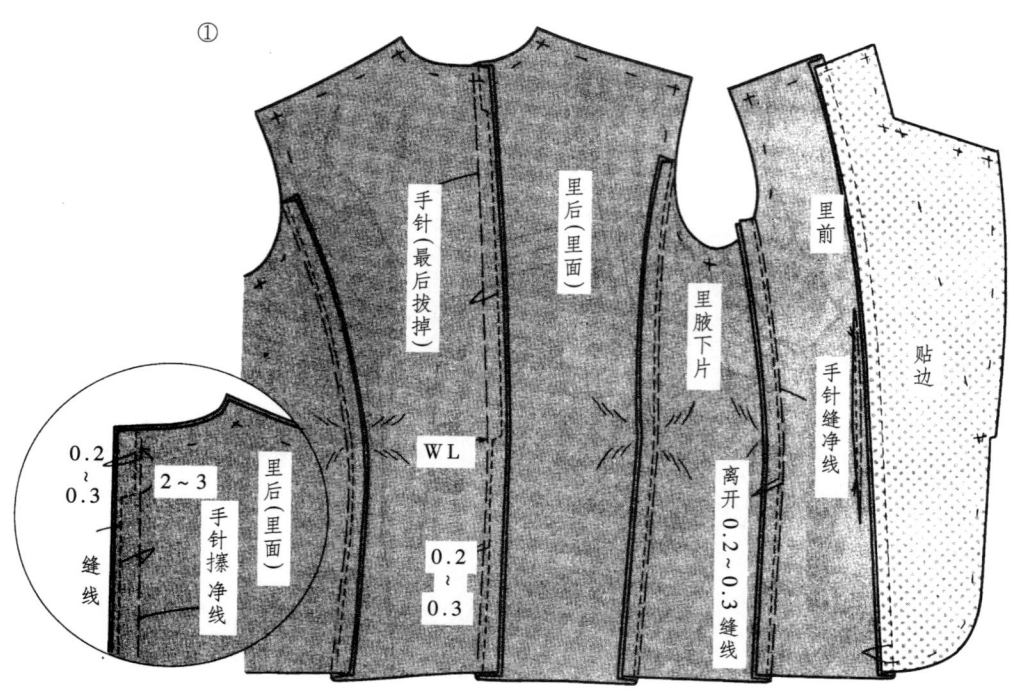

②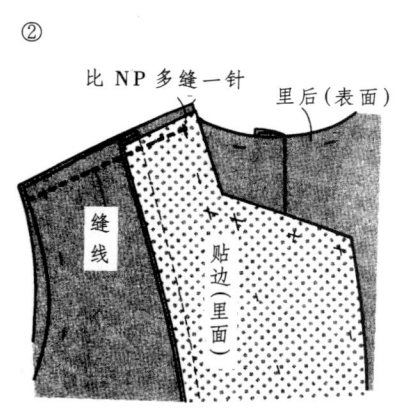

③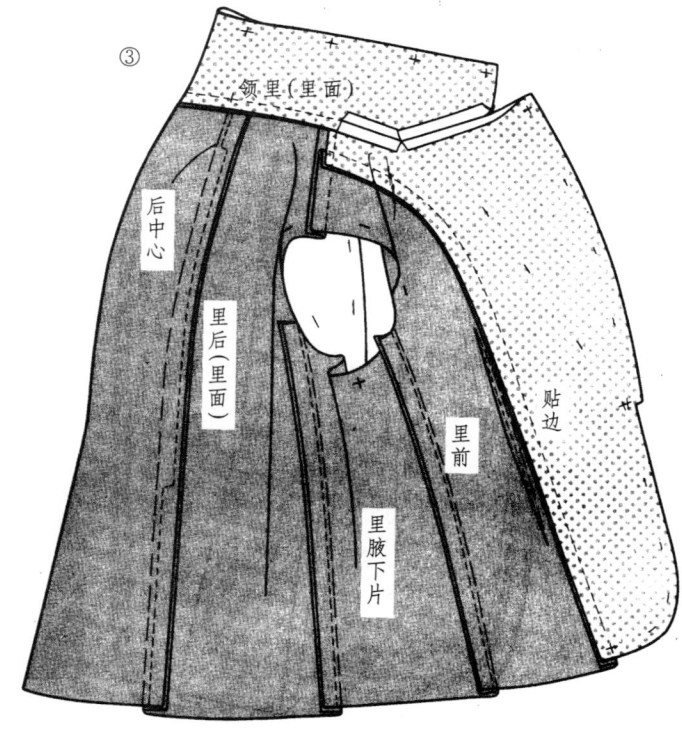

图 1-1-23①~③

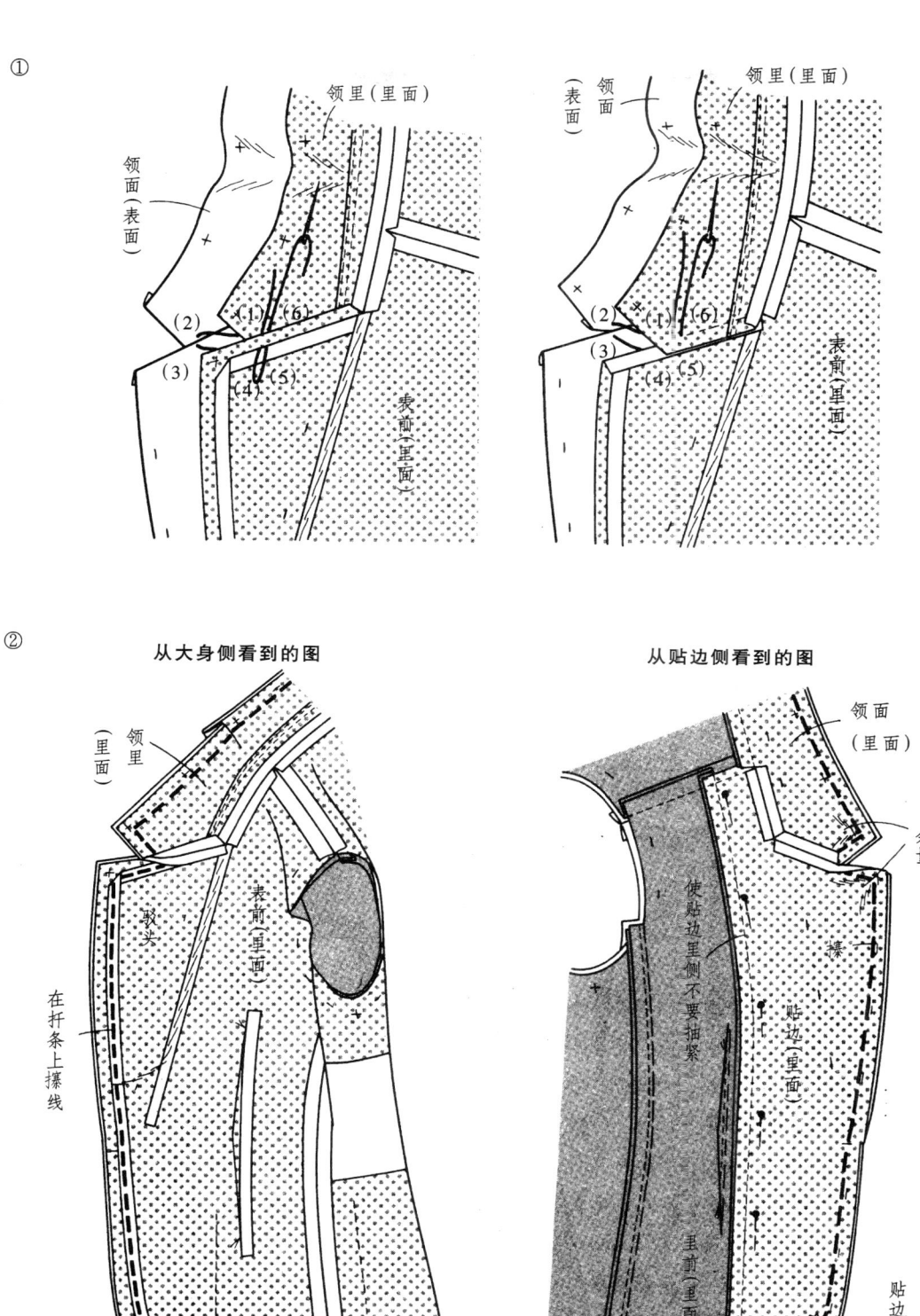

图 1-1-24①、②

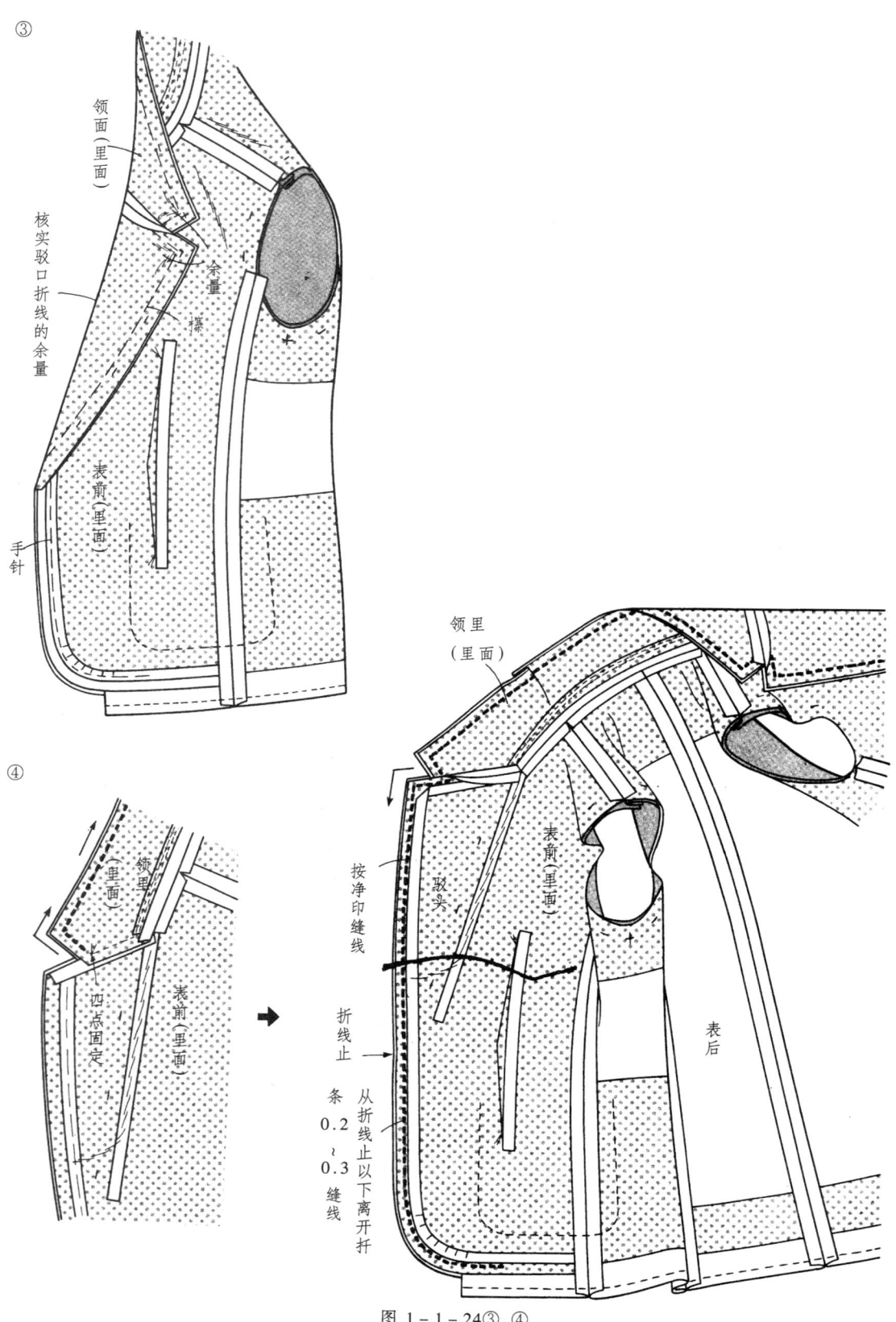

图 1-1-24③、④

⑤
里前
贴边(里面)
前门襟缝头劈缝
身侧缝头清剪0.3~0.4
表前(里面)
⑥
拐角扣烫
0.1~0.2吐止口
表前(表面)
折线止
⑦
贯缝擦线
驳头
手针
折线止点
0.1~0.2吐止口
前(表面)
里前
贴边(表面)

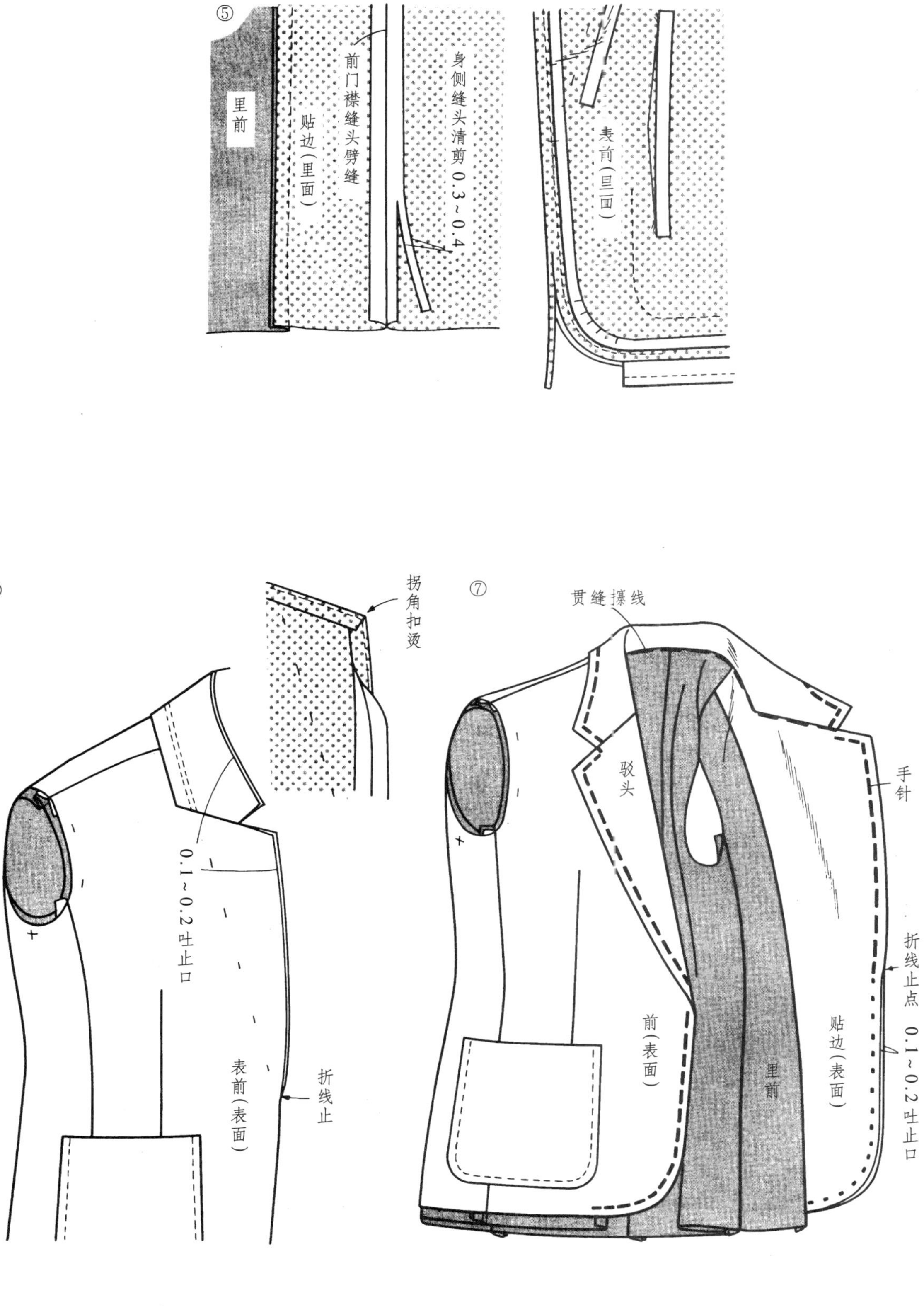

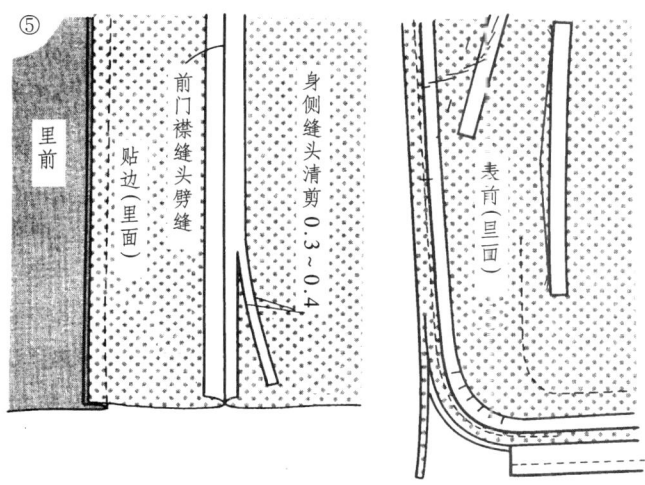

图 1-1-24⑤~⑦

折大身面的下摆(⑩)

折烫下摆,用倒钩针固定在下摆衬上。

领子、前门压明线(⑩)

调整上下线的松紧度后,从右身的贴边端点开始缝线。

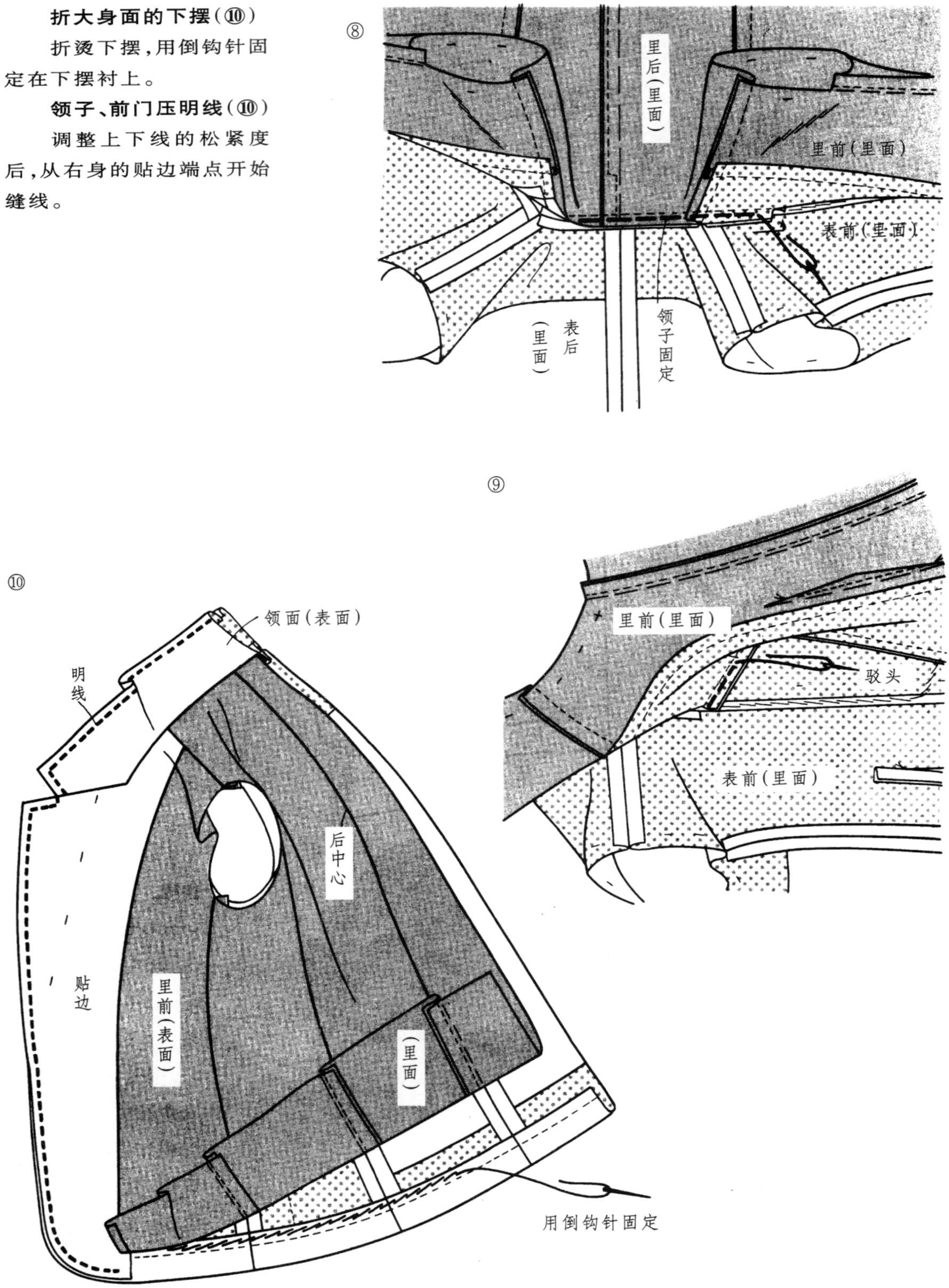

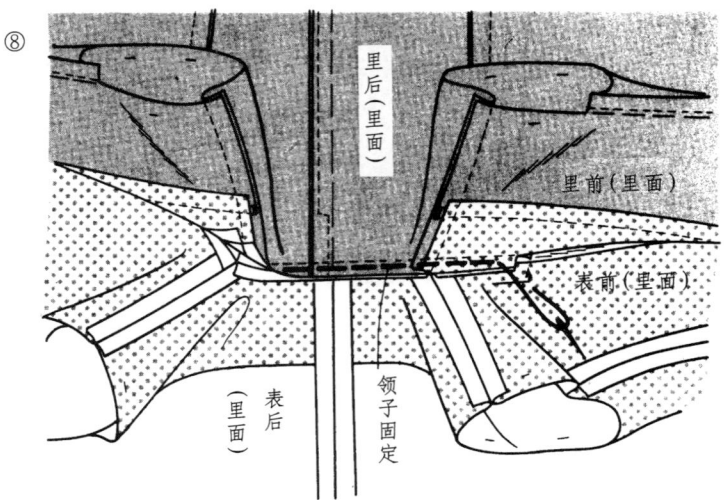

图 1-1-24⑧~⑩

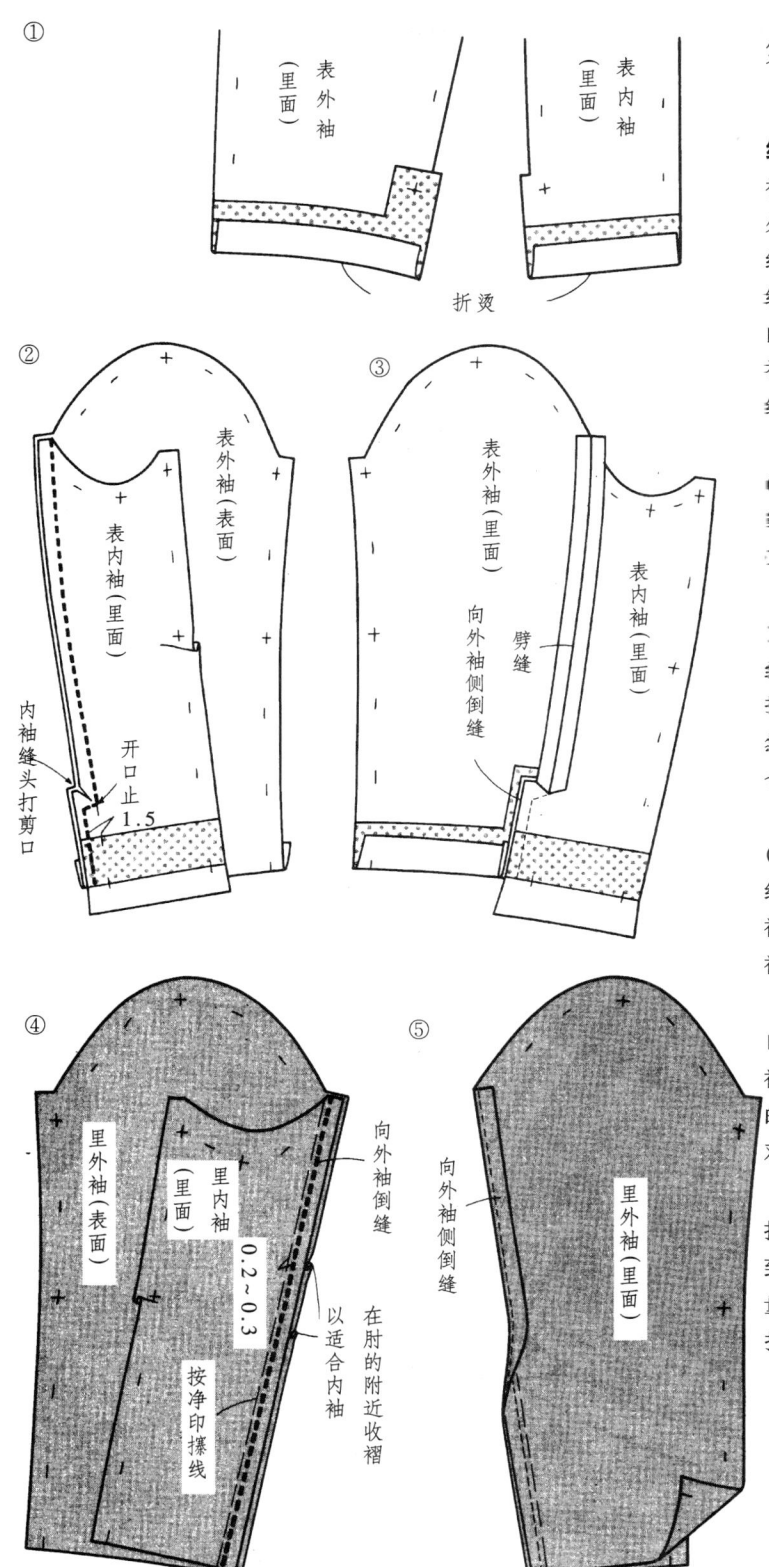

第 5 工程（图 1-1-25）

折表袖的袖口，缝合外袖缝线（①～③） 轻轻折烫外袖、内袖外袖、内袖的袖口折边（①）。外袖袖口折着不动缝合外袖缝线（②）。开衩部分，向缝头一侧缝进 1.5cm，在袖口打回针。在内袖缝头的开衩止处打剪口，开衩的缝头倒向外袖。剪口以上的缝头劈缝（③）。

缝合里袖的外袖缝线（④⑤） 把外袖和内袖的外袖缝线面面相叠，从净印线以外 0.2cm～0.3cm 缝线。

缝合表袖与里袖的袖口（⑥⑦） 如图⑥把外袖的袖口缝头开 0.7cm 剪口。折烫内袖口折边，手针锁缝至外袖口缝头。然后在袖开衩上锁眼、钉扣。缝合表、里袖口（⑦）。

缝合表、里袖的底缝线（⑧⑨） 表袖沿净印线缝，里袖缝线向缝头侧进 0.2cm～0.3cm。表袖的缝头劈烫，里袖的缝头倒向外袖。

表、里袖缝头固定 把表袖口沿袖口线向上折，对齐表、里袖的袖缝合印点。使里袖有一定的余量后，先用别针固定，再用双擦线倒环针固定。

抽袖包（⑩） 表袖用擦线抽双线袖包。然后抽线使袖山达到自然弧形，缝头上喷水压烫吃量。在里袖山下弧线较强的部位打剪口，折 0.7cm 的缝头。

图 1-1-25①～⑤

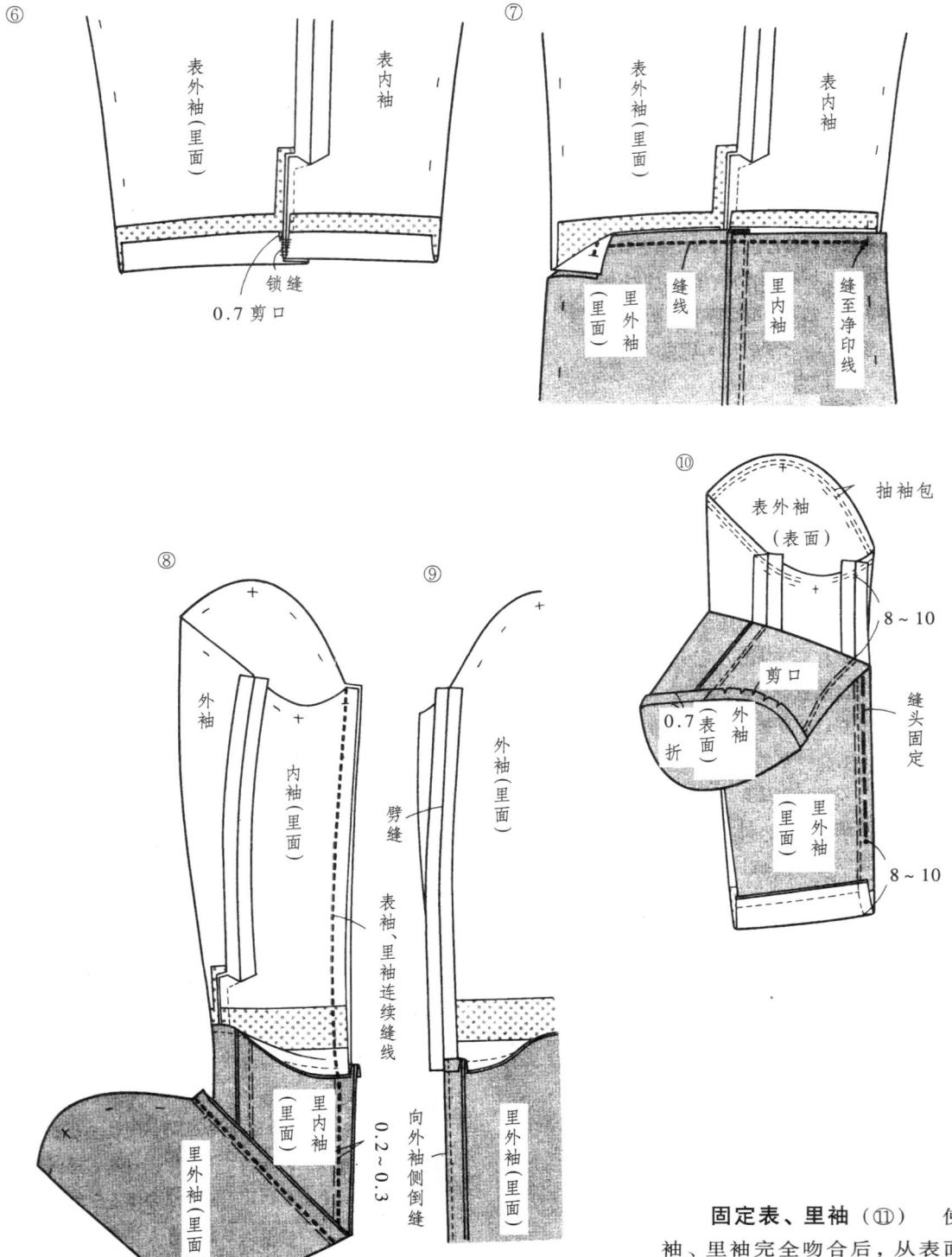

固定表、里袖（⑪） 使表袖、里袖完全吻合后，从表面用斜攃线固定。袖开衩部分的缝头，用小针码扦缝。

图 1-1-25⑥~⑩

第 6 工程（图 1-1-26）

袖子（①） 对准大身与袖子的合印点，从袖底弧线开始用别针别住。在袖山弧线较强的地方，袖子要盖到身上，用单根棉线从袖侧开始攥线，注意袖山吃势不要跑掉。然后试穿看攥袖效果。试穿时，放入肩垫轻轻固定在绱袖缝头上，检查袖的前后位置、袖吃量是否合理等。

绱袖子（②） 袖子放上，大身在下，从后侧缝附近开始缝一圈，因后背与袖底经常运动，拉力最大，所以，在底部分再缝半周。再次，熨烫绱袖缝头。

绱袖山布（③） 绱袖山布的目的，就是使袖窿更为饱满、圆顺。袖山布的种类有面料、毛毡型衬布、黑炭衬等，市场上也出售现成的袖山布。总之，袖山布的材料最好要有一定的厚度与弹性。它的绱法与绱袖的要领相同，盖在袖山上层，也要具有一定的吃势，并要从绱袖缝头向里进 0.3cm 左右，沿绱袖线边缘 0.1cm，倒环针固定或机缝。

绱肩垫（④⑤） 对准肩缝与肩垫的合印点，肩垫从绱袖线向外探出 1.5cm 左右，固定在肩峰点的缝头上。先从身的表侧把肩垫的位置放好后，在袖窿边缘用别针固定，在里侧手针固定到袖窿缝头上。因为肩垫有弹性厚度，所以，针要垂直穿入肩垫与缝头，线不能拉得太紧，不能破坏肩垫的厚度。攥线用双棉线。而后固定在肩缝上。

固定表、里侧缝缝头（⑥） 对准里、面的侧缝合印点，用双棉线倒环针固定。里子不能吊紧。

固定袖窿里、外缝头（⑦⑧） 对准里、面

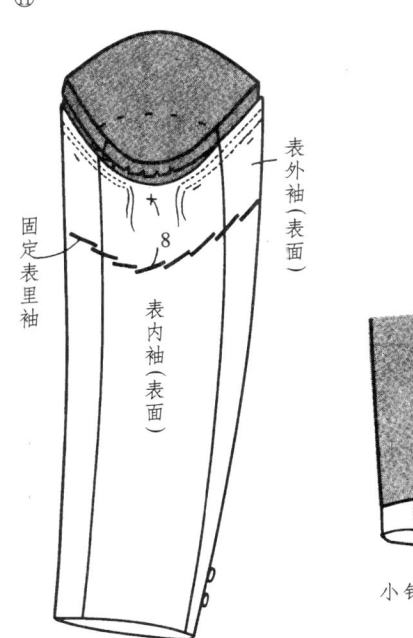

图 1-1-25⑪

的背中线与袖窿合印点。这时，要使里子的后背与胸部有足够的松量，然后攥袖窿与胸部、腰围。腰部要铺开放平攥。接着从表面的袖窿线向里贯缝攥一周。看着表袖的里面在上袖线外 0.2cm 的缝头上，用倒环针直角固定里外袖窿缝头。如果不扎透肩垫固定也行。

扦袖窿（⑨） 对准袖底、袖山的合印点，分配好各部的吃量，用别针别住。从吃量较小的袖底开始扦向袖山。针码在 0.3cm～0.4cm 之间，袖底因经常摩擦容易开线，扦完后，在起针处重扦 2cm～3cm，为使里袖平服，扦完后，在袖底缝头上拱针固定。

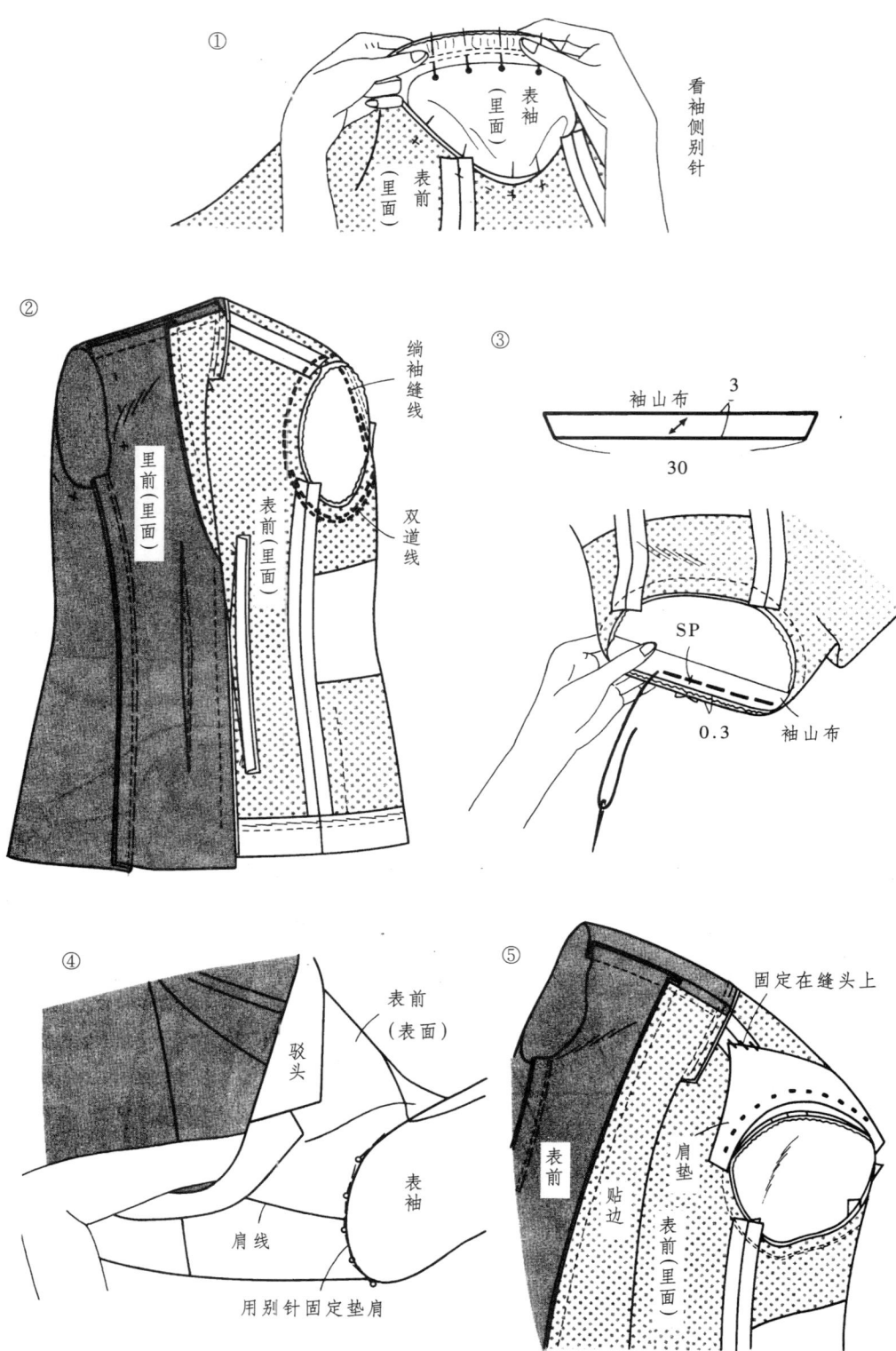

图 1-1-26①~⑤

⑥

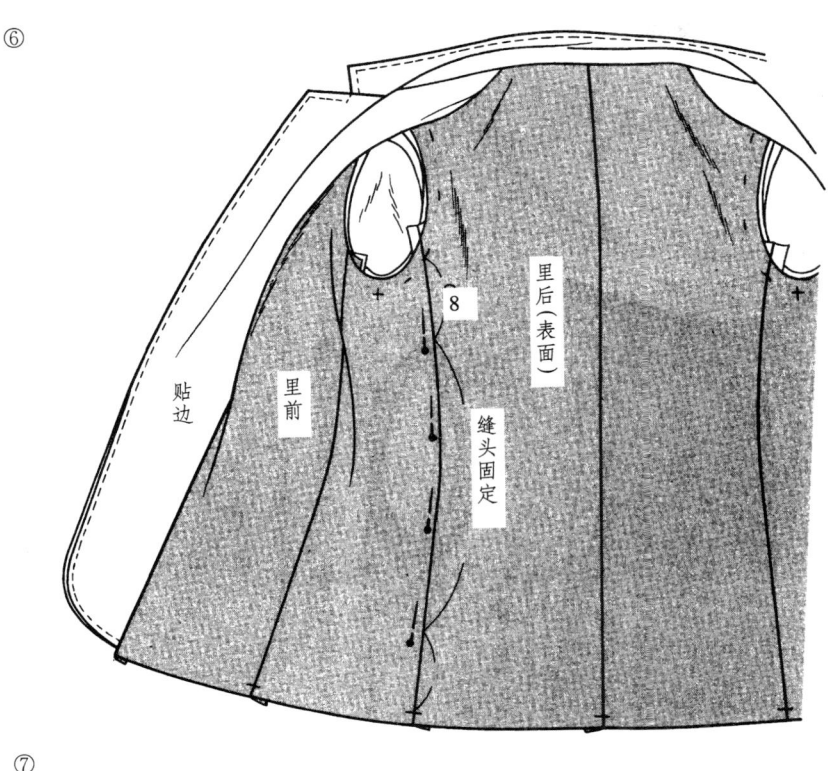

⑦

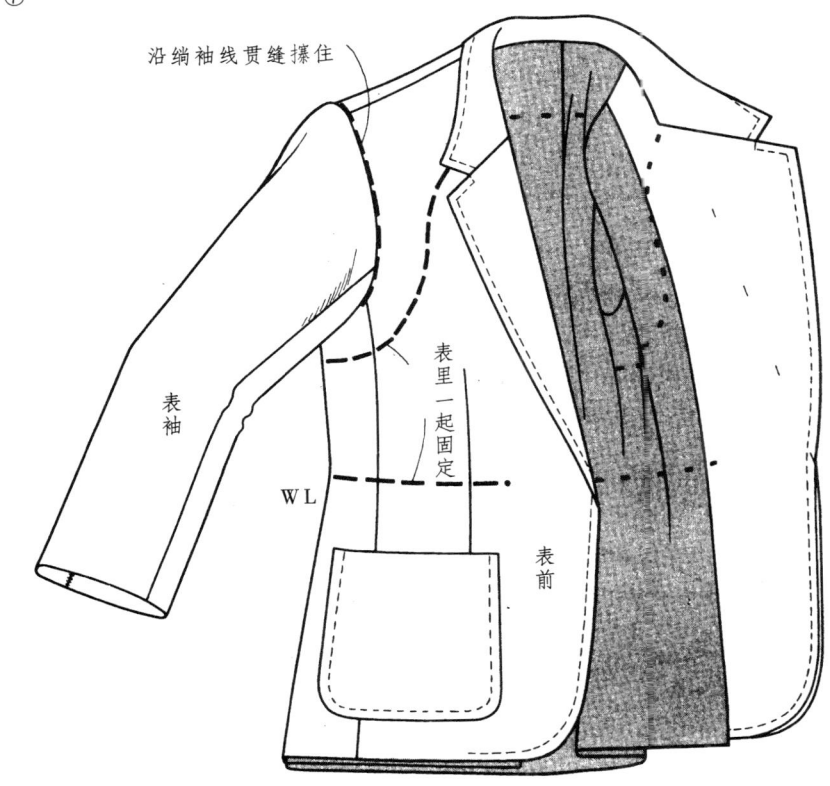

图 1-1-26 ⑥、⑦

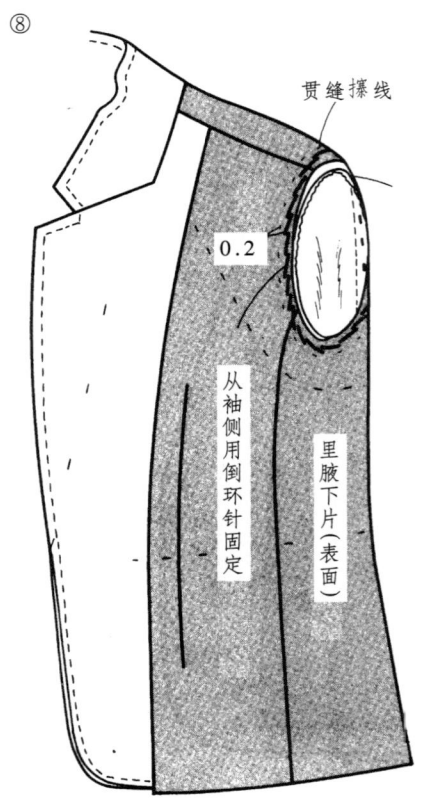
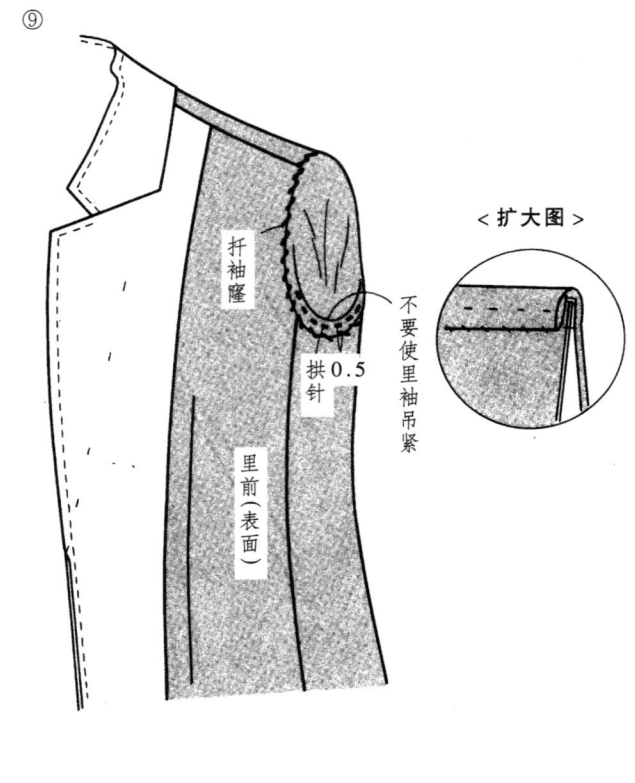

图 1-1-26⑧、⑨

第 7 工程（图 1-1-27）

扦下摆（①②） 把里的下摆修剪后，按图折烫，与面的扦底摆线对齐后扦缝。扦到距贴边 2cm～3cm 的位置停下，把里子盖下来熨烫后，再把剩余的部分暗扦。贴边外露部分锁缝或绷三角针都可以。

拱针固定驳口折线（③） 按折线折成穿着状态，从贴边侧向里进 2cm，拱针固定。固定线只扦住大身的衬。

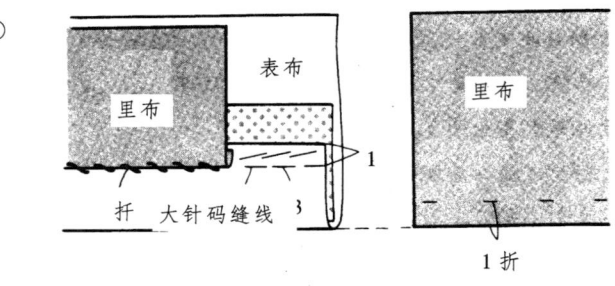
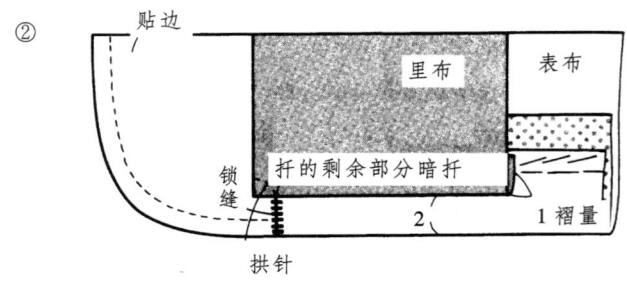

图 1-1-27①、②

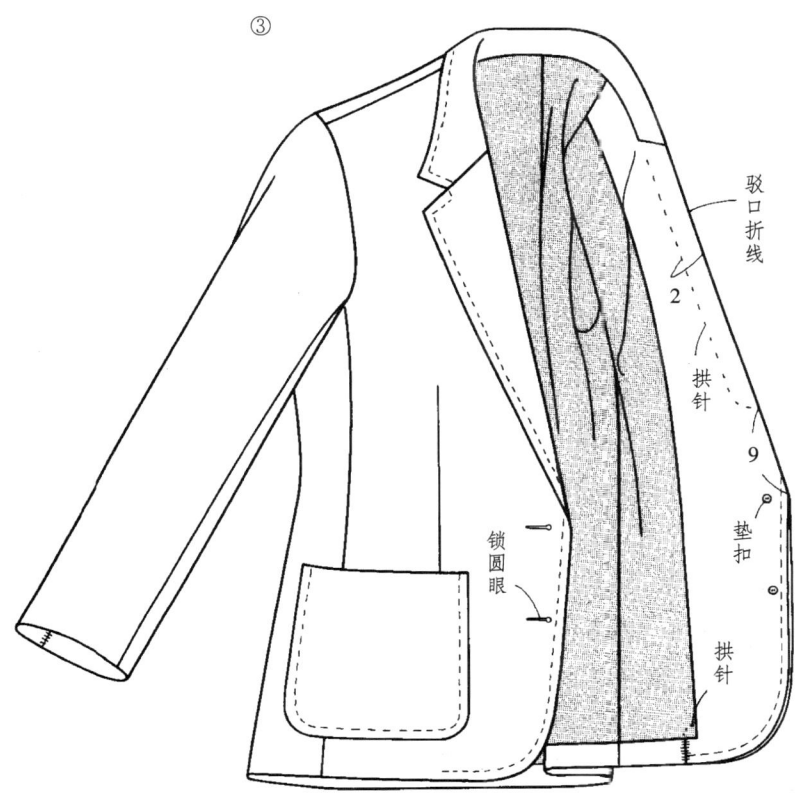

图 1-1-27③

锁眼（③） 使用 30 号锁眼线用锁眼机锁西装圆眼。

整烫 因为整烫是从表面开始，所以，要使用垫布。先整烫一些在制作过程中熨烫不足的地方，袋要放在布馒头上烫。绱领线也再一次轻烫，驳口折线要从里侧轻烫。烫肩部时，要穿在人体架上或垫入馒头，整理成穿着的感觉，稍喷些水后熨烫，使肩与肩垫服帖，形成一个整体。此时熨斗可以贴住袖山熨烫，但要注意不能破坏袖山的圆度。

拆掇线 抽掉面的掇线与里子合缝的掇线。注意不要损伤布料。

钉扣 钉扣绕脚的长与前门厚度基本相同，为不损伤面料，在贴边侧使用垫扣。使用 30 号钉扣线。

女式戗驳头西装

设计说明

在平驳头西装基础上,变化出来的双排扣西装。素材选择挺实的面料,穿起来挺括、潇洒,似有男子风度。

仅解说制图与制作要点。详见"女式平驳头西装"。

使用量

表布 140cm 幅宽 160cm
里布 90cm 幅宽 190cm
厚衬(前身、里领用量)90cm 幅宽 80cm
薄衬(贴边、领面、里领的座领、后背、下摆、袖口、胸部增衬用量)90cm 幅宽 160cm。

制图(图 1-2-1)

大身、领子

前门的搭门量与驳头线的长度,根据人的身高与体型而定。掌握"V"字开领与前下身的比例大小很重要。还要注意驳头的尖部不要过窄,否则翻烫出来不会很漂亮。

把前身与腋下片的样板拼合以后,再确定口袋的位置和大小。

袖子

与"女式平驳头西装"的袖子相同。

制作要点(图 1-2-2~图 1-2-4)

贴边样板的制作(图 1-2-2)

驳头尖比起平驳头来成锐角型,这样翻烫就较为困难。如图制样板。

衬的粘法(图 1-2-3)

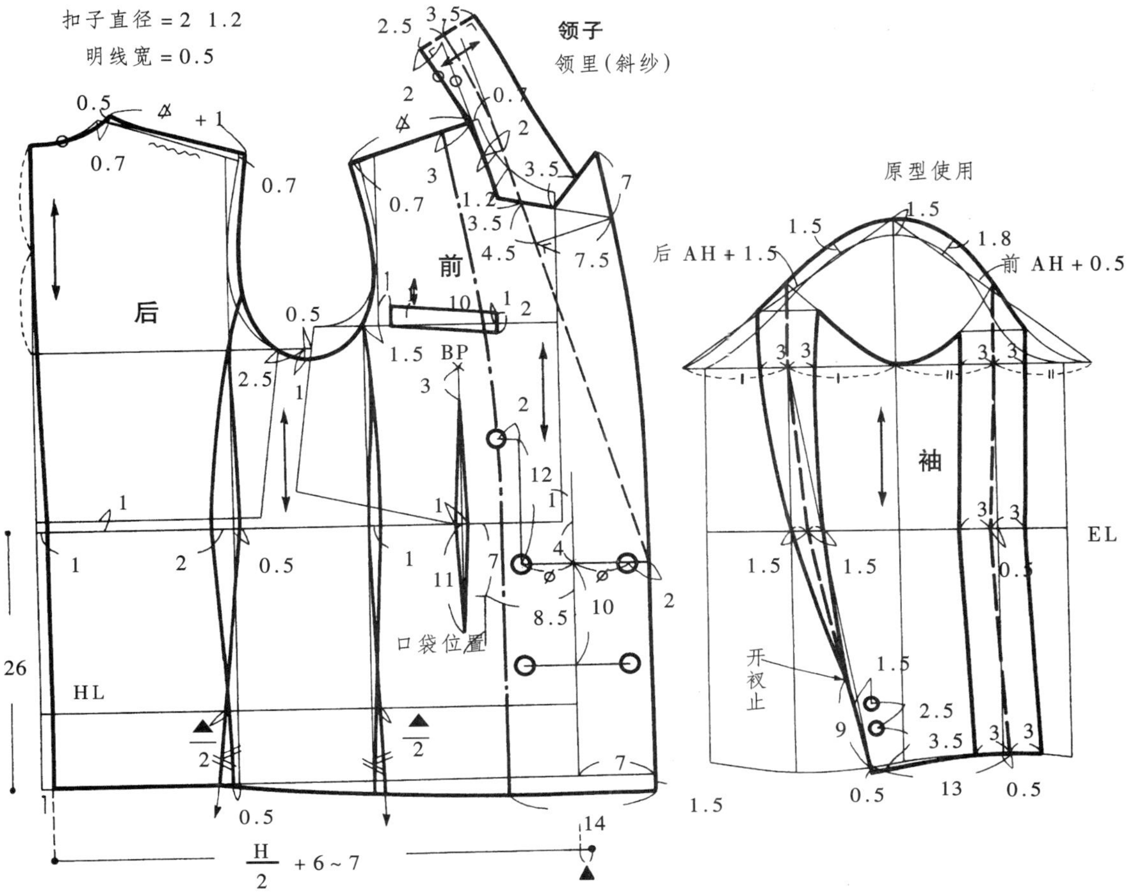

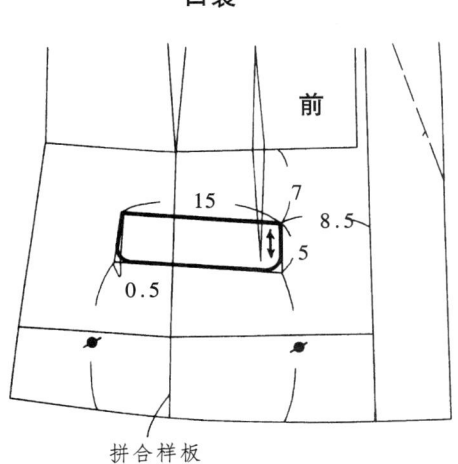

图 1-2-1

对于戗驳头来说，要想使驳头扣身、驳尖稳定，胸部的造型就要有一定的容量，要隆起来，这样驳口折线也较稳定，形状就漂亮了。因此，要按图那样粘双层衬。

对于造出胸部立体感的胸（增）衬，稍厚且有弹性的较好，若是有纺衬的话，使用斜纱成型较柔软。胸衬有出售现成的，但有时也不能与面料完全适应，所以，一定要根据面料的性质选择胸衬。想充分造出立体感时，可以粘一层胸衬。

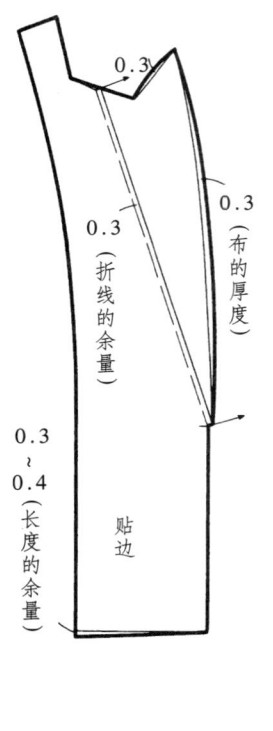

图 1-2-2

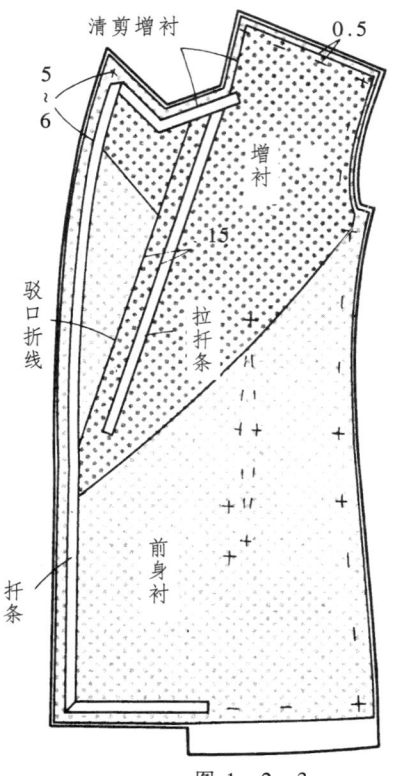

图 1-2-3

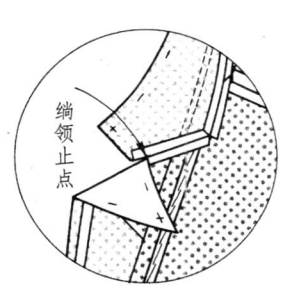

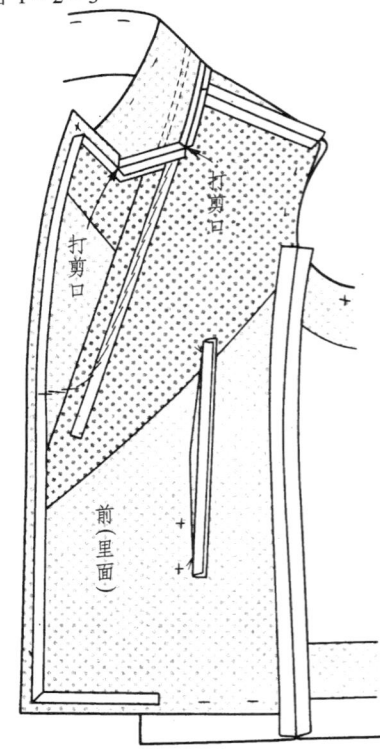

驳头增衬也可与胸衬相同，也可用薄衬。

领子的绱法（图 1-2-4）

同平驳头西服基本相同。只是绱领时要在绱领点打剪口。

图 1-2-4

直线型青果领女西装

设计说明

背阔,整体宽松,细长的青果领给人以新鲜感。因袖窿也较大,可设想为假叠层式等数种穿法。

仅解说制图与制作要点。详见"女式平驳头西装"。

使用量

表布 140cm 幅宽 160cm
里布 90cm 幅宽 210cm
厚衬 90cm 幅宽 100cm
薄衬 90cm 幅宽 100cm

制图(图 1-3-1)

身片

原型的放法与"女式平驳头西装"相同,只在胸围上增多了宽松量。背宽放大,肩端点抬高,放入较厚的肩垫。因大身是直线型,后背与侧缝的收量也就相对减小。

领子

与"女式平驳头西装"的领子画法相同,不用死记。

袖子

因身的肩宽增加了1.5cm,袖山高也追加了0.5cm。又因大身是很宽松型的,就增大了袖肥,而相对降低了袖山,这样袖子的机能性就较好。

制作要点(图 1-3-2、图 1-3-3)

领面、贴边的样板制作(图 1-3-2)

因领面与贴边是连在一起的,而在制图上,领子与领口还有一个交差的三角,如果连着裁的话,就缺了这一块。为此,按以下的方法制样板。

按①所示有两种方法:A法是打断贴边拼

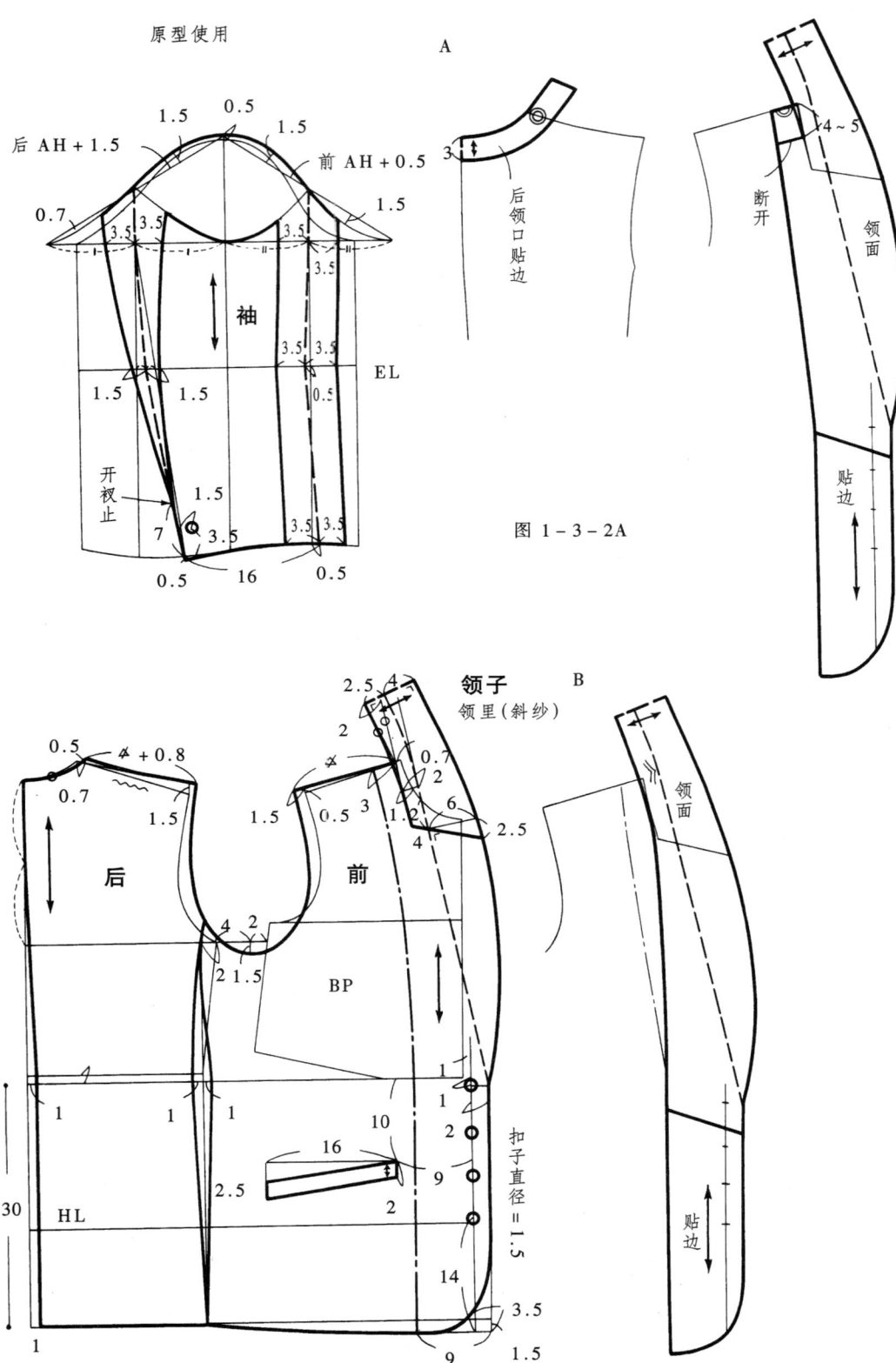

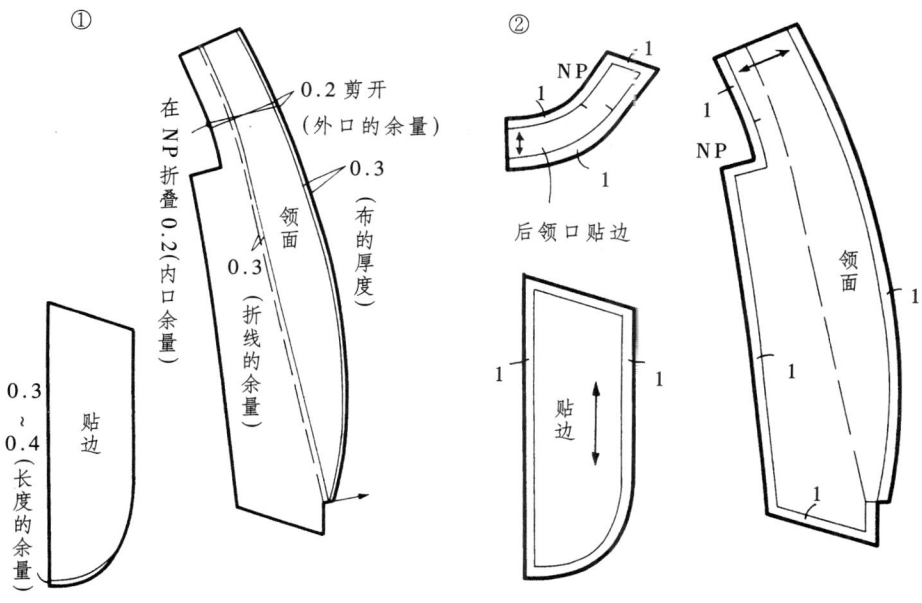

图 1-3-2①、②

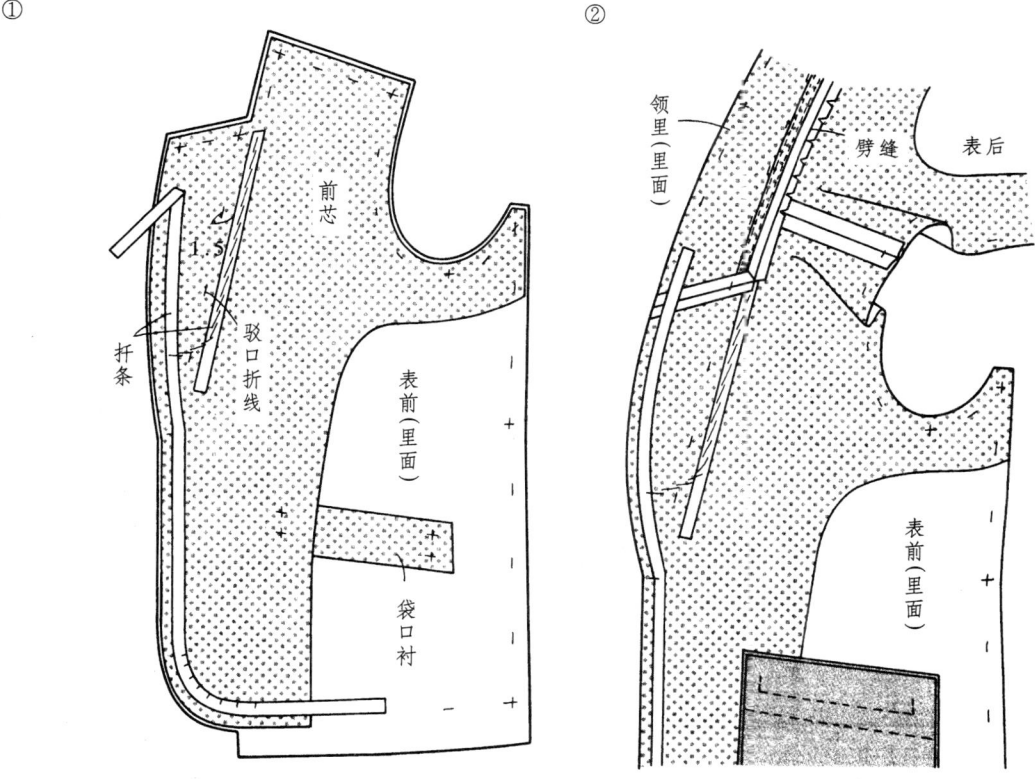

图 1-3-3①、②

样板，连后领口一起上贴边；B 法是使贴边的宽度变窄，后领口不上贴边。无论是哪种方法，贴边都要在驳口折线以下不明显的位置拼接。

如②所示，进行样板操作，加放领面与贴边余量，按③加放缝头。

领子、前门的制作（图 1-3-3）

按①制作出前身，②是里领。

③是贴边的拼合与前门、领外围的钩缝。分 A、B 两种方法。

A 是把领面与后领口贴边、前贴边分别缝合后劈缝，B 是只与前贴边缝合。

领面、贴边拼缝后，与里子缝合，然后与大身钩前门、领子。

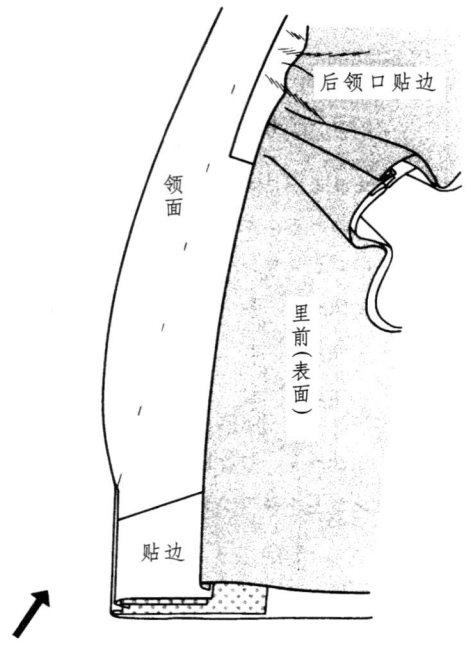

图 1-3-3③

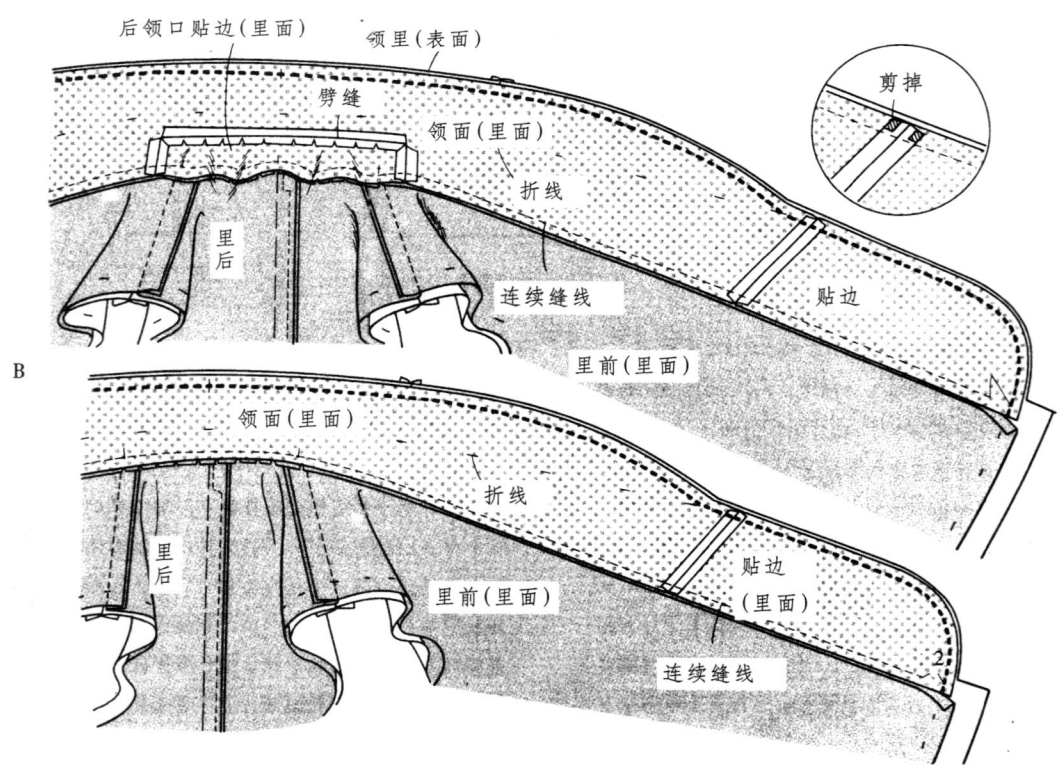

图 1-3-3A、B

公主线型女套装

设计说明

利用公主线和刀背线表现出立体感，较为紧身的形状。由于收腰，使得线条显得优美。如果使用洒脱的素材，更能体现女性的优雅。

如果以此例为基础，适当减少收腰量的话，就会形成自然感觉的半紧身形。再去掉领子镶上边条，又能形成夏奈尔式的女套装，应用范围也非常广泛。

使用量

表布 140cm 幅宽 140cm
里布 90cm 幅宽 190cm
厚粘合衬（前身、领里）90cm 幅宽 70cm
薄粘合衬（贴边、领面、后背、下摆、袖口、口袋）90cm 幅宽 100cm

制图（图 1-4-1）

身

拓后片原型时，要比前片原型抬高 0.5cm。这个 0.5cm 和后颈点追加的 0.5cm、侧颈点追加的 0.7cm，既是对收腰时长度不足量的补偿，也是对外套松量的增加。

公主线要通过乳峰点，刀背线要通过肩胛骨的最顶部。在较宽松的情况下，稍向侧缝靠拢，会显得稳定些（呈比例）。

对胸省的处理是，压住 BP 点，使原型移动到腰围线的水平线，把肩部张开的尺寸收省。一般多是为了适应前肩体型，使它的位置

向上错 1cm。要想做得较宽松的情况下，就把肩省量取 3cm 左右，剩余的胸省量在袖隆上处理。

画后袖袖窿时，注意不要使背幅削去太多，且比前片多挖深了 0.5cm。为了增加其机能性，在袖隆的下方计算在内 0.5cm 的吃量。

为了使口袋在穿起来时给人的感觉是水平的，要在从底摆向上取相同的位置处装订。

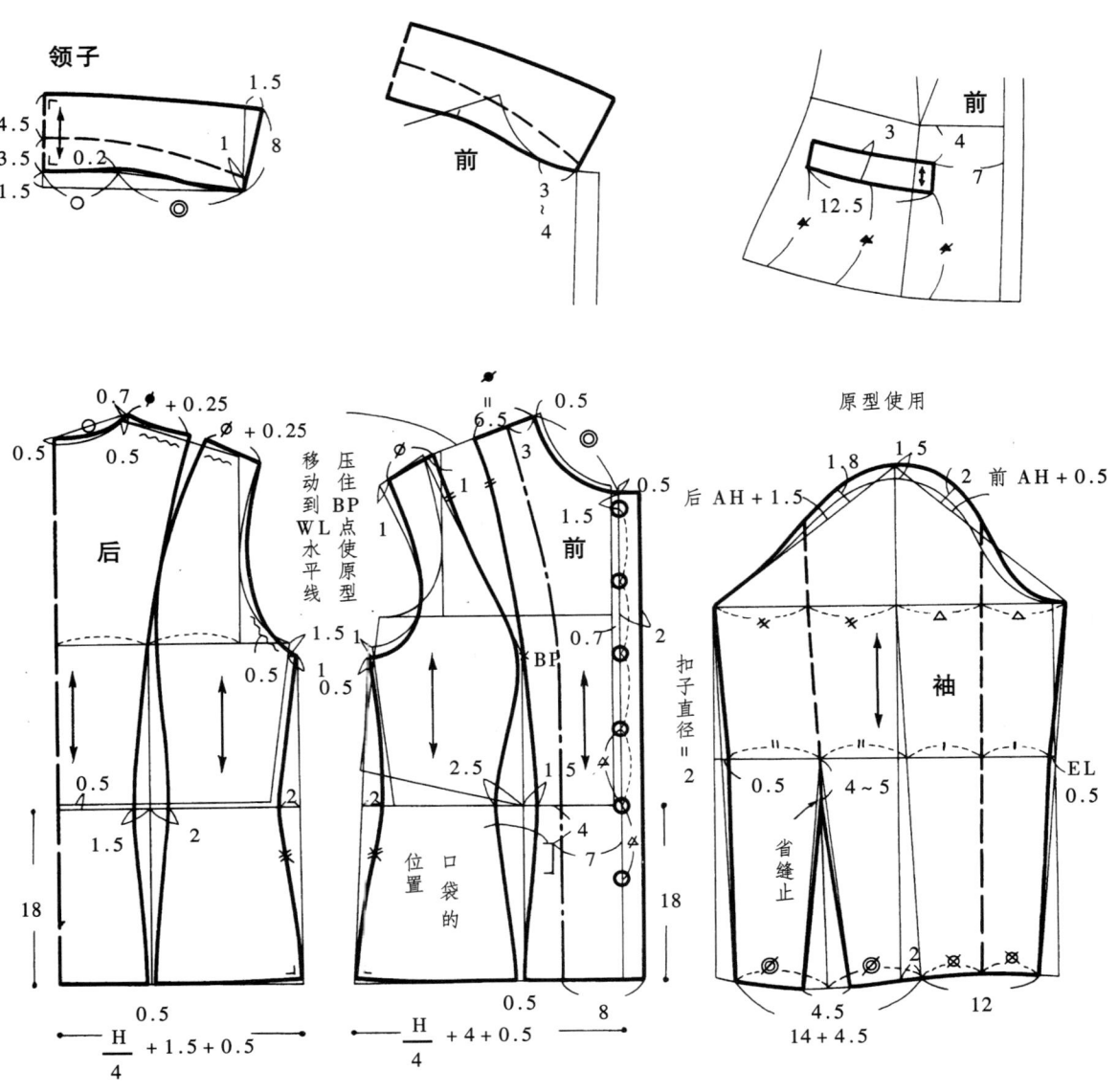

图 1-4-1

领子

后绱领尺寸用直线测量，前绱领尺寸按图测量弧线。由于直线测量的不足量，在绱领子的时候，在肩缝处把领子拔开。

绱领线在肩缝处内弧 0.2cm～0.3cm，从前中心开始的 3cm～4cm 间按领口弧线画弧。这是为了让领子自然围绕脖颈的缘故。

袖子

身是比较瘦型的，肩宽也一般，为了用肩垫整理好肩峰部，加大了袖山的圆度。

制图上的虚线，表示袖子的完成状态，符合胳膊的方向性。

省缝在袖肘线以下 4cm～5cm 处缝止。

制作要点(图 1-4-2~图 1-1-4)

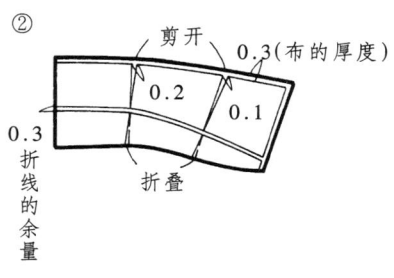

图 1-4-2①、②

领面样板的制作方法(图 1-4-2)

像这样紧贴脖颈的翻领,经常会出现领座部分多余,而领外围不足的情况,因此,要按图那样制作领面样板。

粘合衬的粘法(图 1-4-3)

因为是紧身的形状,所以,前后腋下片和后片的衬裁成斜纱,这样具有柔软性。

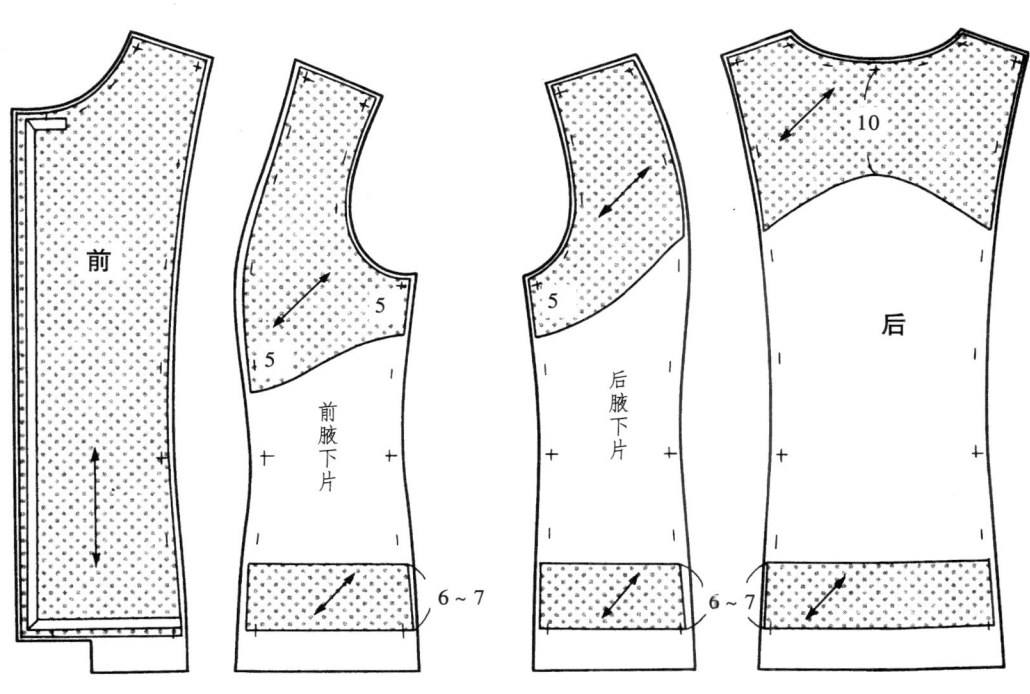

图 1-4-3

领子的绱法(图 1-4-4)

制作方法与"女式平驳头西装"相同。
① 把领里绱在大身的面上。
② 把领面绱在大身的里子上。
③ 比齐身的里子与面,钩缝领外围与前门襟。
④ 固定绱领缝头。

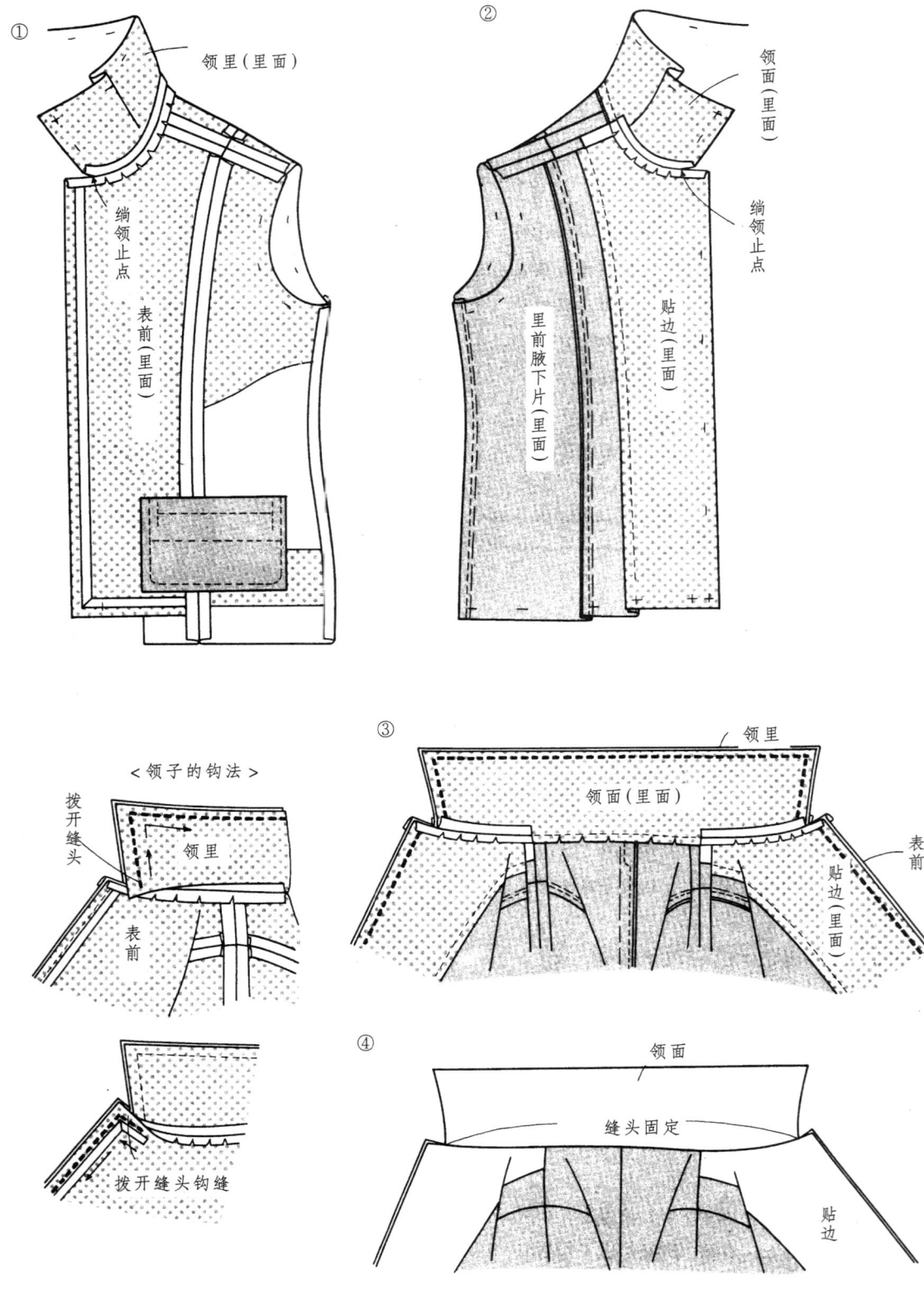

图 1-4-4①～④

粘衬方法的应用

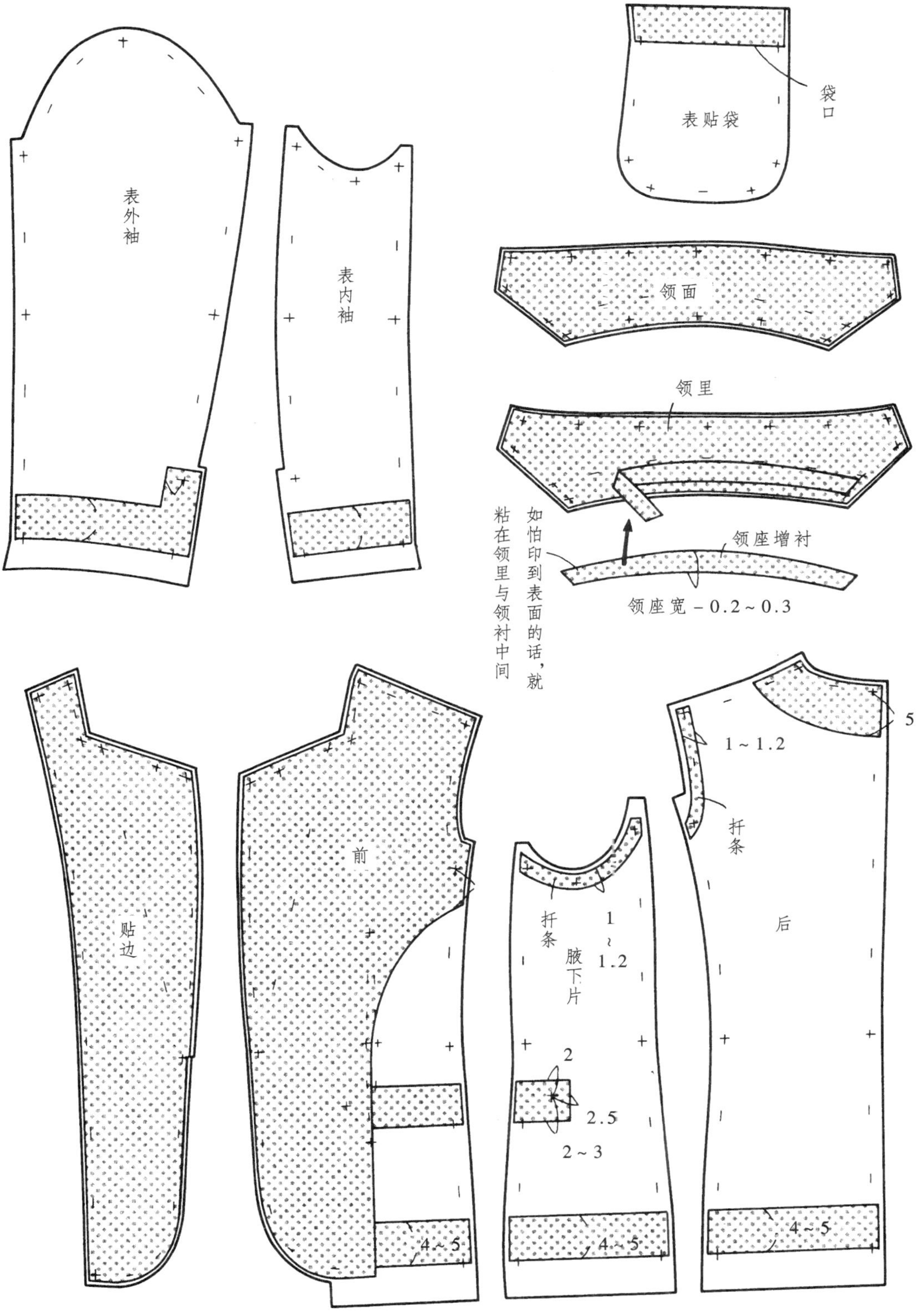

图 1-4-5

插肩袖无领女套装

设计

本款式采用插肩袖和无领的款式特征，整体造型X型。腰节处横向分割，腰围余量较小，但恰到好处显示女性腰围的纤细。下摆展开，使用柔软而有垂性的面料，使此款服装轻摇而有动感，展现服装立体的美。采用素材不同，可作职业女性的常装，稍加装饰点缀，即可作为准礼装。

使用量

表布 140cm 幅宽 250cm
里布 90cm 幅宽 240cm
粘合衬 90cm 幅宽 45cm

制图

后袖山线的倾斜度为45°，前袖山线的倾斜度比后袖大。腰围余量小，下摆展开量可根据面料适当加减。注意前后差的处理。

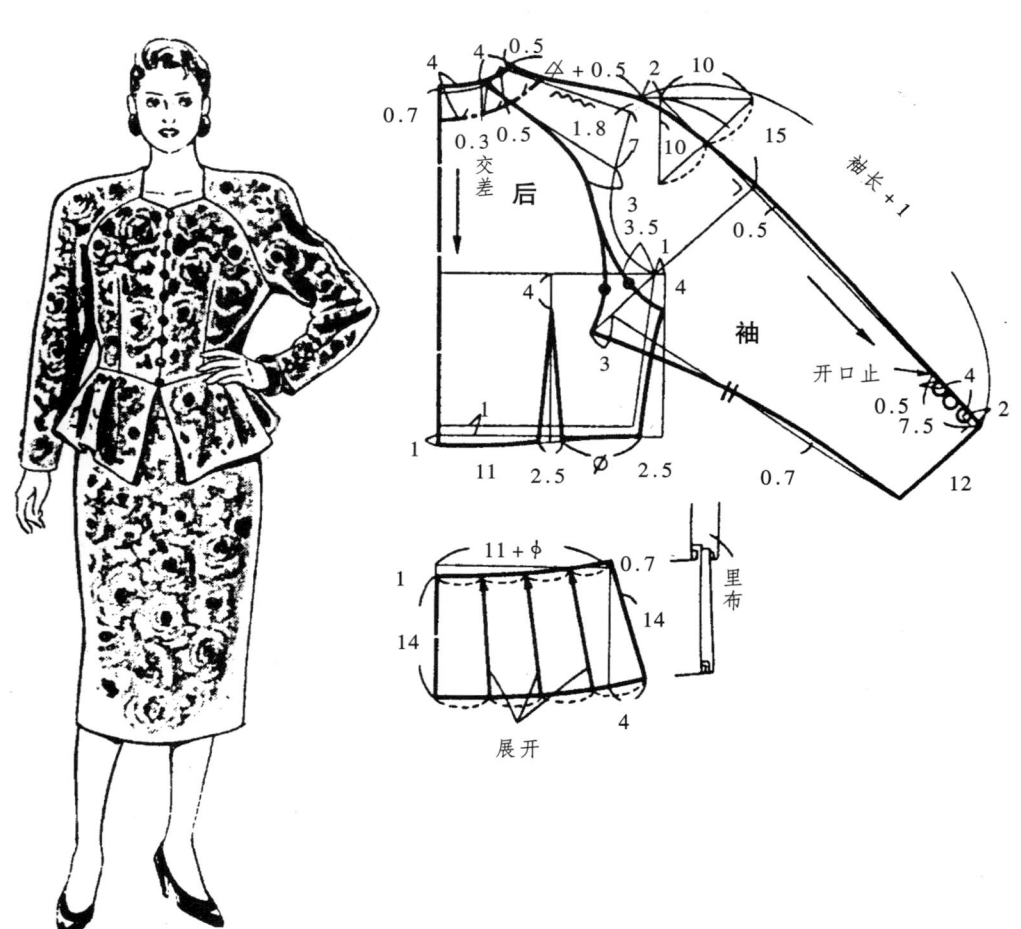

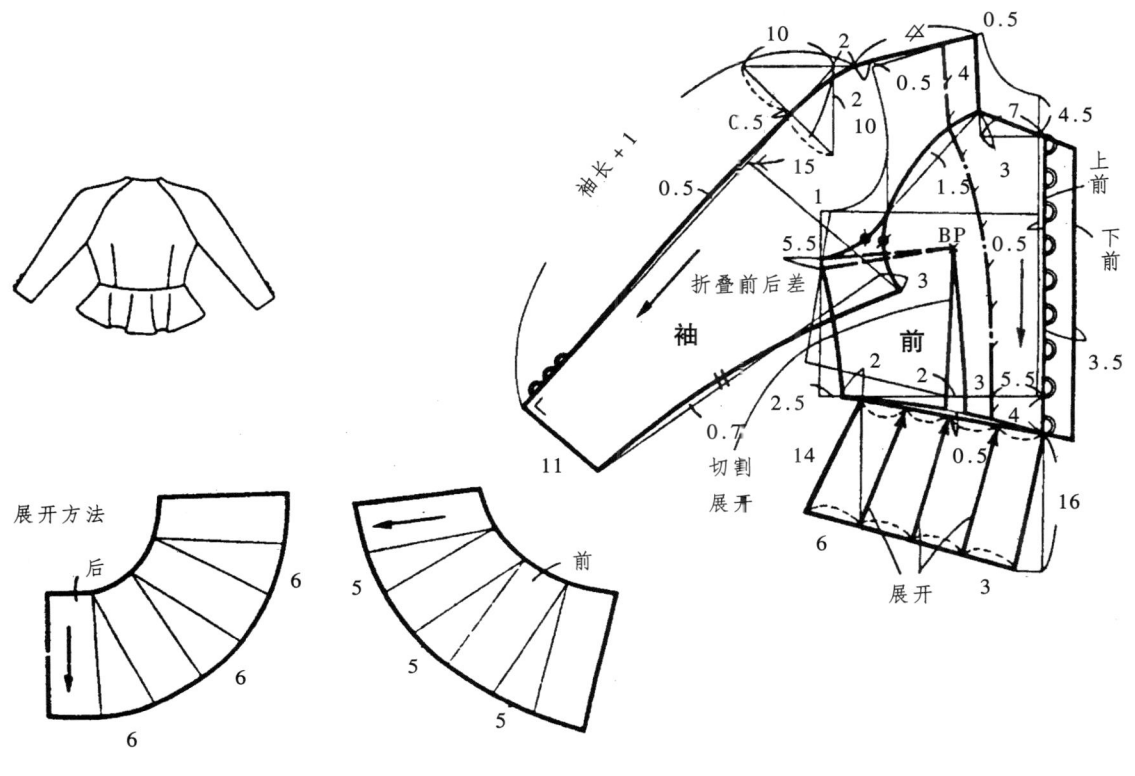

图 1-5-1

戗驳头八开身女套装

设计

本款采用戗驳头领型,门襟双排扣,深浅色搭配款式特征。整体造型为 X 型。下摆采用斜偏襟,利用刀背线束腰扩臀。左右胸袋面八字形,袋牙、袖、领采用深色装饰,以略有扩张感的浅色突出整体造型效果,是一款简洁而庄重的职业女性日常装。

使用量

表布 140cm 幅宽 150cm

里布 90cm 幅宽 100cm

粘合衬 90cm 幅宽厚衬 100cm 薄衬 60cm

里布 90cm 幅宽 190cm

制图

根据人体腰节的高度来确定收腰位置,前后差折叠转移至前刀背线,注意刀背线的画法,以及腰围和臀围余量的加放。

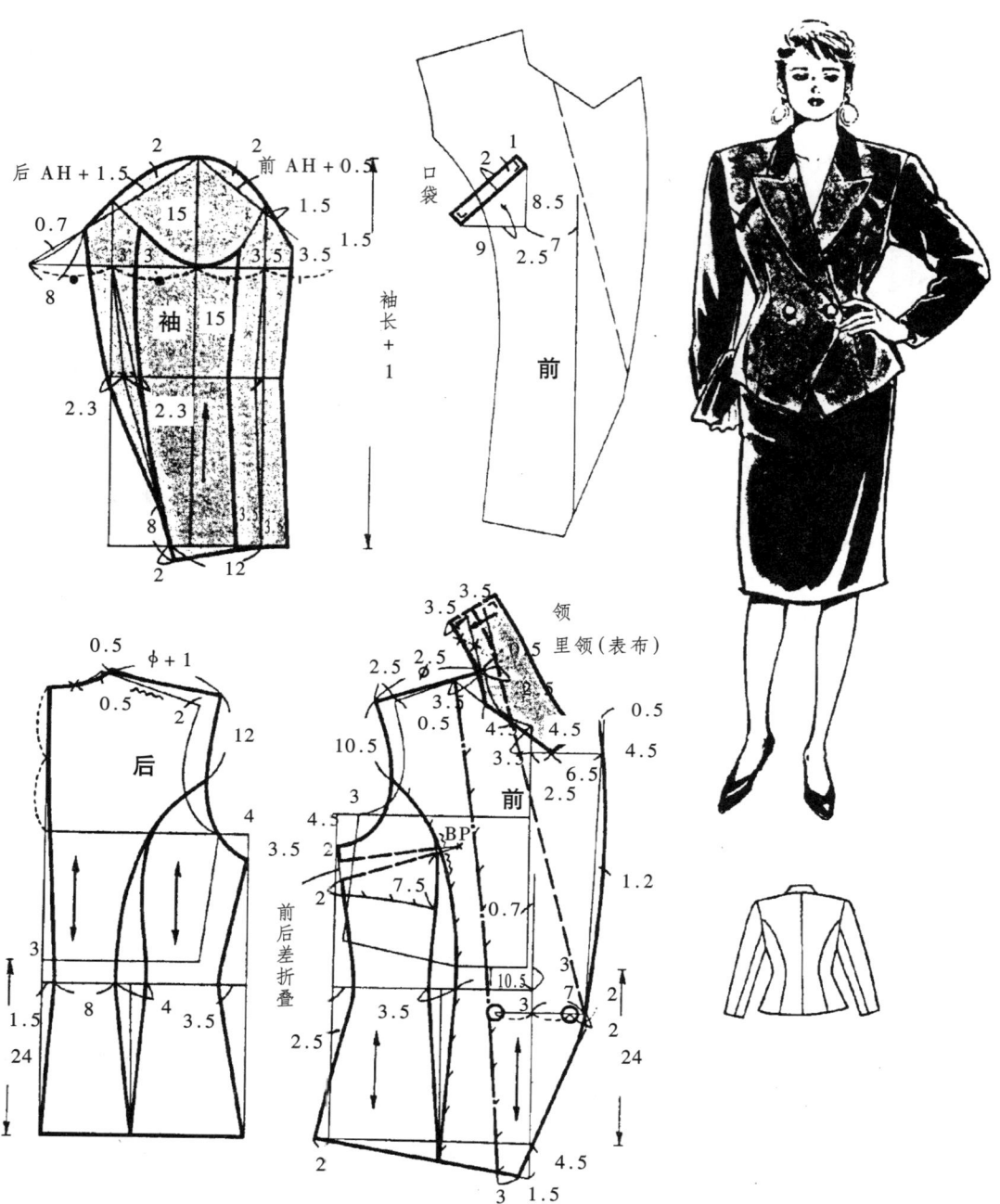

图 1-6-1

第 二 章
男 套 装

男装在穿着上讲究"绅士风度",要求挺括、平衡,有一定的风格,无论在结构制图或是制作工艺上,各部位的要求都较为严谨。在其材料的选择设计上都必须合乎时间、场所和目的性的要求。在其感觉上与女装有所不同,男装的基本设计是有规定的,特别是西装,只有在其规定范围内,根据流行可加以变化,因此,西服就成为日常装、外出服、公务员制服和西装礼服的基本形式了。

在日本,从1860年开始,男子军人穿着"洋服",称为军队洋式化。之后,1872年,颁布了"礼服要穿洋服"的政令,不过那时的服装是黑色的长上衣,单排四粒扣,与马甲和裤子相组合称为三件套。从它诞生到现在,随着历史的发展几乎始终在不断的流行和完善,逐渐形成现代男子套装的原型。

另一方面,随着男女同性化,男子服所特有的魅力与合理性被广泛认识,女性着装男性化,男子服也从以往的严谨逐渐向女子服的柔软性、机能性的构造中发展,上衣更加简便化,着装方式更加随意。也正是由于男子西服套装的组合搭配形式多样,从正式到非正式的场合几乎都能使用。因此,它就成为现在国际公共场合指导性的服装,即国际服。

在这一章中只介绍西服上衣。

西服的分类

男装的风格与结构有着密切的联系,由于男子体型轮廓起伏较小,在结构处理中,余缺量和变化就小;其次男装的结构变化范围小而且稳定。从材料的色彩花样上,可分礼服型、外出型、办公型和便装型。从组合搭配上分二件套、三件套和四件套。

1. 从外观造型上分

有三种基本形式,即 H 型、X 型、V 型。

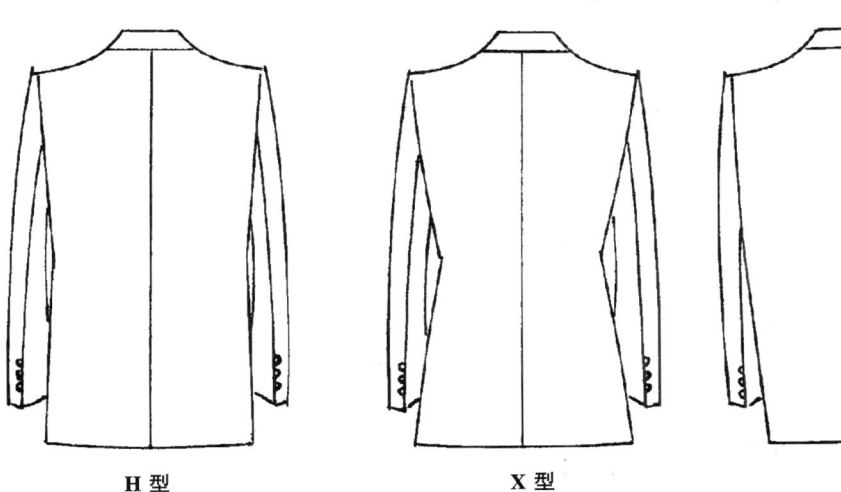

H 型　　　　　　X 型　　　　　　V 型

H型：是指直身型即箱型。

X型：是收腰身合体型。

V型：是指强调肩宽、背宽而在臀部和衣摆的余量收到最小限度，突出肩部的造型。通常肩部的造型有平肩型（一般型）、翘肩型、圆肩型，在整体造型中使肩、腰、摆三位要构成一体，否则会出现不谐调的感觉。

2．从领型上分

服装的造型关键是把握流行，领子则是服装流行中的一个细节，由于领子的位置是整个服装的视觉中心，所以，它往往也是流行的感觉中心。

对于西服的领型与驳头而言，有领角大小、领口位置高低、驳头宽窄等变化。领角是以90°为基础，还有小于90°的方角及圆角领型，半戗驳领和戗驳领型。领口位置除一般以外，还有高领口和低领口或是高驳头和低驳头，以及驳头宽与窄的变化。除此之外，还有领与驳头相连的即青果领型。

3．从前门上分

有单排一粒、二粒、三粒和四粒扣的形式，双排扣有二粒、四粒和六粒扣的变化，前门襟有直摆、斜摆和圆摆。

4．后开衩

后开衩的位置长短，随造型的变化而改变，但在套装中，随着后开衩功能的消失，已成为男装流行中的形式因素。其基本形式有：中开衩、中开明衩、侧开衩、无开衩。

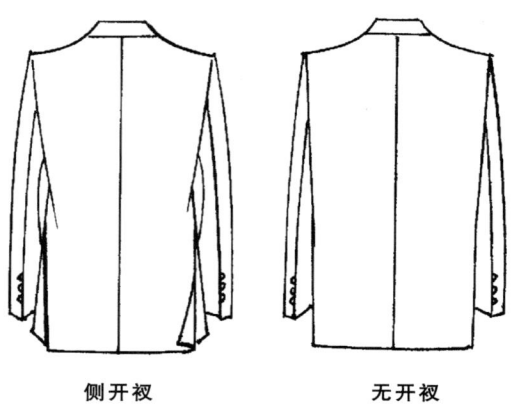

中开衩　　　明开衩　　　侧开衩　　　无开衩

5．袋型

男装口袋的型在流行中是一种气氛，起烘托主题的作用，但袋型的结构设计受材料性能的约束。如图所示，胸部手巾袋的设计。

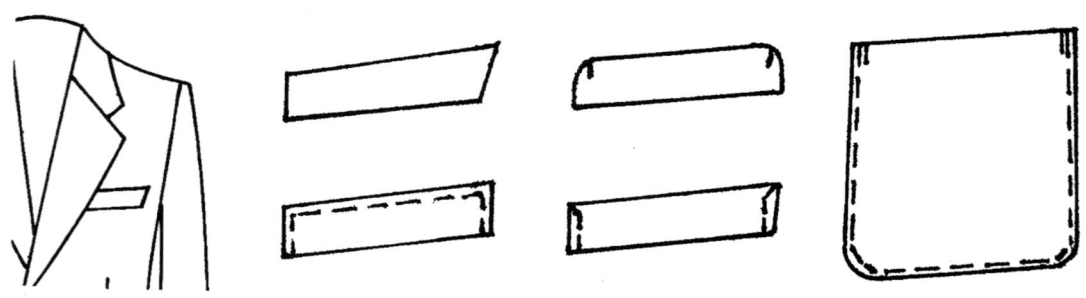

手巾袋

大袋除正统套装要求有袋盖和双开线的袋型外,其他的斜袋、贴袋、猎装袋、褶袋和立体袋等等,如图示。

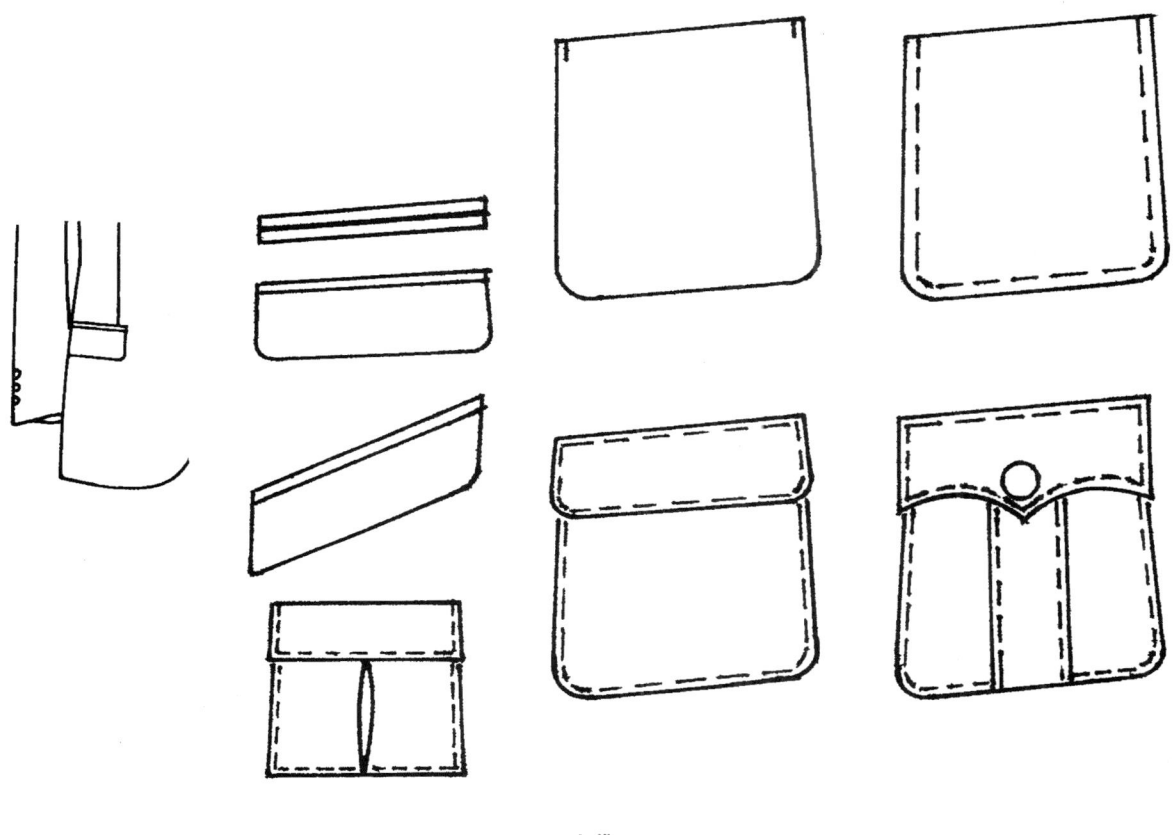

大袋

但是,男装的流行不同于女装,它往往不容易被人们发觉表现男人魅力的细节,即流行的主题。因此,要仔细的观察、分析和研究,才能把握整体的流行风格,更好地完美地进行整体的组合搭配。

单排两粒扣平驳头西装

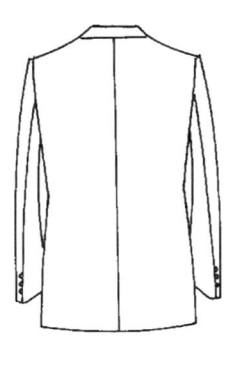

设计说明

这是男西装的基本型，也是一般型的样式，在日常生活中被广泛应用。设计上虽相同，但依其材料、色彩、花样的选择不同，所得到的效果也不同，因此，要配合目的来选择衣料。

使用量

表布 140cm 幅宽三件套时 290cm
二件套时 270cm
里布 140cm 幅宽三件套时 270cm
二件套时 250cm
粘合衬 90cm 幅宽三件套时 200cm
二件套时 150cm
黑碳衬 90cm 幅宽 50cm

胸衬、领底呢、肩垫是使用现成品。

制图要点

衣身（图 2-1-1、图 1-1-2）

使用男子西服原型制图，因为形体构成为倒梯形，所以西服的结构就采用了增大胸部及大肩的宽度，收腰收臀的方式。但胸部、腰部、臀部的尺寸加放量，根据流行、体型和材料的不同可以增减，破缝线的位置，根据具体体型而掌握比例。

前身原型以 A 点为基点，向后倾倒增大胸宽，腰围线在原型的基础上抬高 3cm，胸省收到袋口处不是尖形时，要把省量追加到侧缝线上（图 2-1-2）。

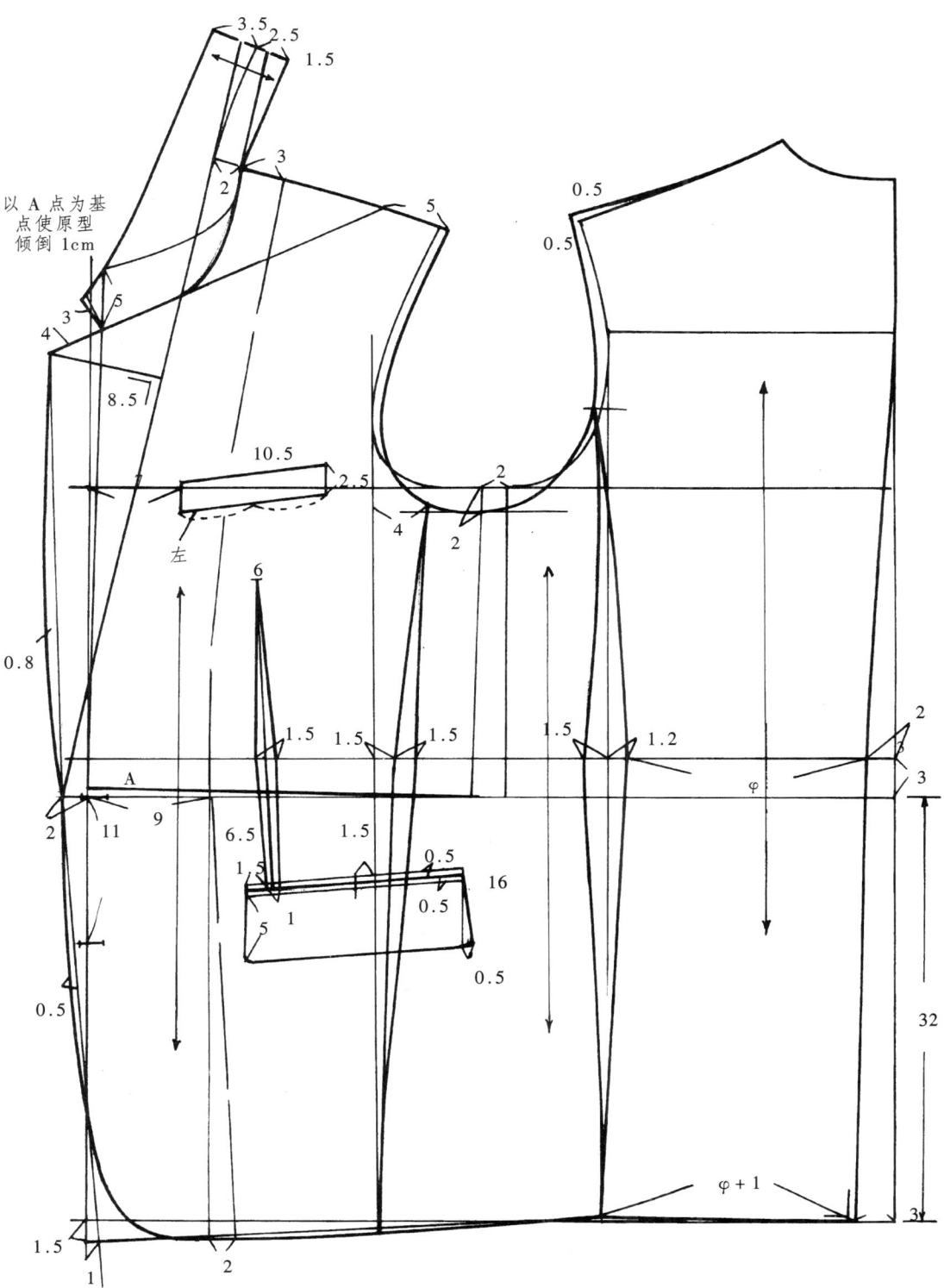

图 2-1-1①

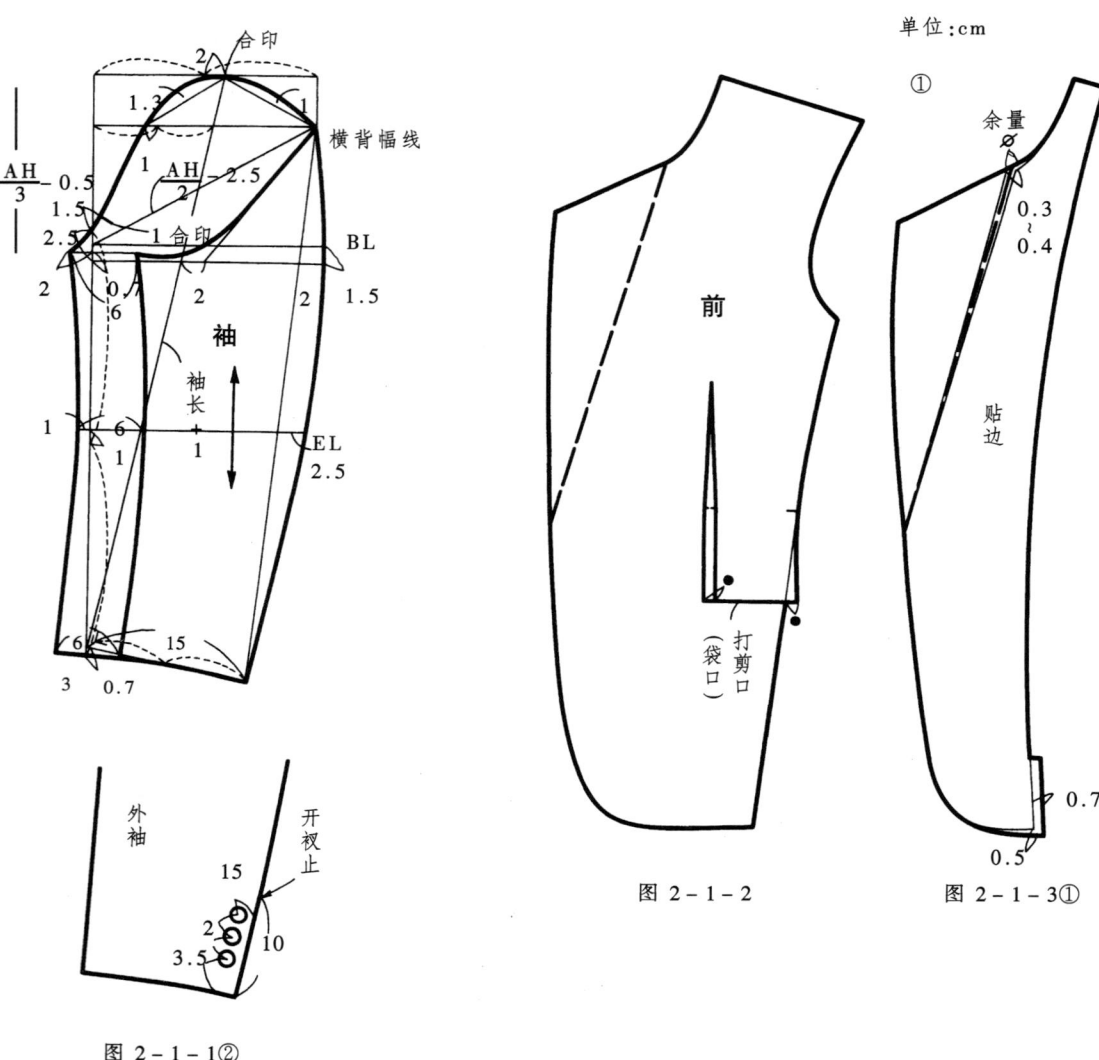

图 2-1-1②

领子(图 2-1-1)

与女西服不同的是,领面增加了座领与翻领的分割线,这样领子紧贴脖领造型美观。但领子与驳头的高低、宽窄受流行趋势的影响,领子的倾倒量与领宽成正比,男西服的领宽较窄,所以,领子的倾倒量也不大。

注意:领面上的分割线要在翻领折线以下的位置断开,即领后中心折线向下 0.7cm,前面折线向下 1cm(参照图 2-1-3②)。

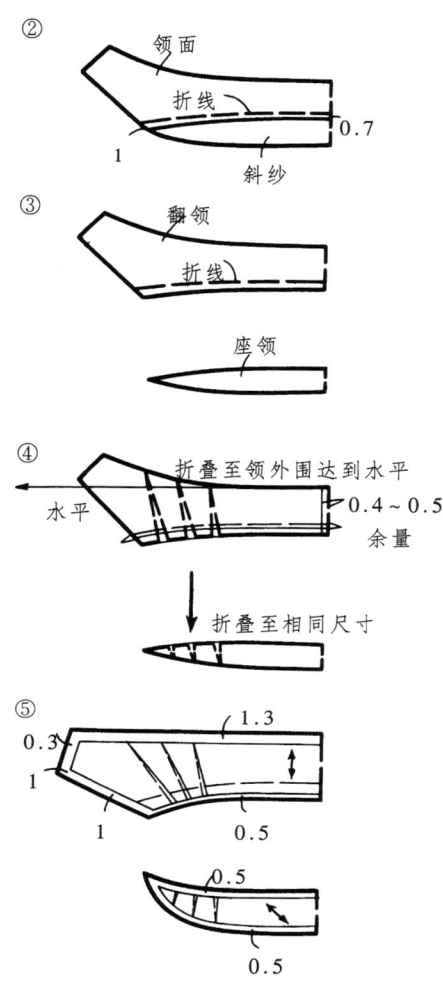

图 2-1-3②~⑤

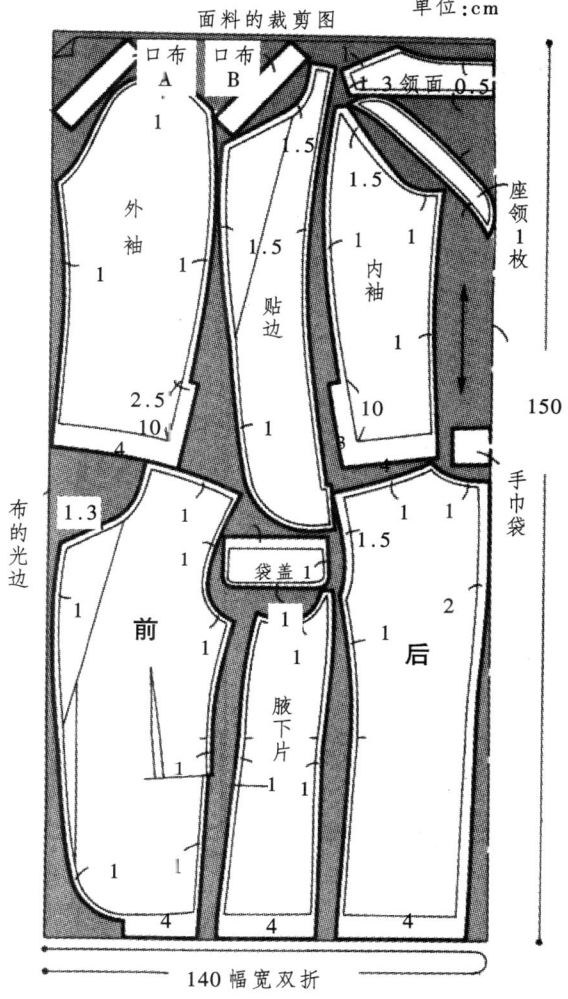

图 2-1-4

袖子(图2-1-1)

袖子为二片袖,向前的方向性很强,袖口的装饰纽扣普通缝三个、礼服缝四个。

制图绘好以后,要仔细的核实尺寸,因为,制图是按胸围尺寸计算出来的,背宽、肩宽、胸宽、腰部、臀部都要符合实际穿着的尺寸及人体的特征。

样板的制作要点(图2-1-2、图2-1-3)

衣身与袖子的样板制作及要求与女西装的一样。

贴边

①把贴边的翻驳线剪开,放出驳头的翻转量,此量要根据面料的薄厚而增减。

领面

制图上的领子作为领里,以领里为基础,制作领面的样板。

②把翻折线以下的分割线剪开。

③剪开后的翻领与座领。

④把翻折线剪开放出翻转量,要与贴边的翻转量相同,后中心放出0.4cm~0.5cm的量,折叠领中心口同时,座领也折叠与翻领相同的尺寸,使领子抱脖。

⑤加放缝头量后,就成为领面的样板。

面料的裁剪(准备工程1)(图2-1-4)

排板时,有倒顺毛的要排成同一方向,没有的可以颠倒,但尽可能排成同向比较好。需要对格子的,那么,面料就要多准备10%左右。排好后,用画粉画下裁剪线再裁,合印点的标记用打0.5cm左右的剪口来表示。里领使用既制的领底呢。

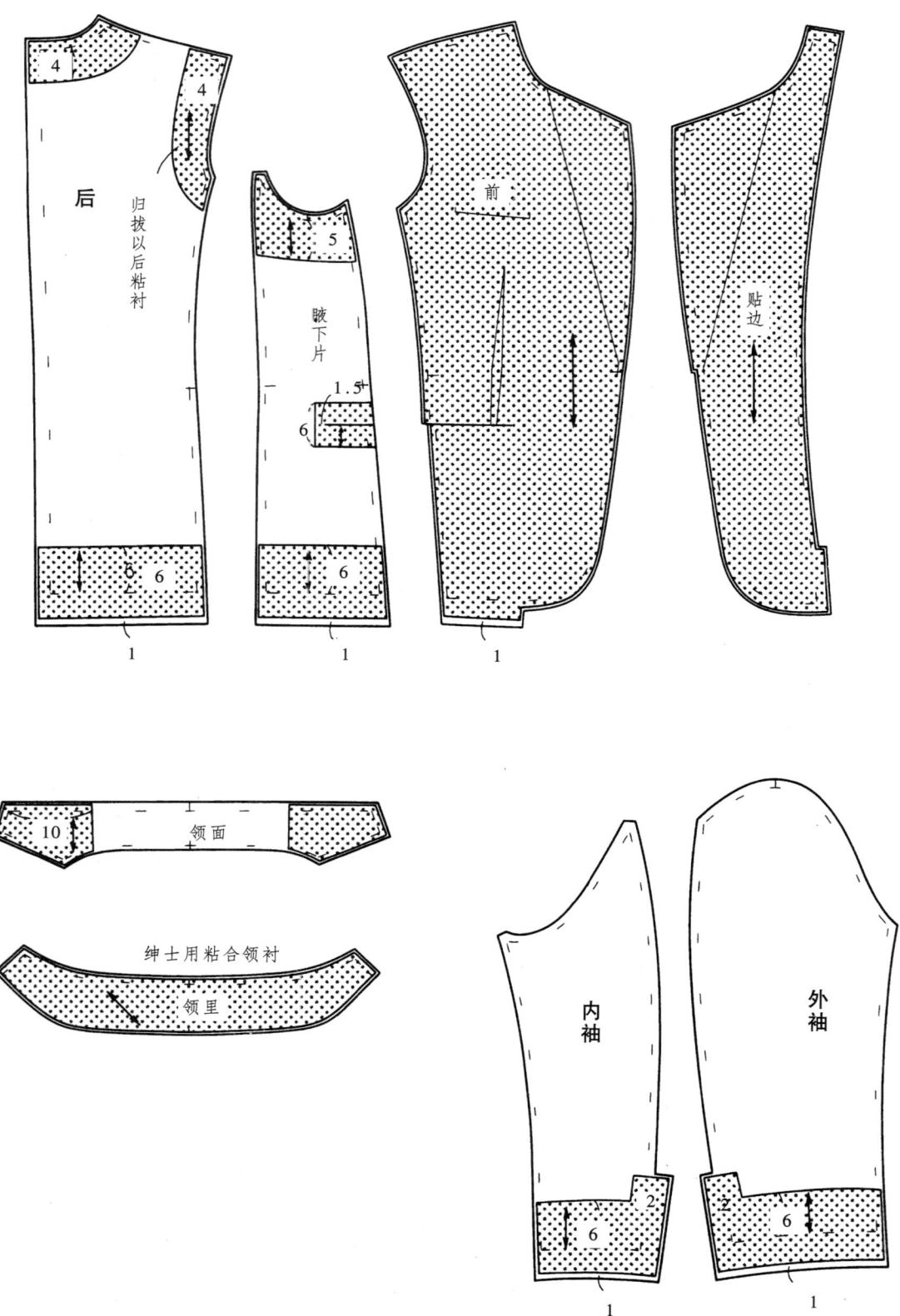

图 2-1-5

衬的裁剪与粘法（准备工程 2）（图 2-1-5）

前身用厚衬，其余部位使用薄衬。里领衬使用绅士用的粘合领衬（麻），同领底呢一样使用斜纱，整片。领面在两端粘 10cm 左右。粘衬方法参照女西装。

前身胸衬使用既制衬，绱完口袋以后再敷。（图 2-1-10）

根据材料不同，有时也不使用粘合衬，敷既制的加工衬。如纳驳头、里领的方法（图 2-1-12）。

里布的裁剪（准备工程 3）（图 2-1-6）

把布幅双折后排板。作为前肩面的归量，把前肩里加长了 1cm，内袖的底部缝头为 3cm，为弥补宽度的不足量，大小袖的袖缝各加放了 0.5cm。

根据体型不同，使用量也随之增减。

归拔（准备工程 4）（图 2-1-7）

归拔是把平面中裁剪的衣片立体造型的一种技巧。通过归拔，可以使服装的造型很美。如今，随着样板合理化的提高，采用归拔的手法也逐渐减少。但工艺考究的服装，仍需最小限度的归拔。

①在前肩决定基点，并不要使斜线部分的纱向发生改变，按箭头方向牵引袖隆。这样肩部的造型就出来了。

②把背中线归为直线。肩线与袖隆线也如图归，使肩胛骨部产生立体感。归烫后，在袖隆拉上扦条。

③折烫底领的折线，在归拢折线的同时，拔开领口线，使折线产生弯度。

④把外袖的肘线位置按箭头方向拔烫。如图产生 1cm 的弯度，形成造型很美的袖子。

归拔时，要把左右对称的裁片反面朝外叠放，用蒸汽熨斗归拔完一面后，再翻到另一面归拔。

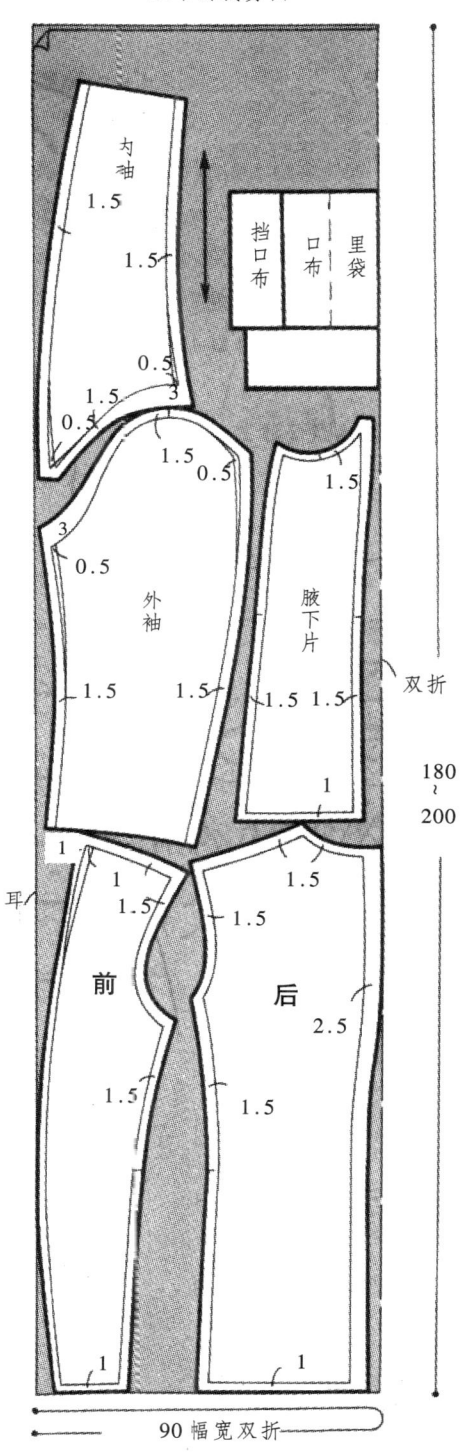

图 2-1-6

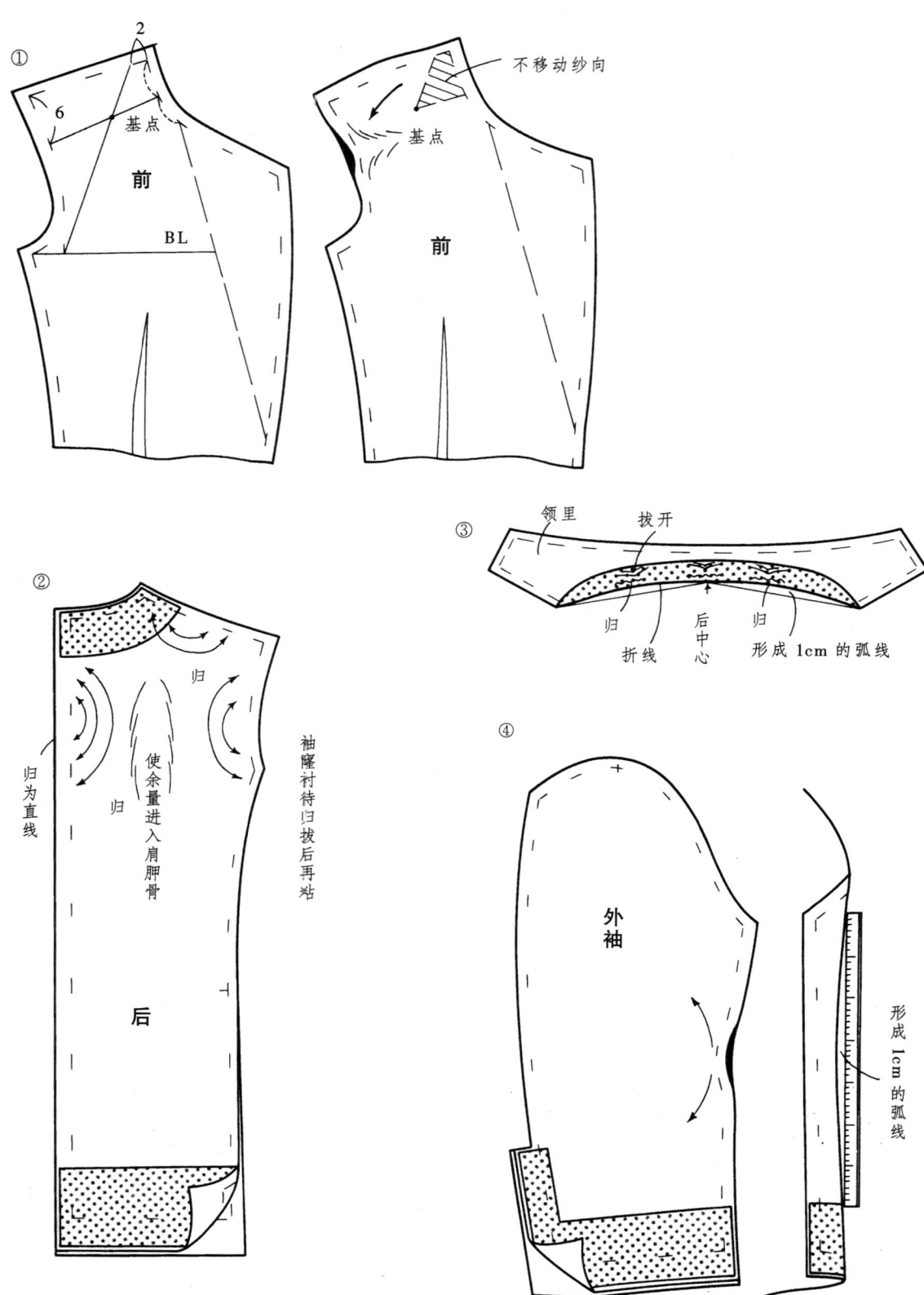

图 2-1-7①~④

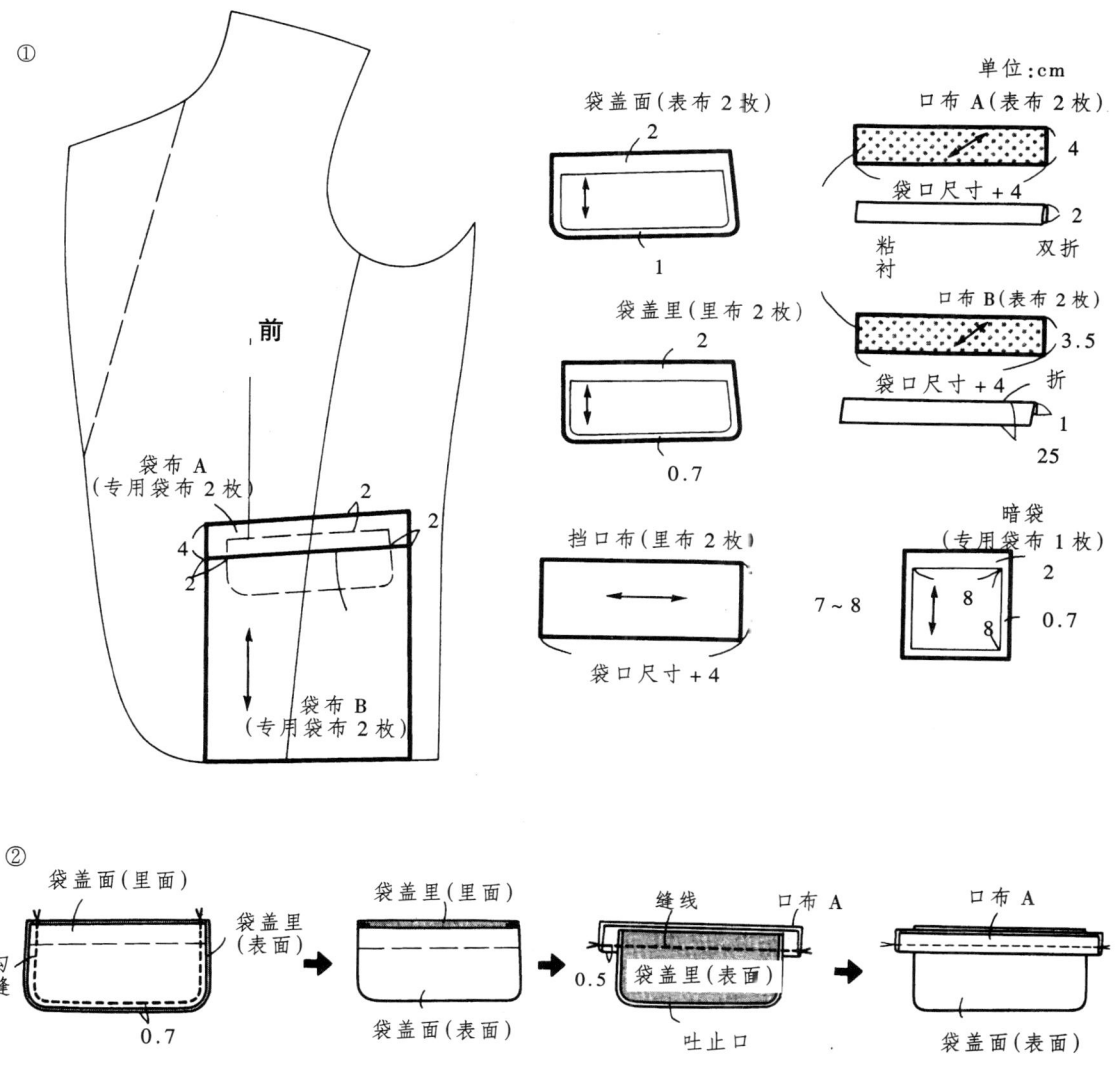

图 2-1-8①、②

制作要点(图2-1-8～图2-1-12)

挖大袋(第1、2、3工程)(图2-1-8)

①在身上决定袋布大小。分别裁左右对称的袋布A、B各两枚。口布(袋牙)A、B粘上衬,如图折烫。用里布准备2枚挡口布,准备一枚右侧的暗袋布。

②钩袋盖,翻烫后上袋牙A。

③把袋牙B上到袋布B上。在袋布A缝上挡口布。并在右侧的袋布A里缝上暗袋。

④缭袋盖,缝线两端打回针。

⑤让开袋牙,在袋口位置打剪口。

⑥绱袋牙B，两端打回针。
⑦打三角剪口，距两端缝线处留一根纱。
⑧⑨袋盖翻到表面，袋布B翻到里面。
⑩把袋布A与袋布B重叠，贴上袋盖线缝合。两边的三角布连袋布一起打回针。
⑪双线钩袋布。

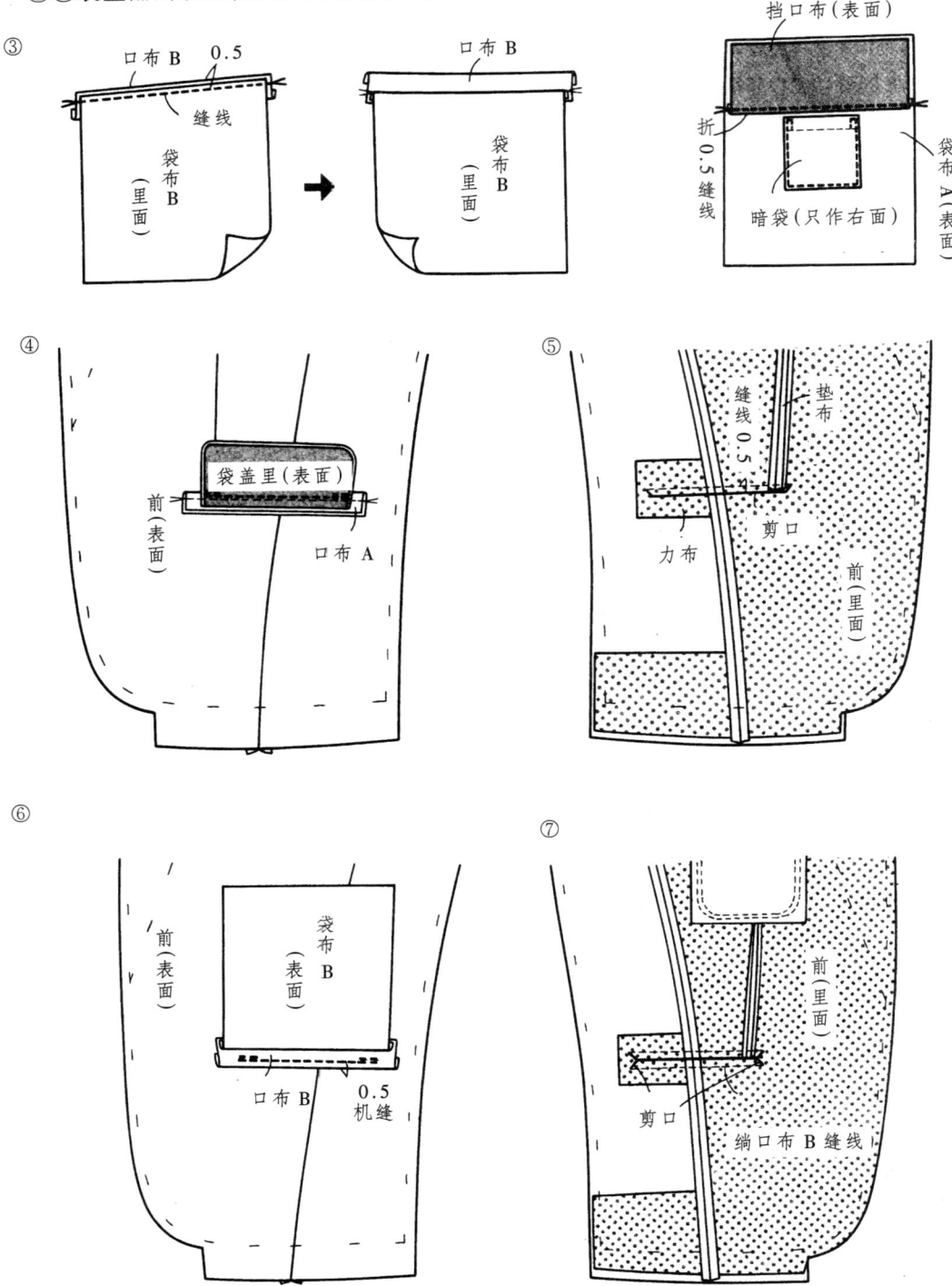

图2-1-8③~⑦

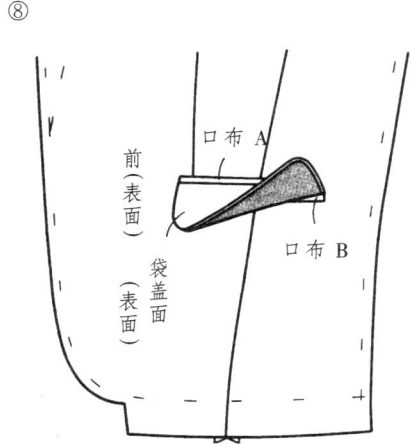
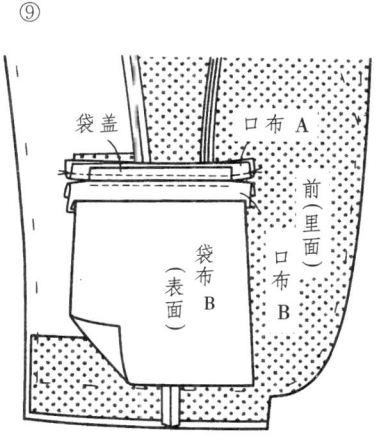
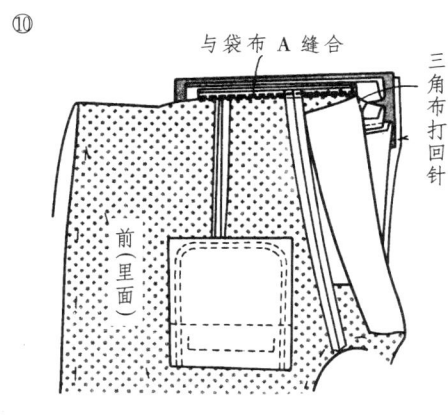
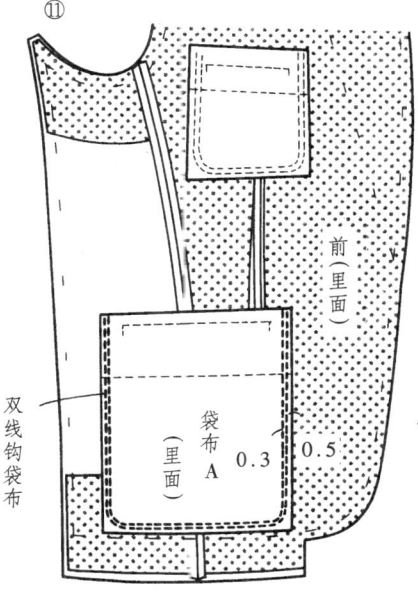

图 2-1-8⑧~⑪

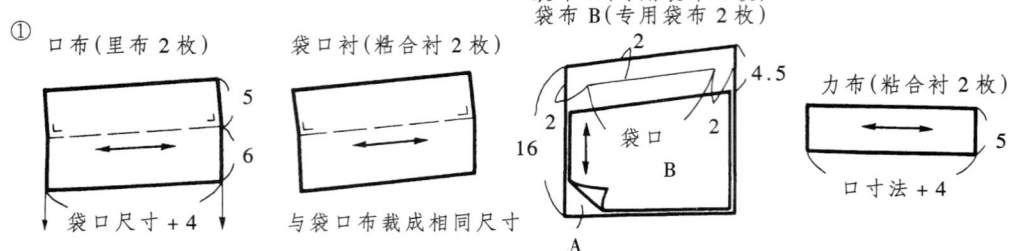

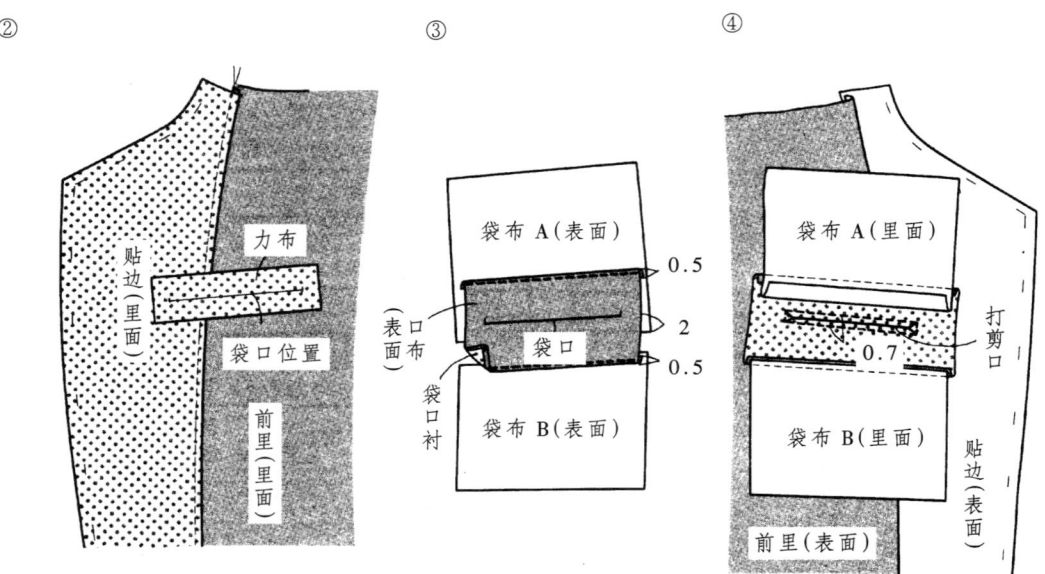

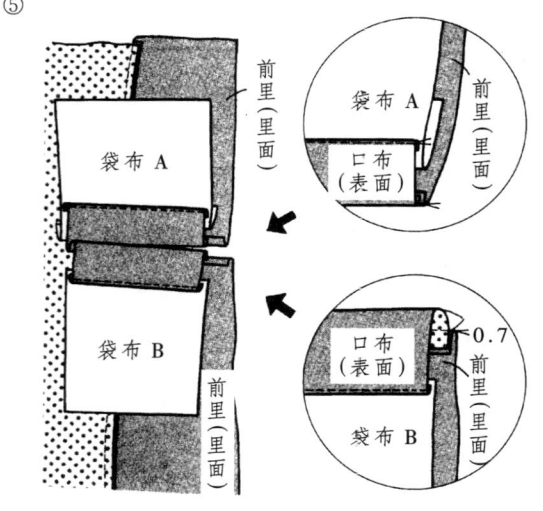

图 2-1-9①～⑤

做里袋（第2、3工程）（图2-1-9）

①用里布作口布（袋牙），连挡口布一起裁下来。袋布 A、B 各两枚，与袋口位置的斜度相同。

②缝合贴边与里前身，在袋口背面粘衬。

③把口布粘衬，放在袋布 A、B 上，两端折 0.5cm 后与袋布缝合。

④把口布与袋口位置对齐，按袋牙宽缝线，中央打剪口。

⑤把口布与袋布都翻向里侧，整理袋牙。

⑥在袋口下侧，透过口布压 0.1cm 明线。

⑦在袋口上侧，透过袋布 A 压明线，两端打回针。

⑧双线钩袋布。

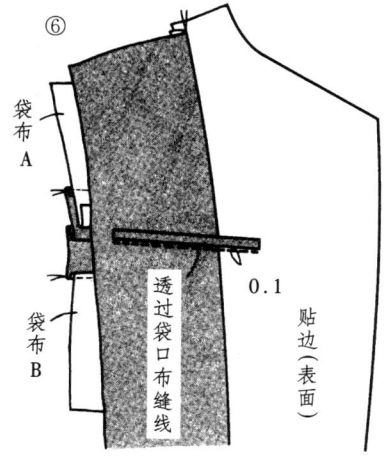

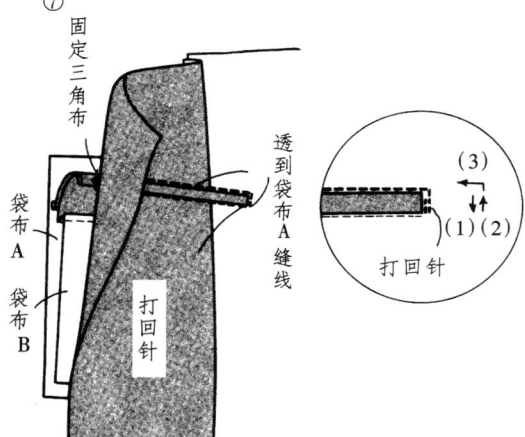

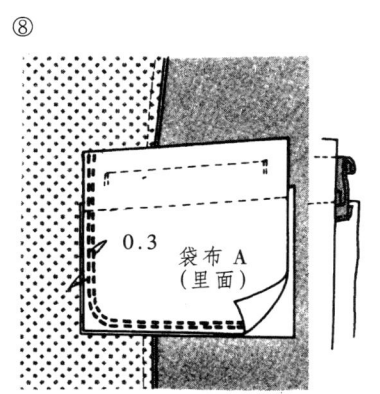

图 2-1-9⑥~⑧

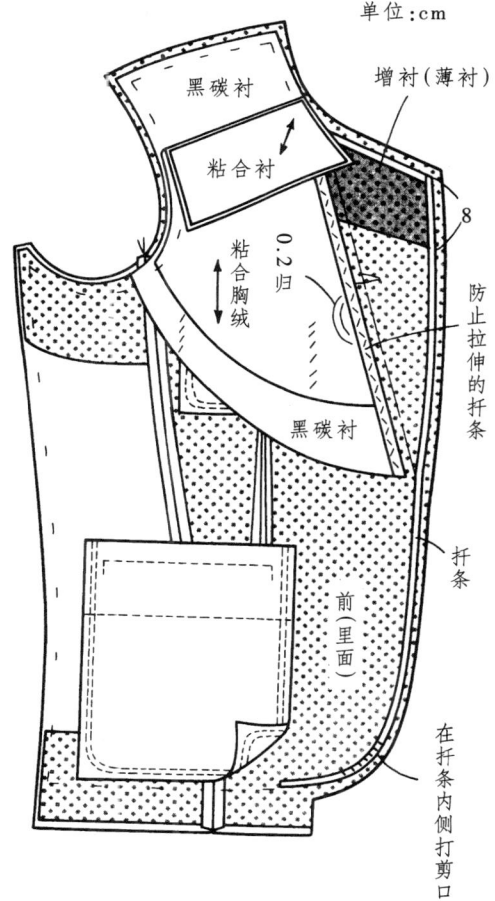

图 2-1-10

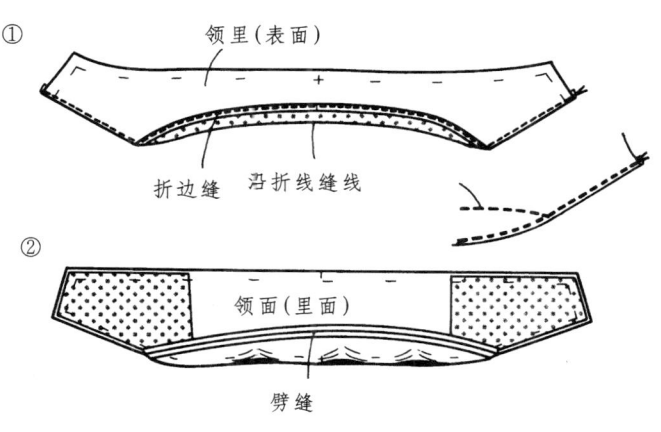

图 2-1-11①、②

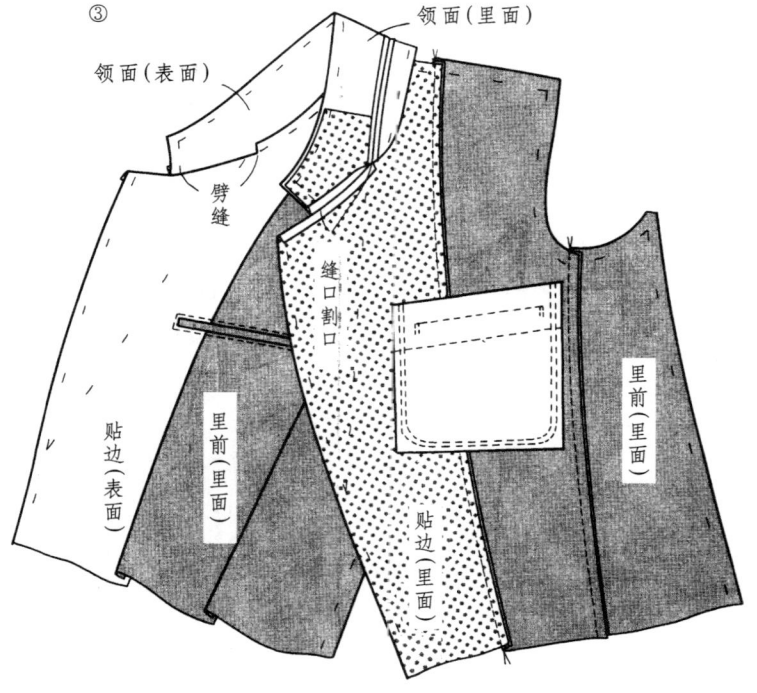

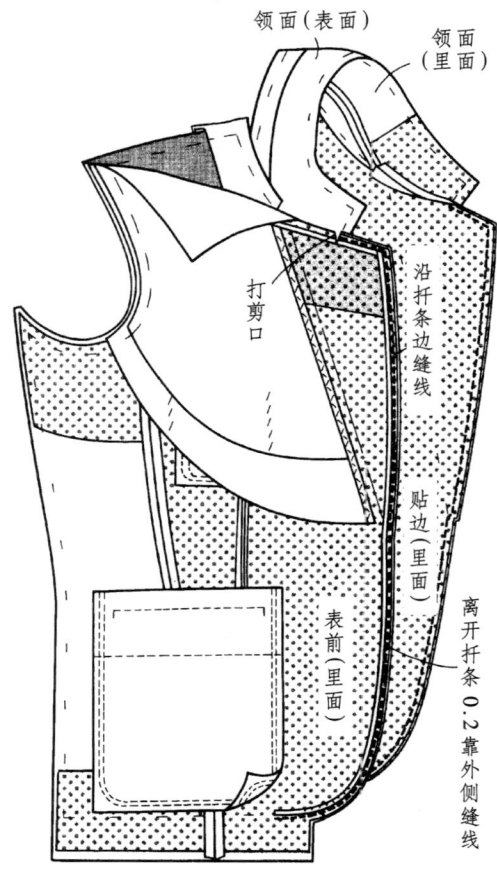

敷胸衬（第3工程）（图2-1-10）

胸衬以黑碳衬为基础，与粘合胸绒衬共同制作的。把胸衬归拔后拉上扦条敷到胸部，用三角针固定。

绱领子（第1、2、4、5工程）（图2-1-11）

①沿底领折线缝一道线。绱领侧的衬裁成净样，缝头折烫后，压缝一道线。

②缝合面的开剪线，劈缝。

③缝合驳头部位的绱领线，劈缝。

④钩前门襟，在绱领点打剪口。

⑤劈烫前门缝头，贴边缝头留0.5cm，大身缝头留0.3cm，翻到表面后熨烫。

⑥把领口的里、面缝头和领面的绱领缝头重叠在一起，缝绱领线。即把驳头部分劈烫的绱领缝头与前身领口面的缝头重叠，贴绱领缝线的边缘缝合，接着连续合绱领线，缝头倒向领面。

⑦钩领子。领面缝头留0.5cm，底部缝头留0.3cm，劈缝后翻到表面。

⑧把领子沿折线翻折后，看是否平整，沿领面的开剪线，透到底领贯缝。从驳口折线向里进1.5cm拱针，固定贴边与大身。

图2-1-11③、④

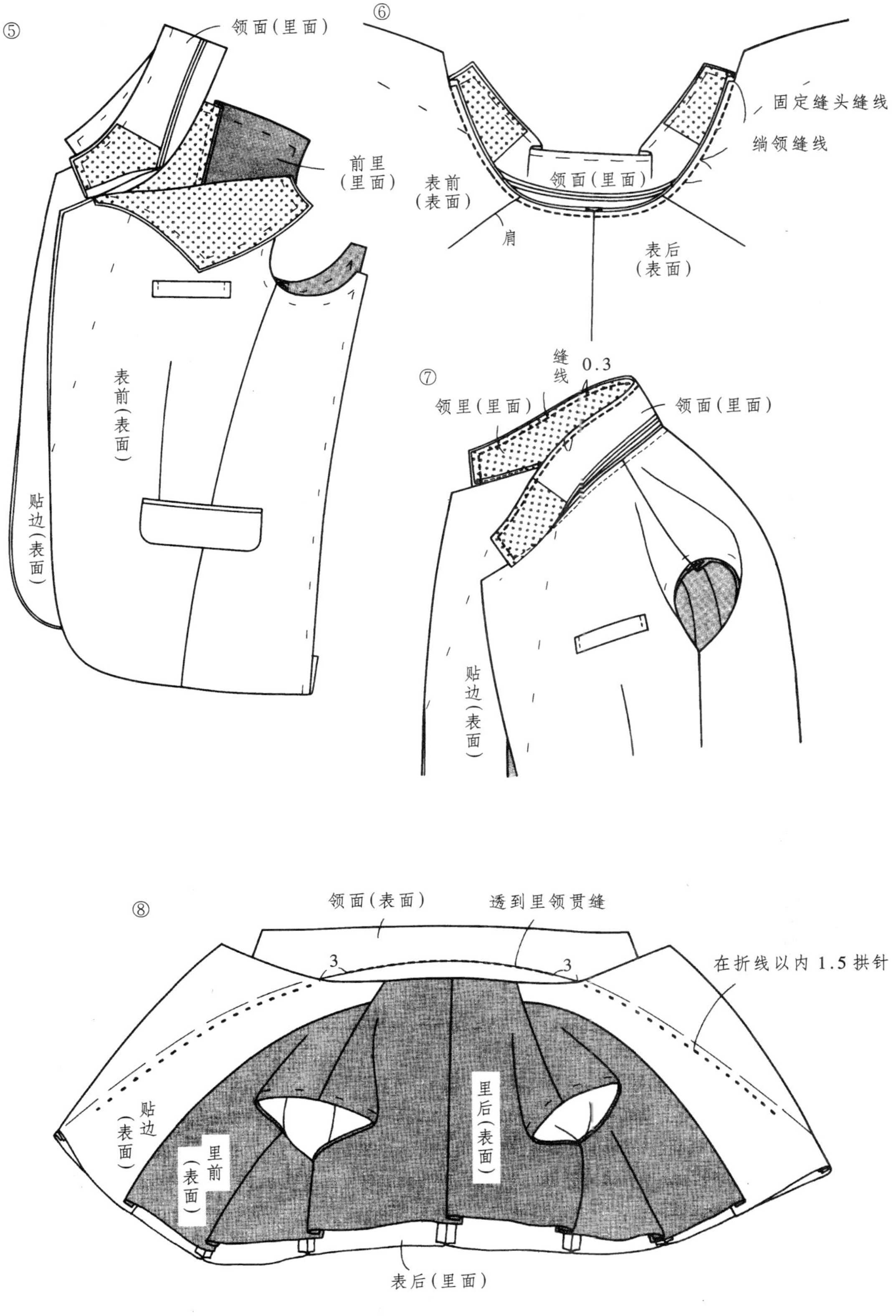

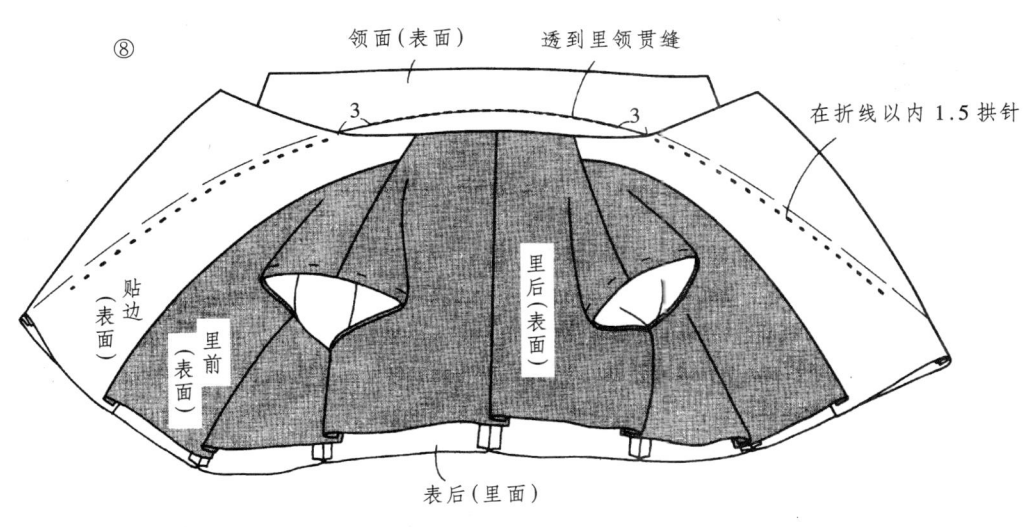

图 2-1-11 ⑤~⑧

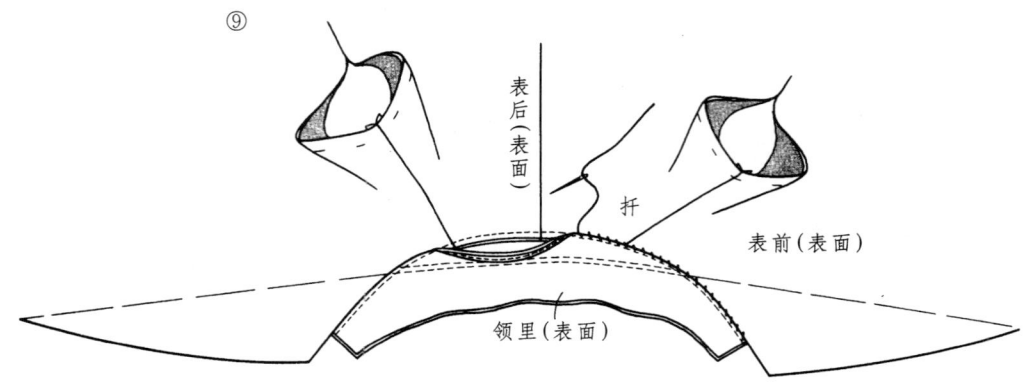

图 2-1-11⑨

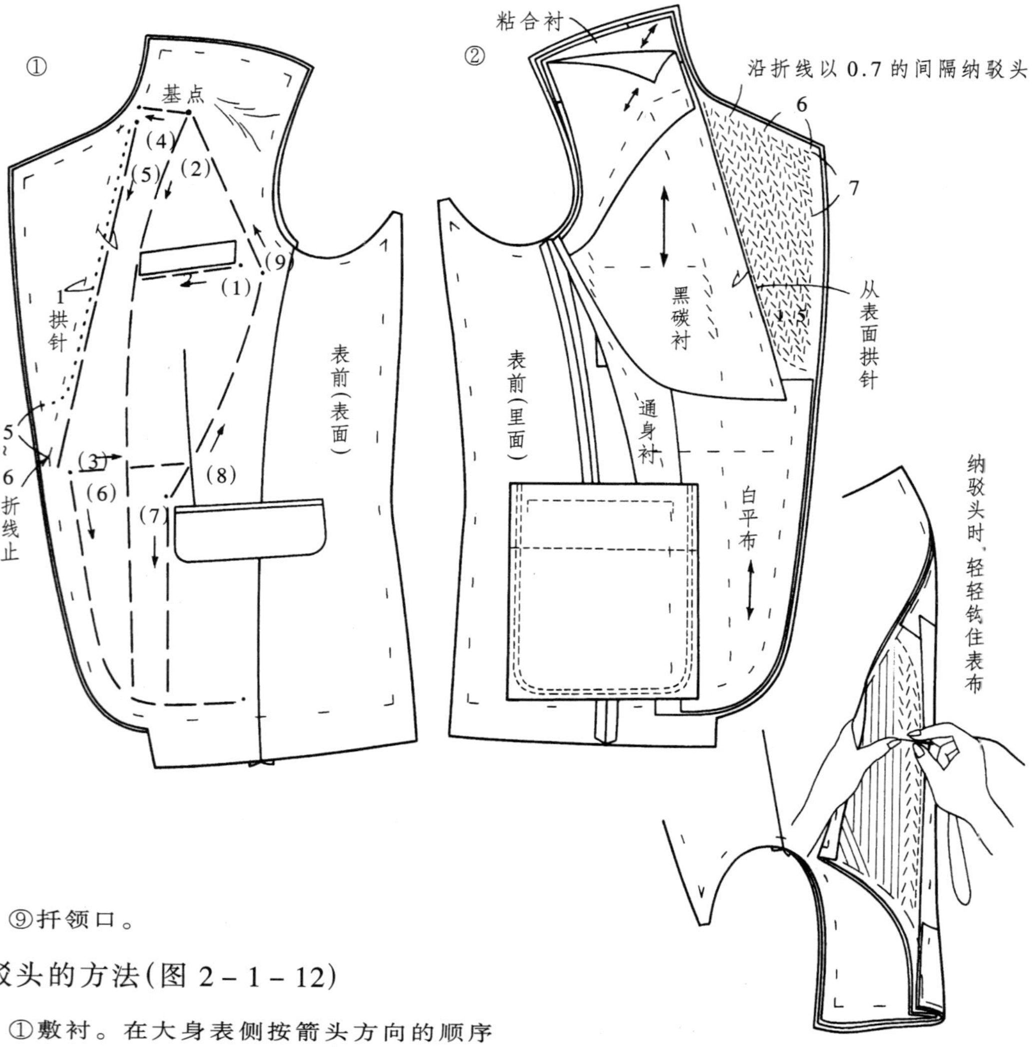

⑨扦领口。

纳驳头的方法(图 2-1-12)

①敷衬。在大身表侧按箭头方向的顺序衬。从折线向里 1cm 拱针固定。

②沿折线方向以 0.7cm 的间隔纳驳头。

图 2-1-12①、②

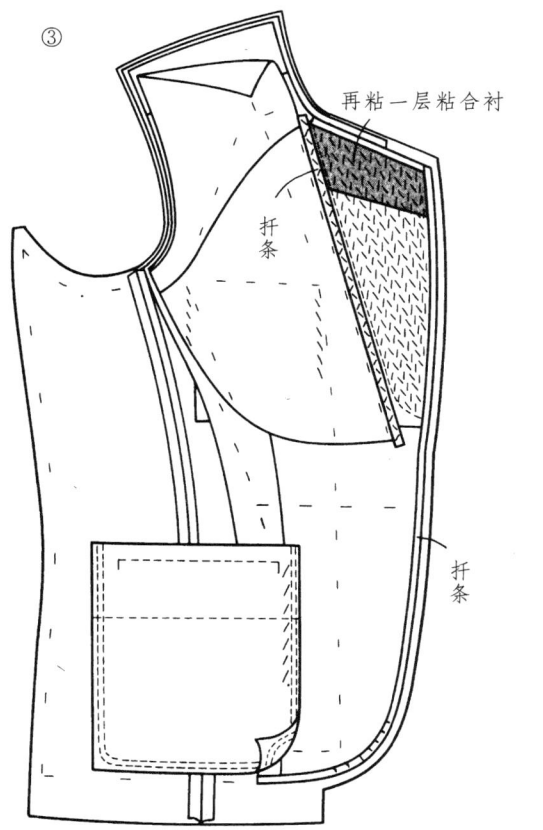

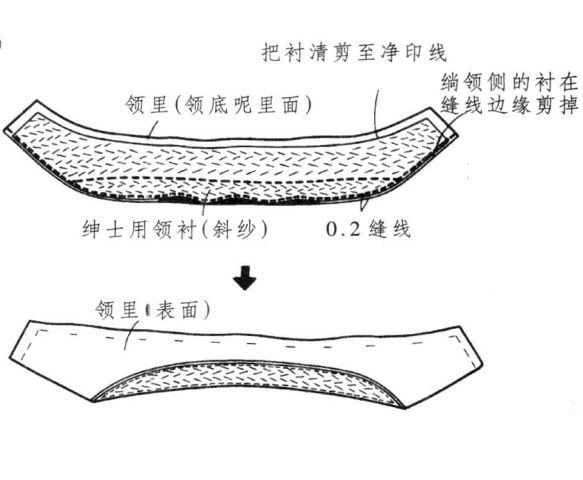

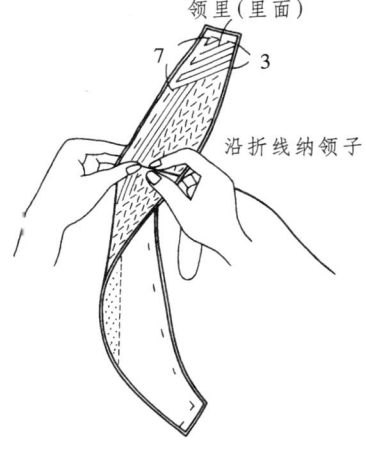

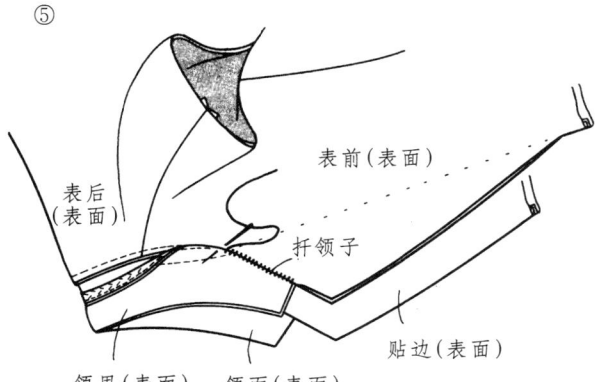

图 2-1-12③~⑤

使用缝纫线,用左手的食指感觉,不要透过表面太多,并要驳头自然弯曲地纳下去。

③把驳头与前门的衬裁成净样,拉扦条。

④纳底领。先压缝折线或从表面拱针固定。纳领座时,针码要比翻领密些。把领外口的衬裁成净样,缝头留1cm,把领口侧的缝头按净样剪掉,缝0.2cm的缝线,把衬从缝线的边缘剪掉。

⑤左绱领面缝线的边缘扦领口。

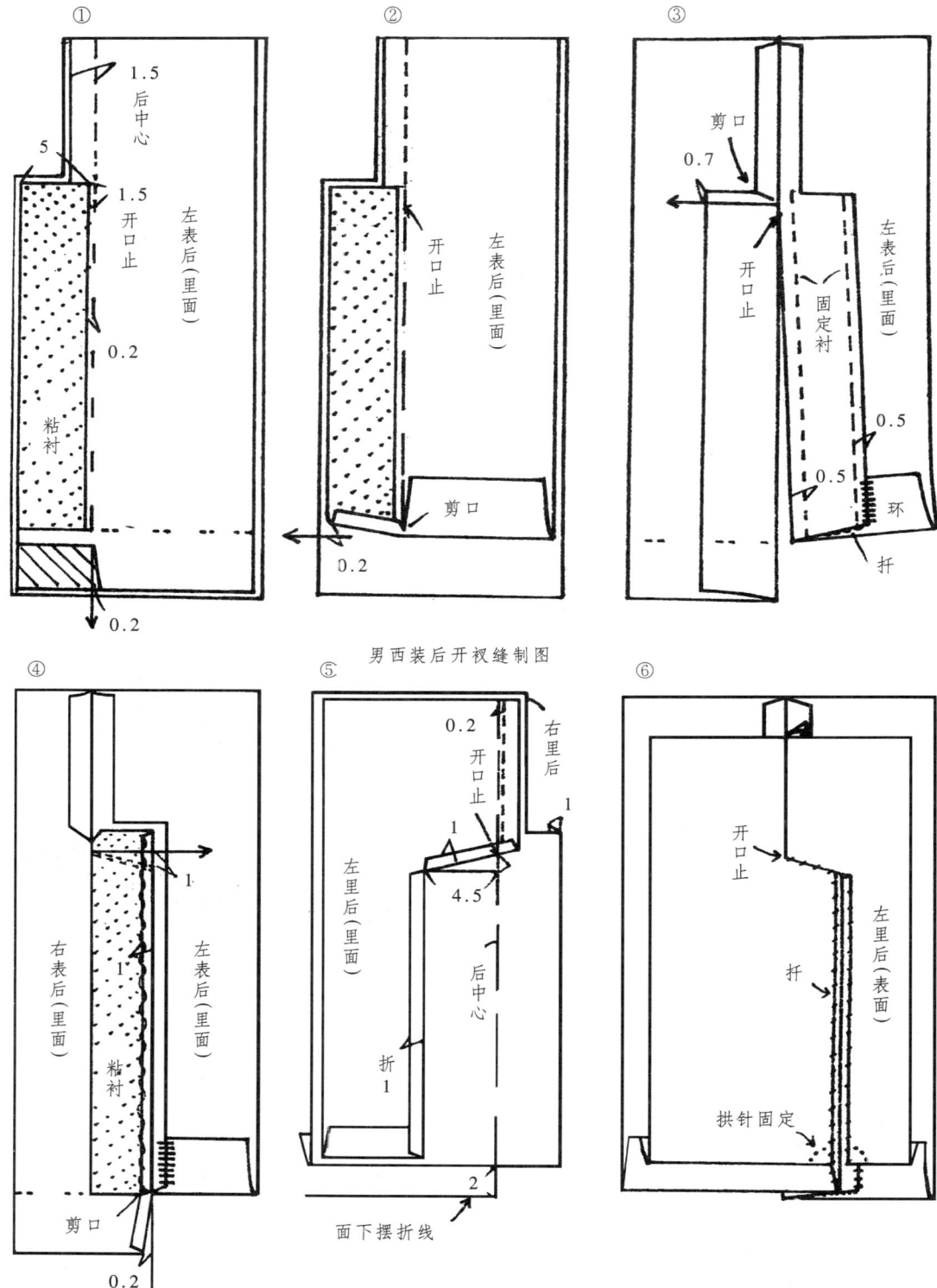

男西装后开衩缝制图

图2-1-13①~⑥

男 西 装 缝 制 工 程 表

准 备 工 程

1.面料及零配件裁剪	前身、后身、袖、领面、挂面、胸袋、大袋盖、袋牙、挡口布
2.裁衬,粘衬	前身衬、后背衬、挂面衬、下摆衬、袖山衬、领衬、袋口衬、胸衬、驳头衬、准备扦条。
3.裁里子	前身、后身、袖、袋里、里袋牙
4.归拔	前身、后身、袖、领里
5.做口袋的准备	胸袋、大袋、里袋、暗袋

	缝 纫 工 程	熨 烫 工 程
第1工程	1.收胸省(用斜纱的垫布垫在中心一侧)	1.把胸省向侧缝,垫布向中心一侧劈缝
	2.合里的前片和腋下片	2.劈缝里的缝头倒向侧缝
	3.合挂面和里的前身	3.把缝头倒向侧缝
	4.合面的背中线	4.劈缝
	5.合里的背中线	5.在缝头中加放余量,向左后身倒缝
	6.缝胸袋布和挡口布	6.中间开剪口,劈缝
	7.钩大袋盖	7.扣烫后翻到表面整烫
	8.做袖衩,缝外缝线和底线	8.在开口止处开剪口劈缝,抽袖包
	9.缝里袖的外缝线和底缝线	9.缝头倒向大袖侧,固定里外袖,扦袖口
	10.缝合领面的剪开线	10.劈缝
	11.缝里领的折线,压缝绱领一侧的缝头	
第2工程	1.缝制胸袋	1.制作胸袋
	2.绱大袋袋牙	2.制作大袋
	3.绱里袋袋牙	3.制作里袋
	4.缝合领面和挂面(从绱领点到开剪处)	4.劈缝
		5.拉扦条

续表

缝 纫 工 程		熨 烫 工 程
第3工程	1.绱胸袋袋布	1.整理、制作完毕
	2.绱大袋裁布,两边的三角打结	2.整理、制作完毕
	3.绱里袋袋布	3.整理、制作完毕
	4.合面的肩缝	4.劈缝
	5.合里的肩缝(从侧颈点到1/3肩宽处)	5.向后身倒缝
第4工程	1.钩前门止口	1.扣烫后翻到表面整烫
	2.合领里和领面	2.翻烫,撩领口
	3.合面的侧缝线	3.劈缝
	4.合里的侧缝线	4.向后身倒缝
		5.固定里面的侧缝缝头
第5工程	1.绱领面	1.向领侧倒缝
	2.从领面的开剪处向领里落缝	2.整理领里、面
		3.扦领里
第6工程	绱领子	1.烫绱袖缝头
		2.绱袖山条,绱肩垫
		3.固定袖窿,扦里肩的剩余量
		4.扦袖窿
第7工程		1.烫下摆,扦下摆
		2.整烫
		3.锁眼,钉扣

男西装样板补正与试穿补正

男西装样板的补正（图2-2-1～图2-2-11）

量尺寸的时候，仔细测量尺寸，再观察体型的特征，事先作好样板的补正，那么，试穿后的补正就简单了。制图是根据胸围（B）尺寸来制作的。因此，背宽、肩宽、胸宽等的尺寸，要对照实际测量尺寸进行修改。将姿势的反屈、肩的高低等体型的特征或缺点，尽可能改成适当而切实的样板，而后再做衣料的裁剪为宜。

希望作成胸宽宽，而背宽与肩宽窄时（图2-2-1）

作好了样板，即将实际上测量的尺寸置于样板上，在前衣身是要展开其不足份。后衣身要折叠太大的分量。前肩要比后肩减少0.7cm，而将肩端如图订正。

希望作成背宽与肩宽宽，而使胸宽窄时（图2-2-2）

后衣身要配合尺寸放开，前衣身要折叠，前肩的尺寸，要比后肩减少0.7cm，所以，在此要挪出肩端而订正袖隆。作此补正时，如果要修改的分量特别大，则恐怕是测量尺寸有误，宜注意，再一次测量背宽、肩宽、胸宽。普通体型背宽与胸宽同寸。

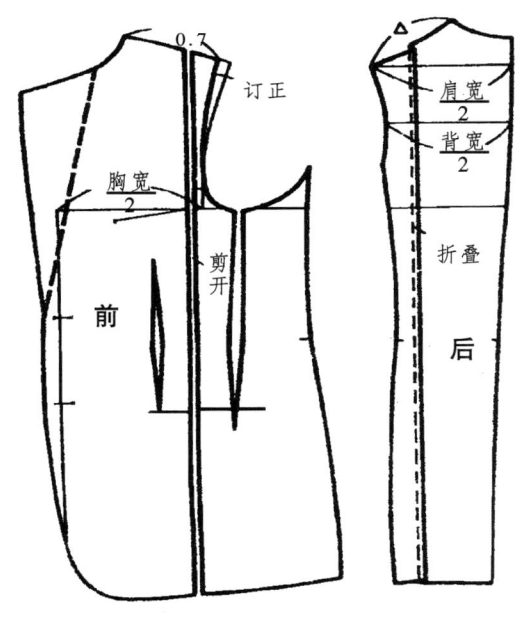

图2-2-1　　　　　　　　　图2-2-2

想放宽肩宽时（图2-2-3）

如图放开而补正，但如果这放开的分量太多，则前后的肩端会有棱角，所以这种时候，要如图自WL（腰围线）放开。总之，放宽肩宽时，背宽也会稍微加宽的。

想改小肩宽时(图 2-2-4)

折叠前后的肩而改小。肩宽太小会显得寒酸，所以男子服饰，体型上肩宽窄的人，也要用肩垫来弥补，使肩得到夸张。注意男子西服不要使肩宽变得极端窄小。

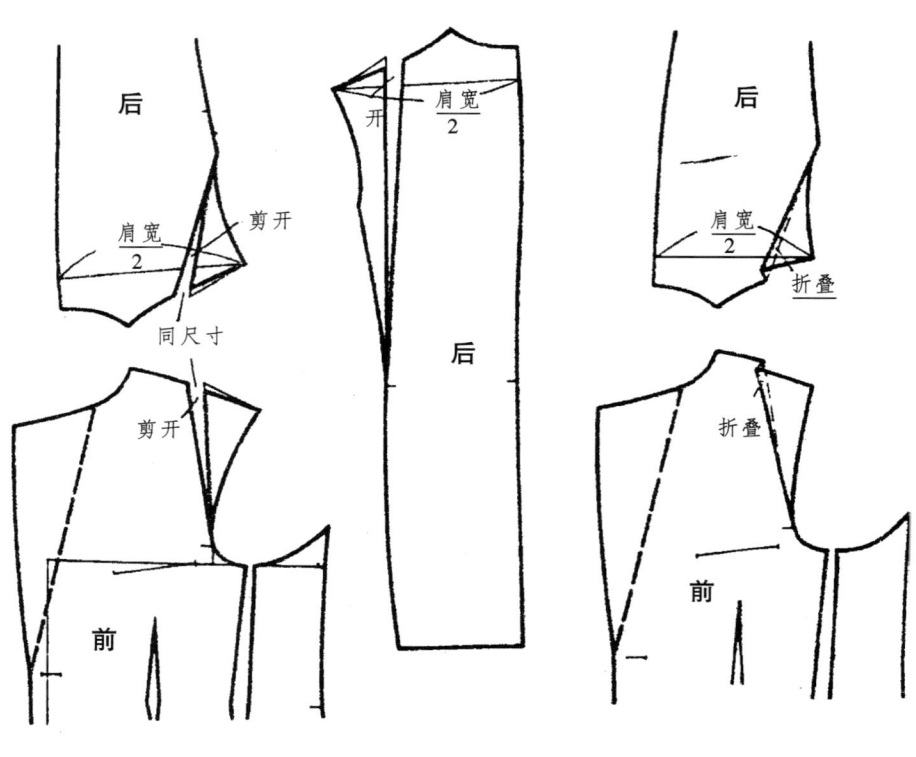

图 2-2-3　　　　　　　　图 2-2-4

想放大袖窿时(图 2-2-5)

将腋下片的样板，如图在 BL(胸围线)放开 1.5cm～2cm，袖窿也要稍稍开深。但如果袖窿开得太深，则不易举手，所以必须注意。有必要作这种补正的是，手臂的根部特别粗大的人，或因为要多穿内衣，而希望特别放大袖窿时等。袖窿所放大的分量，在袖子方面，也要在后侧缝合线处放宽。

挺身体型时(图 2-2-6)

剪 BL(胸围线)而加长前长，在后中心折叠而改短后长。又放宽胸宽而改小背宽。前衣身的肩宽，要配合后衣身订正。袖子是内袖，外袖都在后侧缝合线处，折叠约 0.6cm。

屈身体型时(图 2-2-7)

为改短前长而少量折叠前端，胸宽也如图折叠样板而改窄。后衣身是自后中心，以及自肩到下摆剪开样板而稍微放开，如此放出后长与背宽。袖子要从后侧缝合线剪牙口，而放开 0.5cm～0.6cm。内袖也用同样的方法放开。

就像这样剪开而放宽，或折叠衣身的分量是在 1cm～1.5cm 程度为宜。

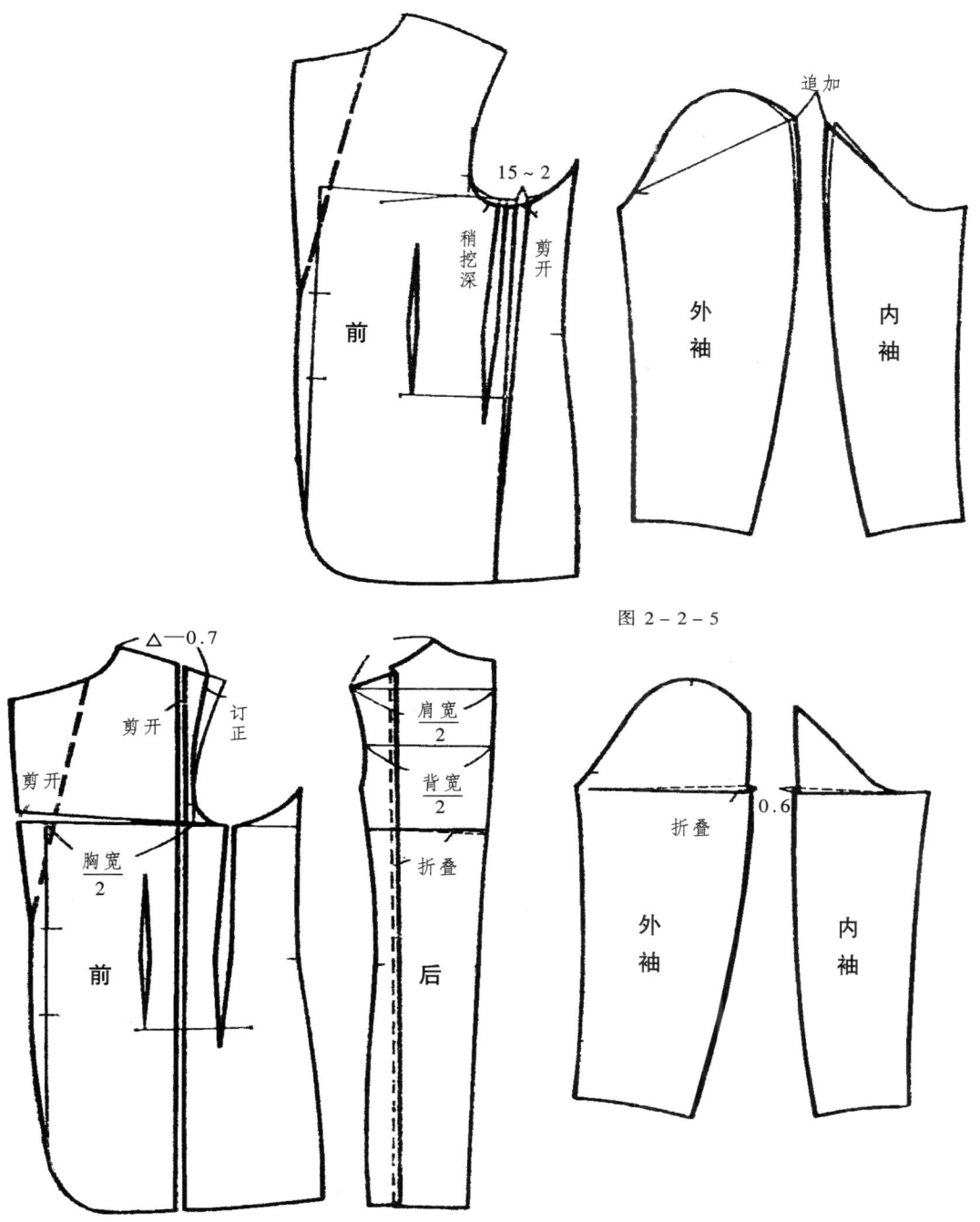

图 2-2-5

图 2-2-6

驼背时（图 2-2-8）

这时候是前述的屈身，挺身的补正是不够的，所以，要在后衣身补正。如图，在袖窿侧少量，在后中心是稍微多放开而补正。如此补正，即衣长会变长，所以，在下摆订正其分量。

平背时（图 2-2-9）

如图，在后衣身折叠，这样会使袖窿变小，所以，还得将袖窿开深，变短了的衣长以及腰口袋的位置，也要订正。

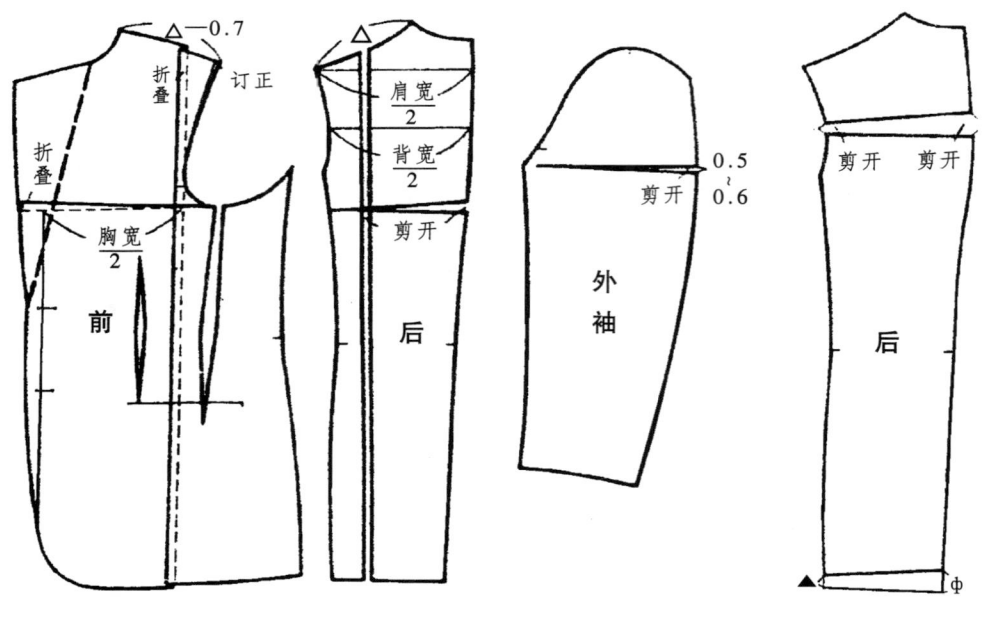

图 2-2-7　　　　　　　　　　图 2-2-8

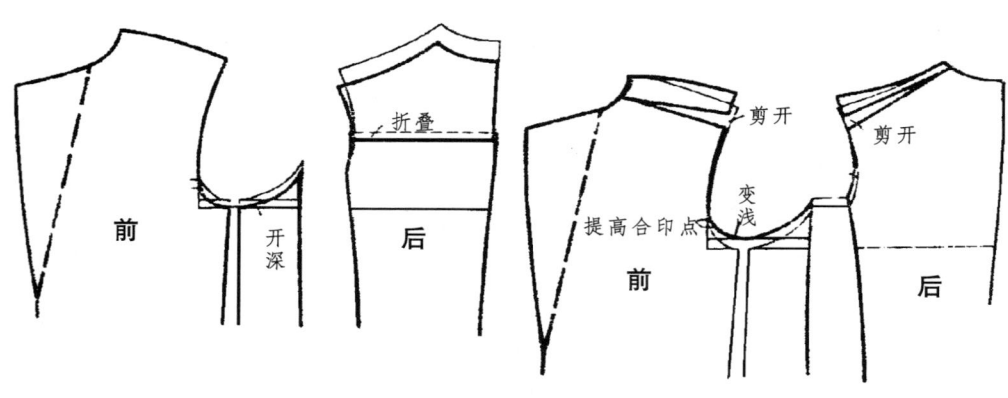

图 2-2-9　　　　　　　　　　图 2-2-10

耸肩（平肩）时（图 2-2-10）

耸肩是放开前后的袖窿，而使肩的倾斜缓和，提高袖窿而衣袖缝合的合印记号也要相应向上方移动。

溜肩时（图 2-2-11）

要在肩端折叠前后的样板，也可用适当的厚垫肩整理形状来弥补肩的倾斜，往下深开袖窿，衣袖缝合的合印记号，也要相应向下方移动。

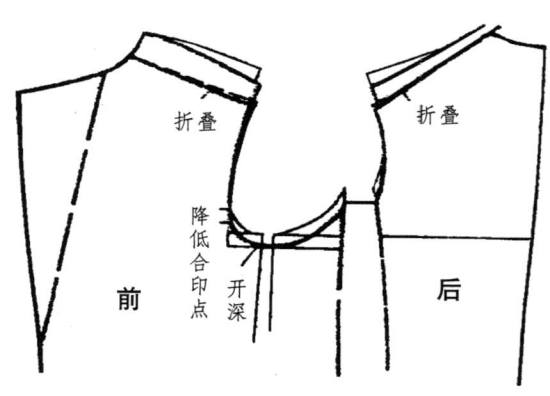

图 2-2-11

男西装试穿补正（图2-2-12~图2-2-30）

由于自外观上的观察，而体型上的特征明显时，事先在样板的阶段补正就可以了。但实际试穿假缝时，因为体型有各种各样的特征相重叠着，所以，虽然似乎确实地作好了补正，也还不够，因此，假缝后试穿补正是必要的。

衣长

要放出衣长时，将下摆折边放出；衣长过长时，要减短衣长，这是当然的，但与相关连的口袋的高度，扣子的位置，翻驳线的长短，也要适宜补正。又 WL（腰围线）外收腰的位置，也要依其为基准而修改。

袖长

要减短袖长时，多折袖口折边；要放长袖长时，同样在袖口放出来，唯此时袖口的宽度也要加以修改，又肘关节的位置，也要查看是否适当。

臀围

臀围不足的时候，要放出前端或腋下侧缝的缝头，臀围太大的时候，要适宜减小。初学者是往往过分减小，以致臀围处过紧，须特别注意。

袖隆

袖隆小时，或往下深开袖隆，或放宽腋下等作衣身的补正，此时，须注意不忘袖宽也要同时放宽。相反，袖隆过大须改小时，当然同时要改小袖宽。

前中心挡门敞开（图2-2-12）

屈身体型的人在 BL（胸围线）以上部位前长过长，而后衣身的袖隆太短，所以，牵吊而后衣身的下摆上翘，前中心会在下摆敞开。

补正方法是：将前衣身的上部向前移动，后衣身要降低合印记号，而将其分量在下摆放出来。如果不想改变上衣长，即减短前衣身，以对齐后衣裾。

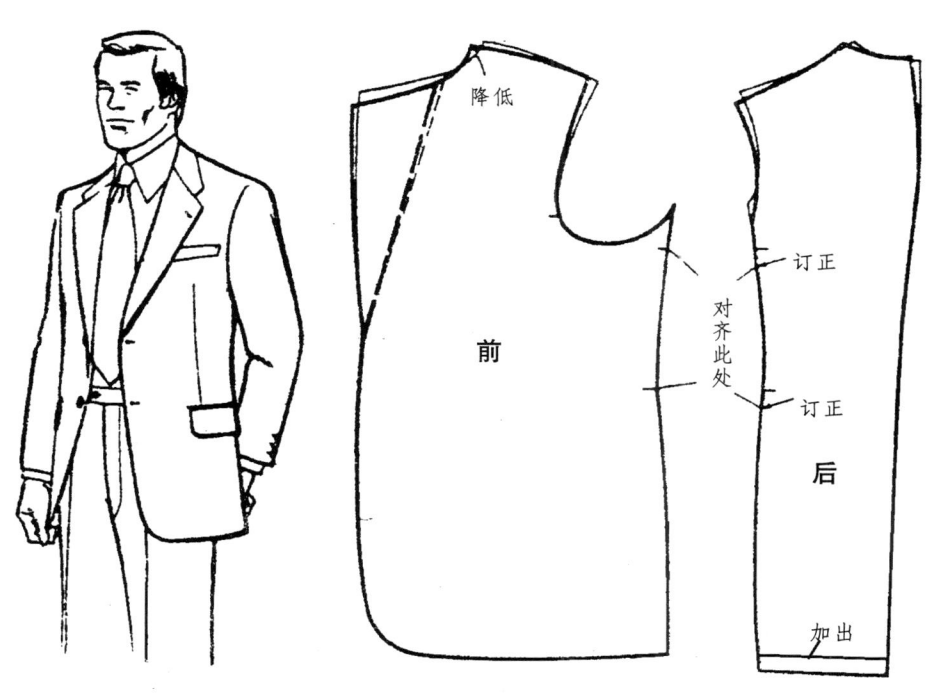

图 2-2-12

前中心搭门交错（图2-2-13）

挺身体型的人与屈身体型的人相反,在BL(胸围线)以上部分后长过长,又因前长太短,所以,前下摆会过分重叠,而后衣身松懈。

补正方法是:将后衣身的上部向后中心侧移动,提高合印记号,而将其分量在前衣身的下摆放出来,袖窿要稍微开深些。

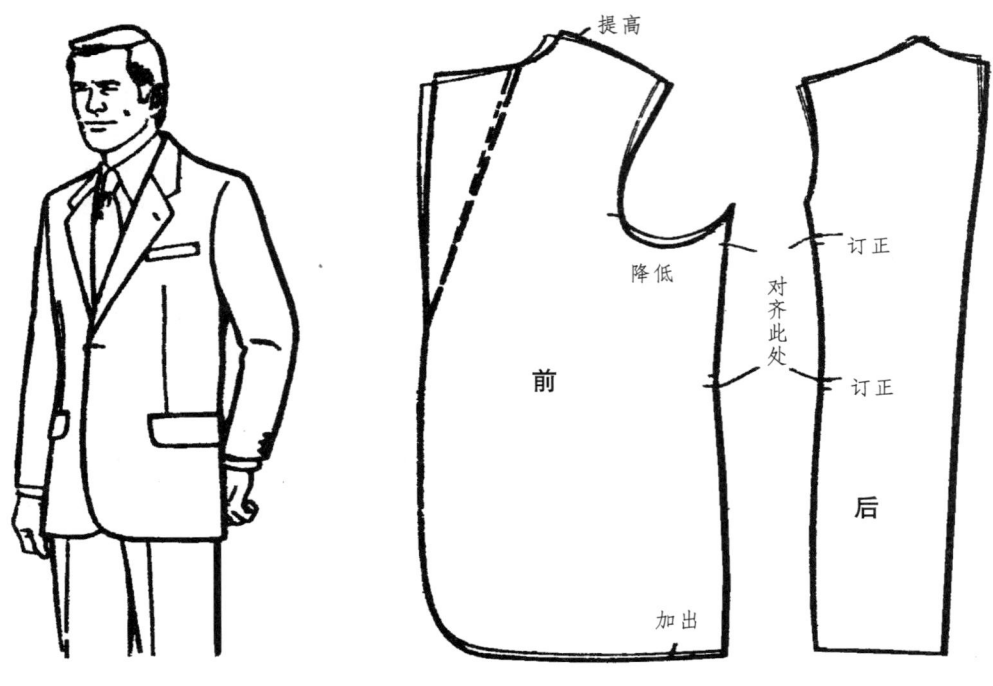

图2-2-13

后背余皱（图2-2-14）

肩宽与背宽太宽,而后衣身全体松懈,衣袖缝合线低落下去的时候,易起余皱。

补正方法是:减小背宽。肩宽与侧缝合线。又肩宽合适而仅腋下缝合线附近的宽度太宽时,要减小背宽以下部分。但,腋下缝合线附近的宽度,是经常需要有一些余量的,注意不要过分减小。

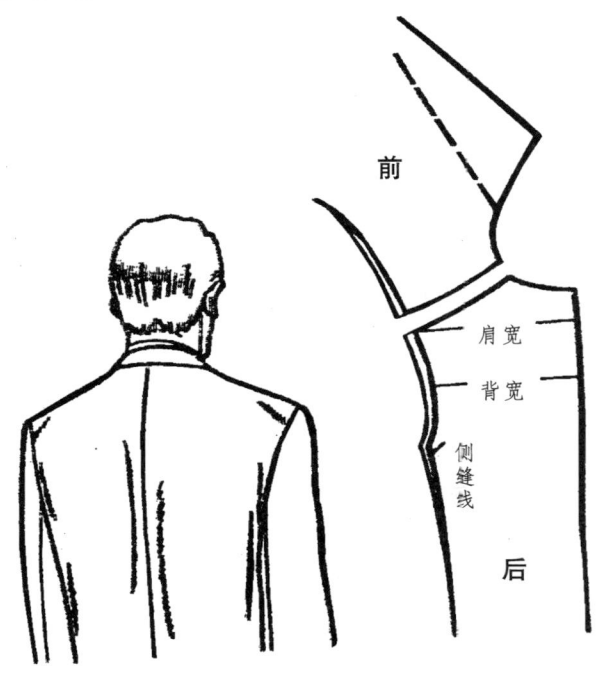

图2-2-14

前端浮离(图 2-2-15)

一扣扣子，前中心会浮离，解开扣子，前中心下摆会过分敞开，这是由于前长过长所致，所以，如图将前衣身的上部倾下来补正。

图 2-2-15

背部横皱(图 2-2-16)

这是稍微挺身体型的人会出现的皱纹，在背上横方向的出现长而几乎可以折叠的余皱。

补正方法是：要整个的降低后领口，因此，SNP(颈侧点)也要降低。

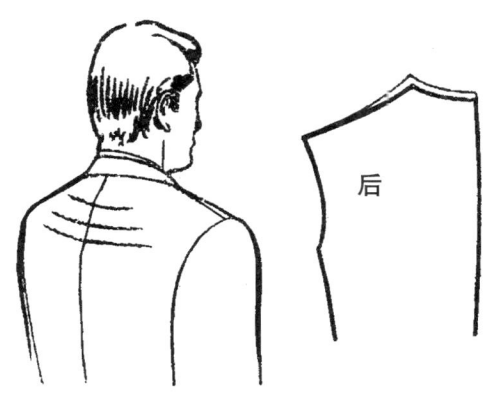

图 2-2-16

突皱(图 2-2-17)

在颈部挺身体型所出现的皱纹。

补正方法是：以后领口为中心深开下去。领口尺寸太短的时候,在后中心放出来。这种时候,领子缝合尺寸也要改长。

出现于前腋的皱纹(图 2-2-18)

自前腋向领口斜方向出现几乎可以折叠的皱纹时,是SNP(颈侧点)浮起而袖隆会非常紧。

补正方法是:将SNP(颈侧点)向肩端侧移动,袖隆要稍微往下深开。

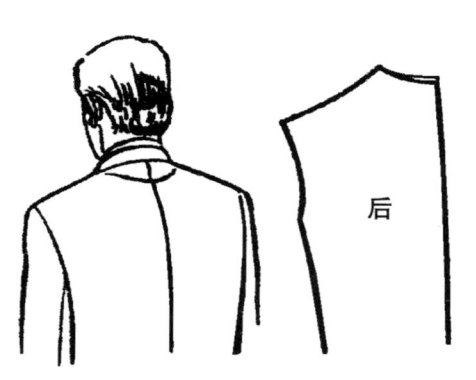

图 2-2-17

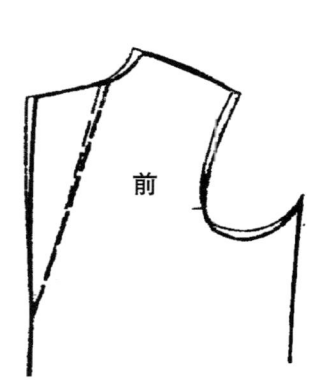

图 2-2-18

斜皱(自SNP至袖下的斜皱)(图 2-2-19)

这种皱纹出现的原因有两种:1.由于前肩的伸展不足,堵塞于锁骨而出现的皱纹;2.由于NP(颈侧点)过于离开颈根,而出现的皱纹。

补正方法是:使SNP(颈侧点)靠中心侧而改领口即可。又前肩的伸展不足时,实缝时,充分伸展以使其能合乎身体之凸凹。这时肩垫的厚薄与位置也要十分斟酌。

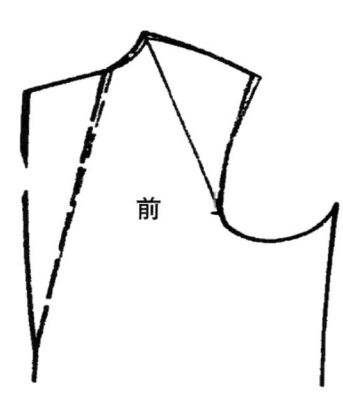

图 2-2-19

出现于后领口周围的皱纹(图 2-2-20)

这是端肩时会出现的皱纹,因其肩膀高耸而肩端不足,所以牵吊,领口周围余出来而出现如波浪般的皱纹。

补正方法是:降低前后的领口与SNP(颈侧点)而补正。或这样时不要垫肩就可以了。

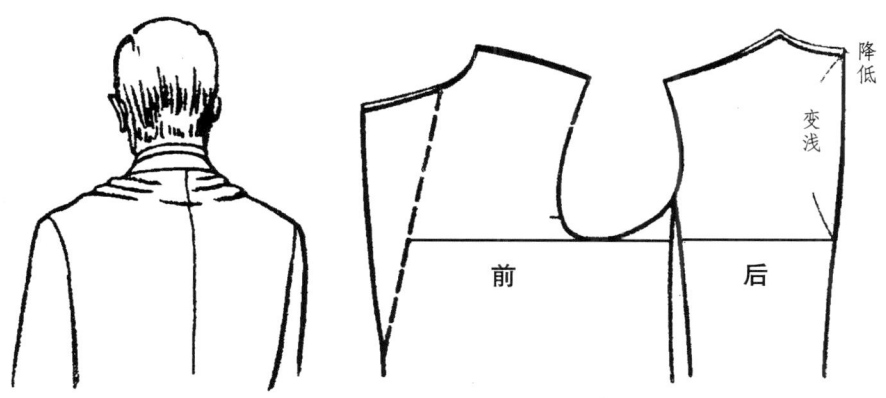

图 2-2-20

出现自肩到袖孔的斜皱(图 2-2-21)

这是在隆肩的人所多见的皱纹。此体型的人是因其肩膀垂低,所以袖隆变得拘束,而自肩到袖隆会出现斜皱。有时候甚至会变成拔领(领子往背后掉落而露出后颈来)。

补正方法是:将袖隆深挖下去,肩端也要降低,唯尽可能厚垫肩于肩端,而不削短,即形状较能整齐。

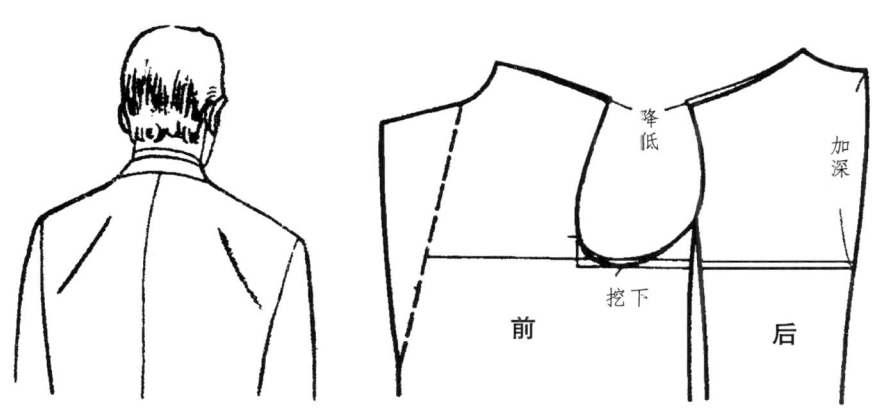

图 2-2-21

举手臂时衣身往上吊(图 2-2-22)

这是袖隆开得太深的结果,举起手臂时,衣身全体会往上吊而不自由。

补正方法是:前后衣身都降低领口与肩,袖隆的深度要改浅,又衣长之不足,要在下摆放出来订正。

图 2-2-22

向前伸手臂时袖子往上吊(图 2-2-23)

手臂下垂时,是没有任何缺陷的,但向前伸出手臂,不但袖子往上吊,袖隆也会变得拘束。这原因是:因为自背宽以至袖隆下附近的宽度不够。又侧缝的厚度之不足,也有袖山太高等的附带的原因。

补正方法是:要加宽前侧缝与后中心。袖山要如图稍微降低,袖宽要在外袖缝合线上放出来。袖长之不足,要在袖口订正。

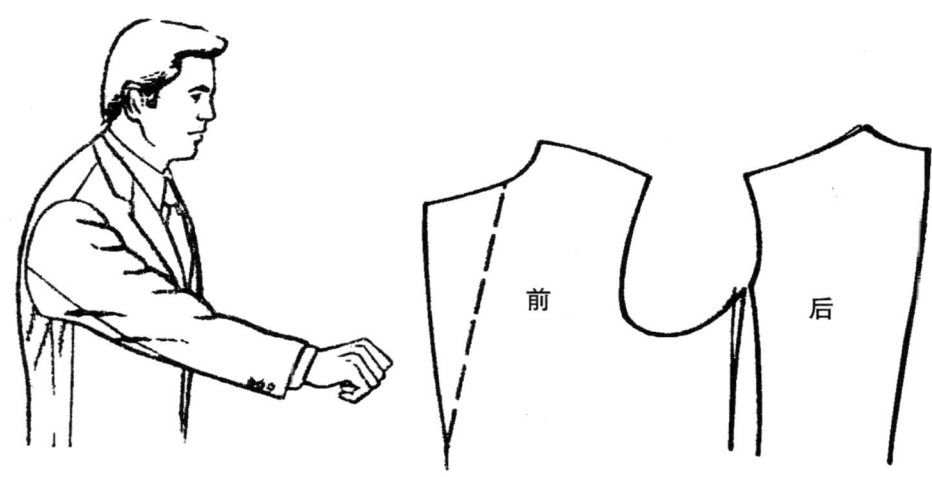

图 2-2-23

袖山太高（图 2-2-24）

袖山太高，则举手时不自由。

补正方法是：降低袖山，而将其分量在袖宽与袖口放出来订正。

图 2-2-24

袖山太低（图 2-2-25）

袖山太低，则如图会出现皱纹的。袖山之高低，是必须依其衣服之目的而斟酌加减。例如内衣类是尽可能放低袖山，而以好穿为目的，所以，当然有这样的皱纹出现。但在形状置重点的上衣类，是袖山太低而出现的皱纹时，必须补正。

补正方法是：在底袖缝合线处，降低袖山弧线，即袖山会变高了，就可以了。

衣袖缝合的位置太靠前的袖子（图 2-2-26）

衣袖缝合的位置太靠前，或挺身体时，在袖子之后侧会出现斜的皱纹。

补正方法是：为要修改衣袖缝合，使其后面会高上来，而将其合印记号稍微往后侧移动。又挺身体的时候，是将外袖缝合线稍微减短。

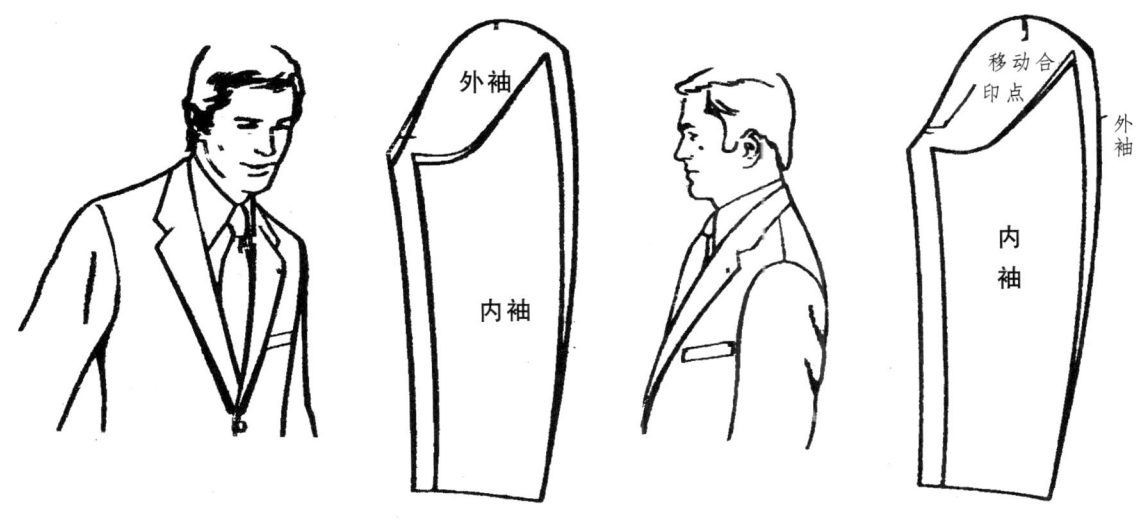

图 2-2-25　　　　　　　　图 2-2-26

衣袖缝合的位置太靠后的袖子（图 2-2-27）

与前者相反，是衣袖缝合的位置太靠后，或屈身体时，在袖子之前侧会出现斜的皱纹。

这时的补正方法是：将衣袖合印点稍微向前侧移动，使其靠前而重新上好袖子。

图 2-2-27

领子往下掉（图 2-2-28）

领子会掉下来，是由于脖子长，以及由于衣身裁剪上的不完备而致。

补正方法是：后衣身、前衣身均追加领孔。再把领腰、领宽加宽约 0.3cm～0.5cm。

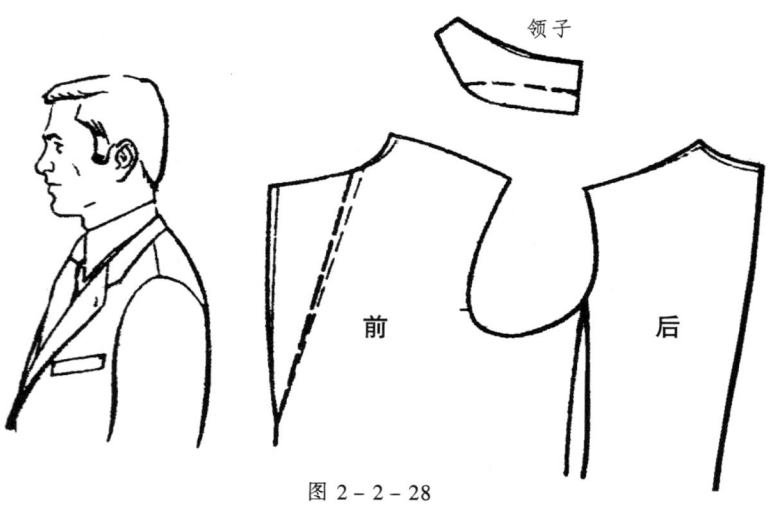

图 2-2-28

领子太高（图 2-2-29）

与前者相反，领子过分升高，是由于脖子短的时候，以及因为衣身之裁剪方法不好而致的。

补正方法是：挖下（往下深开）领口，领子也将领腰与领宽改窄 0.3cm～0.5cm。

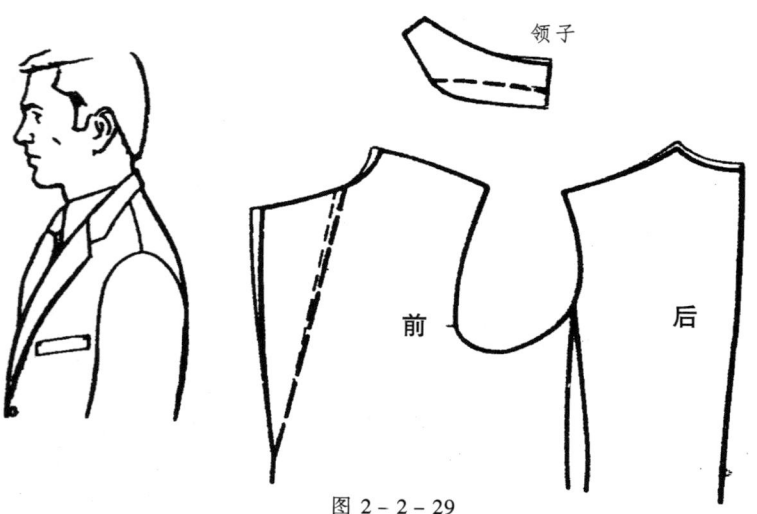

图 2-2-29

领子远离脖子(图 2-2-30)

领口太大时,或颈部屈身体时所能见到的情形。

补正方法是:提高后衣身的领口而改小,前衣身是将 SNP(颈侧点)向前侧挪出来降低。

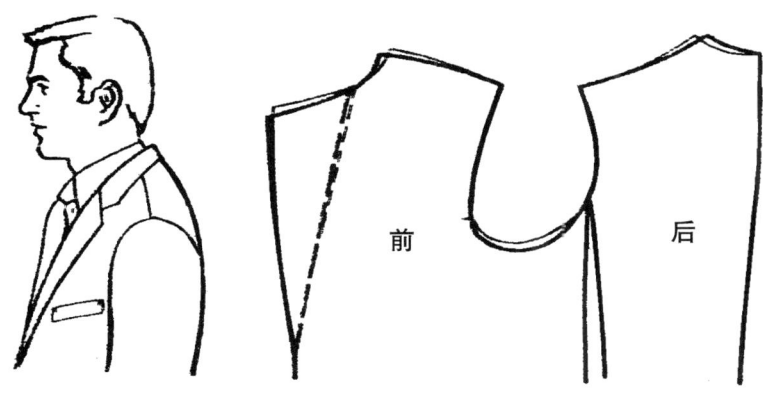

图 2-2-30

双排戗驳头四粒扣西装

设计说明

　　双排扣的西装比单排扣的西装有重厚之感,不同年龄皆可穿用。领子作成剑形的戗驳领,剑尖通常是年轻人作成锐角,中年以上的人要削弱角度,前门襟有直摆和斜摆两种。

　　扣的位置可依据设计或流行情况而变化,有扣二粒、扣四粒、扣六粒的,所以,驳头的长短会因此而改变。最近是扣二个钮扣二个装饰扣的为多。

使用量

　　表布 140cm 幅宽 280~300cm
　　里布 140cm 幅宽 150cm
　　粘合衬 90cm 幅宽 100cm

制图要点（图2-3-1、图2-3-2）

　　后身和袖子与单排扣的男西装相同。
　　前身、领子

　　前中心的搭门量为7cm,第一粒扣的位置决定驳头的长短,如果扣二粒时,扣位与袋口平齐,扣四粒时,第一粒在腰围线上。注意驳头的剑尖不要过窄,尖的角度与领子可根据爱好适宜变换。

样板的制作

　　贴边样板的制作,请参照女西装戗驳头贴边样板的制作方法。
　　领子、衣身及其他的样板制作,请参照男平驳头西装的样板制作方法。

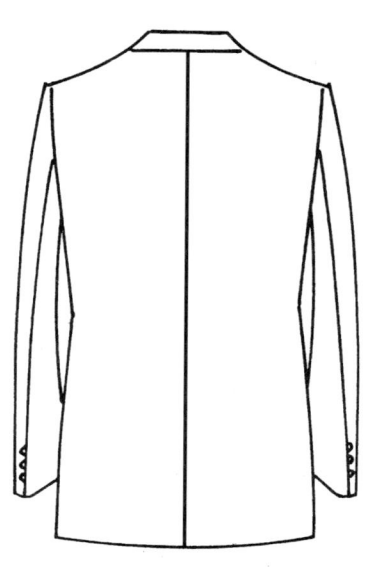

图2-3-1

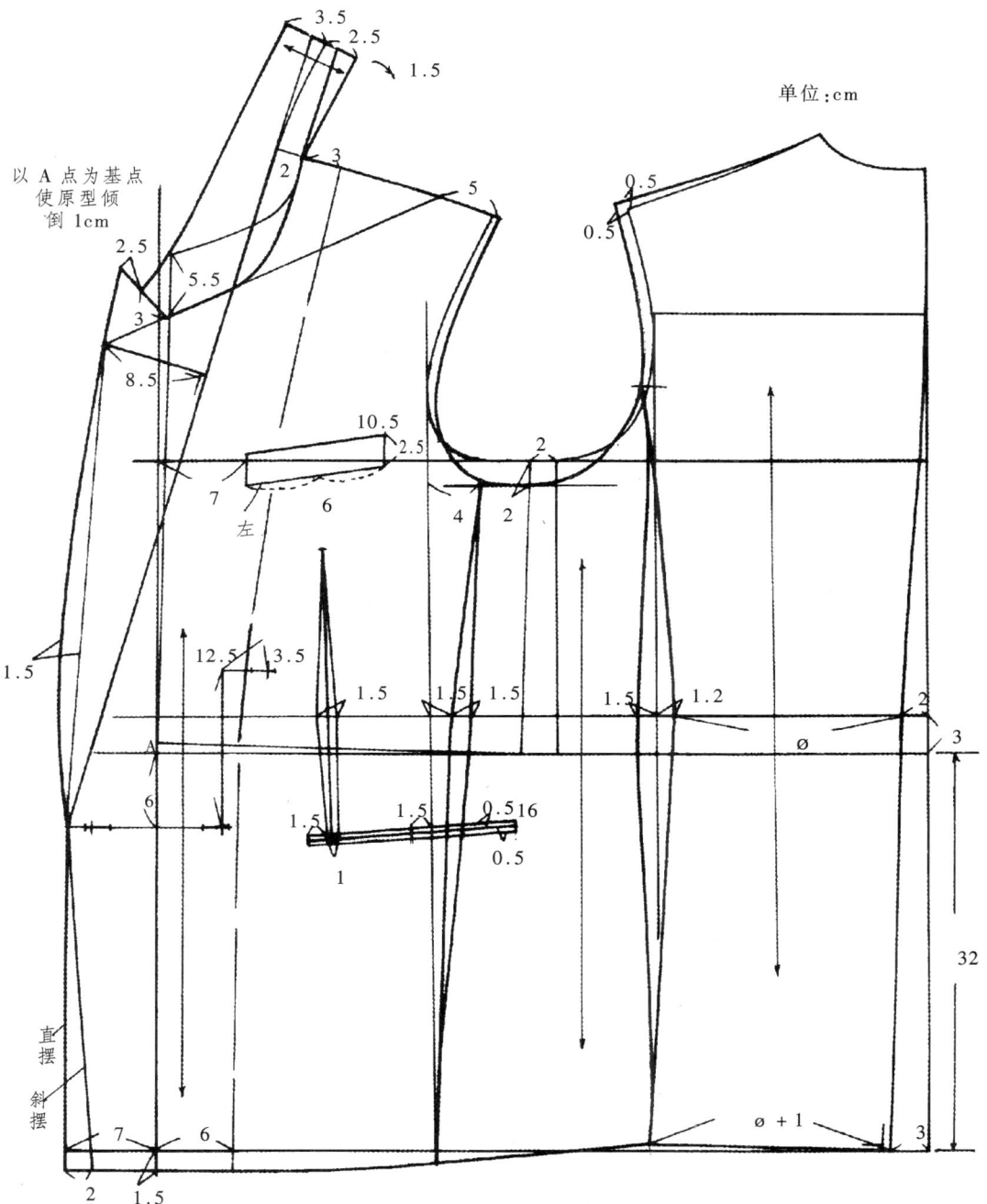

图 2-3-2

单排三粒扣平驳头西装

设计说明

与前面（单排二粒扣的西装）相同，只是缩短了驳头的长度，钉三粒扣，是比较流行的造型。

使用量：

可参照"单排二粒扣的西装"使用量。

制图要点（图 2-4-1、图 2-4-2）

第一粒扣位定在腰围线向上 10cm 处或是定在腰围线与胸围线的中间，驳头的长度变短，驳头与领子的宽度以及刻口都要相应减小。

后身和袖子与二粒扣的男西装相同。

样板与缝制，参照二粒扣的男西装。

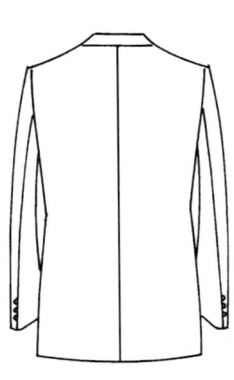

图 2-4-1

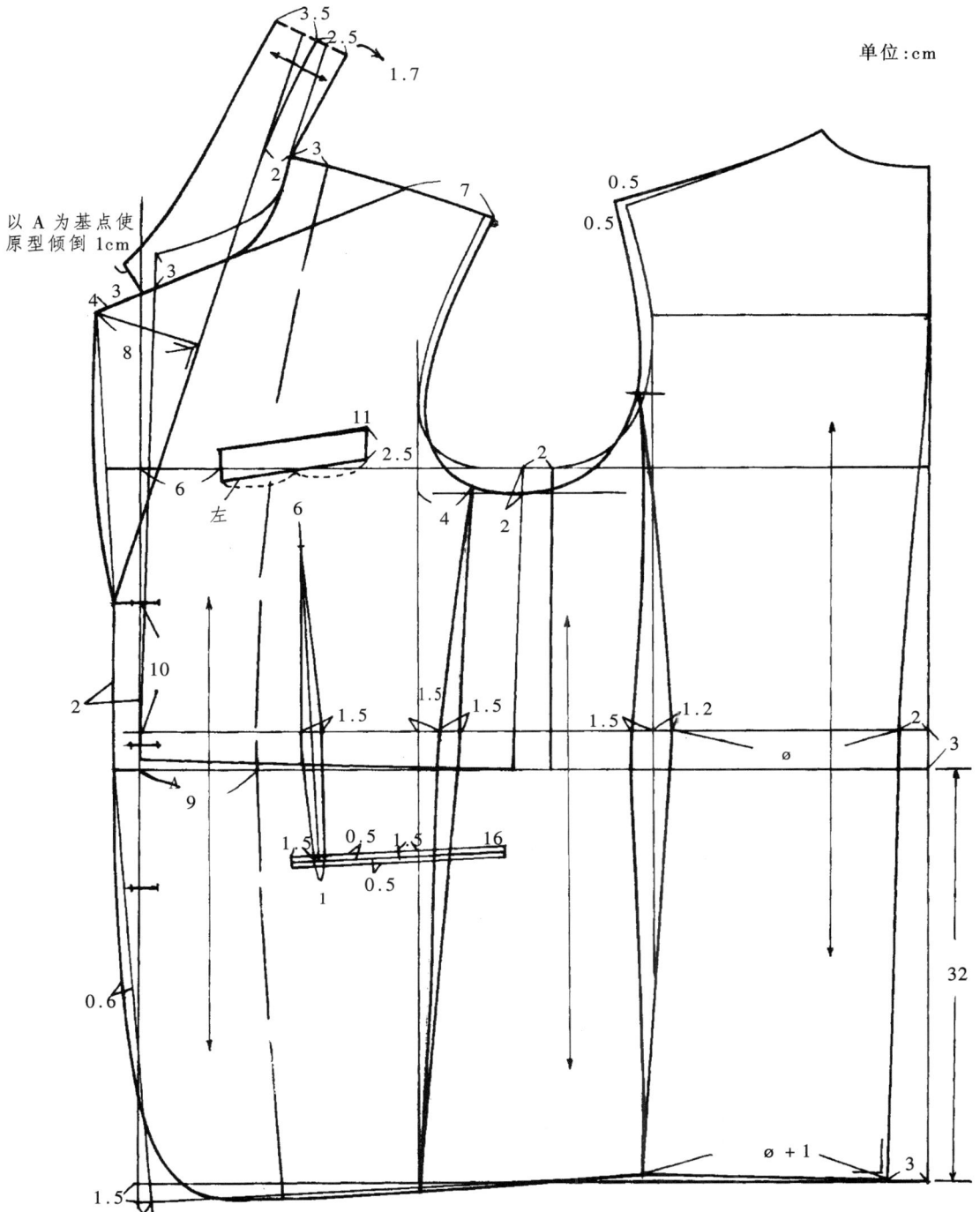

图 2-4-2

休闲西装

设计说明

休闲西装就是轻松穿用的变型西装,种类也有很多,但这是与单排三粒扣西装的轮廓相同,胸部和腰部的口袋作成贴袋,胸部、腰部、臀部的余量加放增大,整体宽松,领子或贴边也可采用配色材料加以装饰,制作时加明线装饰缝。

这种上衣无里布制作时可夏天穿用,有里布制作时可春秋及冬天穿用。材料可选择精纺或粗纺的毛涤织物、法兰绒、灯心绒、化纤织物、针织织物等,可以广范围的使用。

使用量(只是上衣)

表布 140cm 幅宽 170cm
里布 140cm 幅宽 150cm
粘合衬 90cm 幅宽 100cm

制图要点(图 2-5-1、图 2-5-2)

袖子制图参照基本型的西装,衣身与领子的制图几乎与单排三粒扣的西装相同。扣位及个数可根据流行情况适宜变化。胸部和腰部的贴袋因其是休闲装,所以或加袋盖,或打对裥褶,或线条装饰,可自由变换。

注意有毛绒的衣料时,样板排板成同一方向。

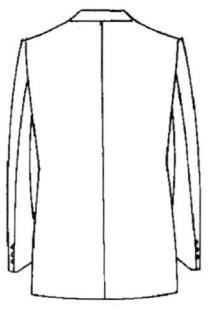

图 2-5-1

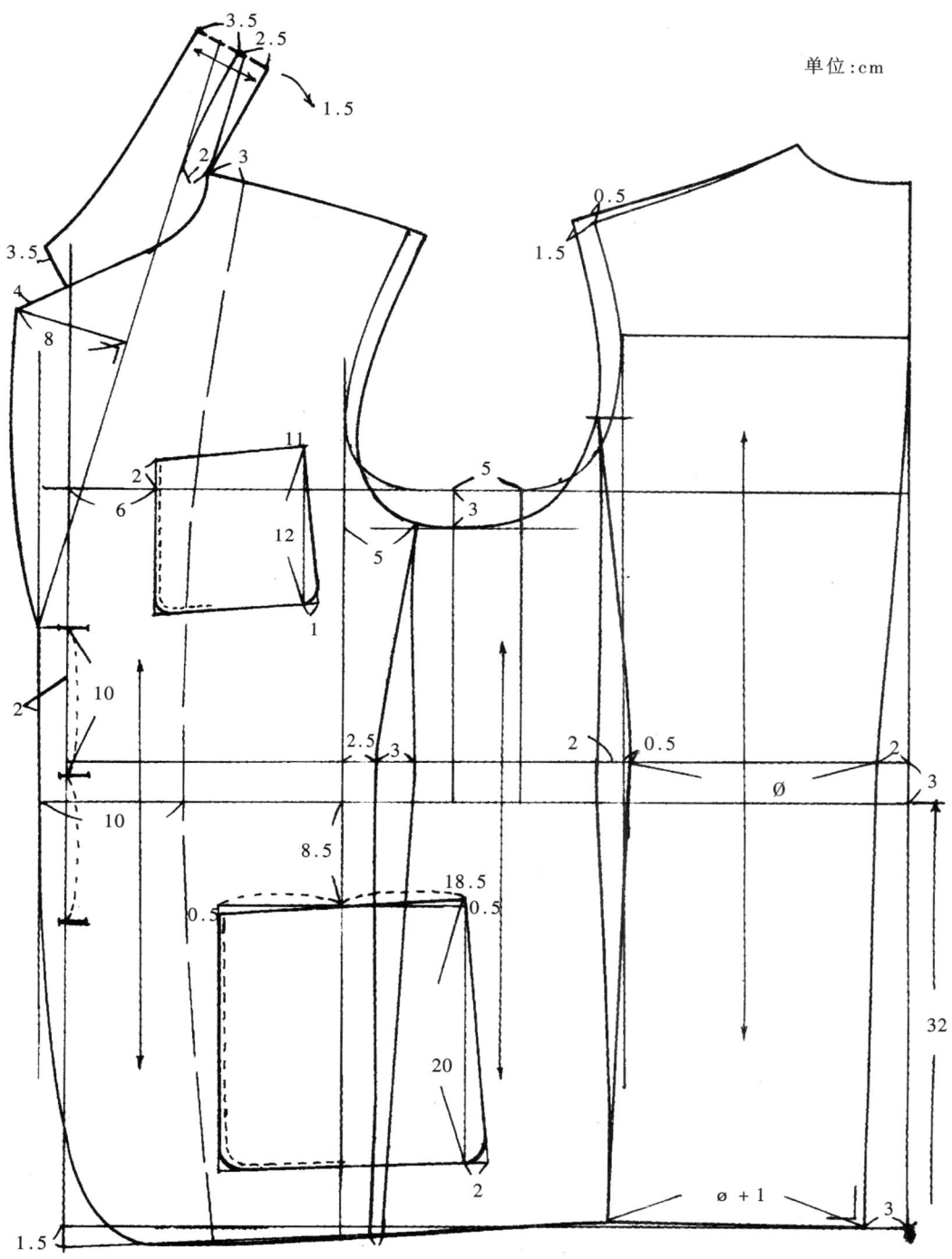

图 2-5-2

肥胖体型用单排二粒扣西装

设计说明

所谓肥胖体型是与标准体型相对而言的。肥胖体型是腹部脂肪过于肥厚且向前凸出，腰围与胸围的差缩小或是腰围等于胸围，由于人的肥胖程度并不是都一样的，所以，制图必须要合乎其体型。根据人体特殊的部位，恰当地利用收省、重叠、展开、加放松度、修改尺寸以及归拔熨烫等工艺操作方法，使服装达到合乎特殊体型的要求，起到穿着合身、适体、美观的作用。特体服装已成为服装生产中的重要组成部分。

参考尺寸：

胸围（B）102cm

腰围（W）98cm

臀围（H）105cm

肥胖量的计算方法：

胸围 B	102cm	实测 W	98cm
−	12cm	−标准 W	90cm
标准 W	90cm	差	8cm

肥胖量 = W 实 − W 标 ……… 8cm

制图要点

肥胖体型的人因腹部向前方凸出，所以，比标准体型稍微成挺胸体状态，因此，前身原型在前中心线上胸围线向上 1cm，增加前长，颈侧点向后移动。但如果肥胖体型是驼背体时，就没有必要剪开这 1cm 了。

在前身腰围线上放出肥胖量的 1/4，取中点与胸围线的前中心相连结，而延长到下摆线向下 2cm，此点与 WL 上肥胖量的 1/4 相连，即成为肥胖体的前中心线，然后再向外侧放出搭门宽。为了使前身能合乎腹部，在腹部要收肚省。

除前衣身外，其余的制图（包括袖子）与标准体型的西装结构制图方法基本相同，只因全体的尺寸大了，所以，袖口和口袋要比普通的做大一些，来配合同衣身的平衡。

肚省的处理（图 2-6-1）

制图完毕后，前衣身要把下摆的余量转移到袋口位置上，即成为袋口处的肚省缝。

就使用订正后的样板裁剪。裁剪方法与标准体型的裁剪相同。

图 2-6-1

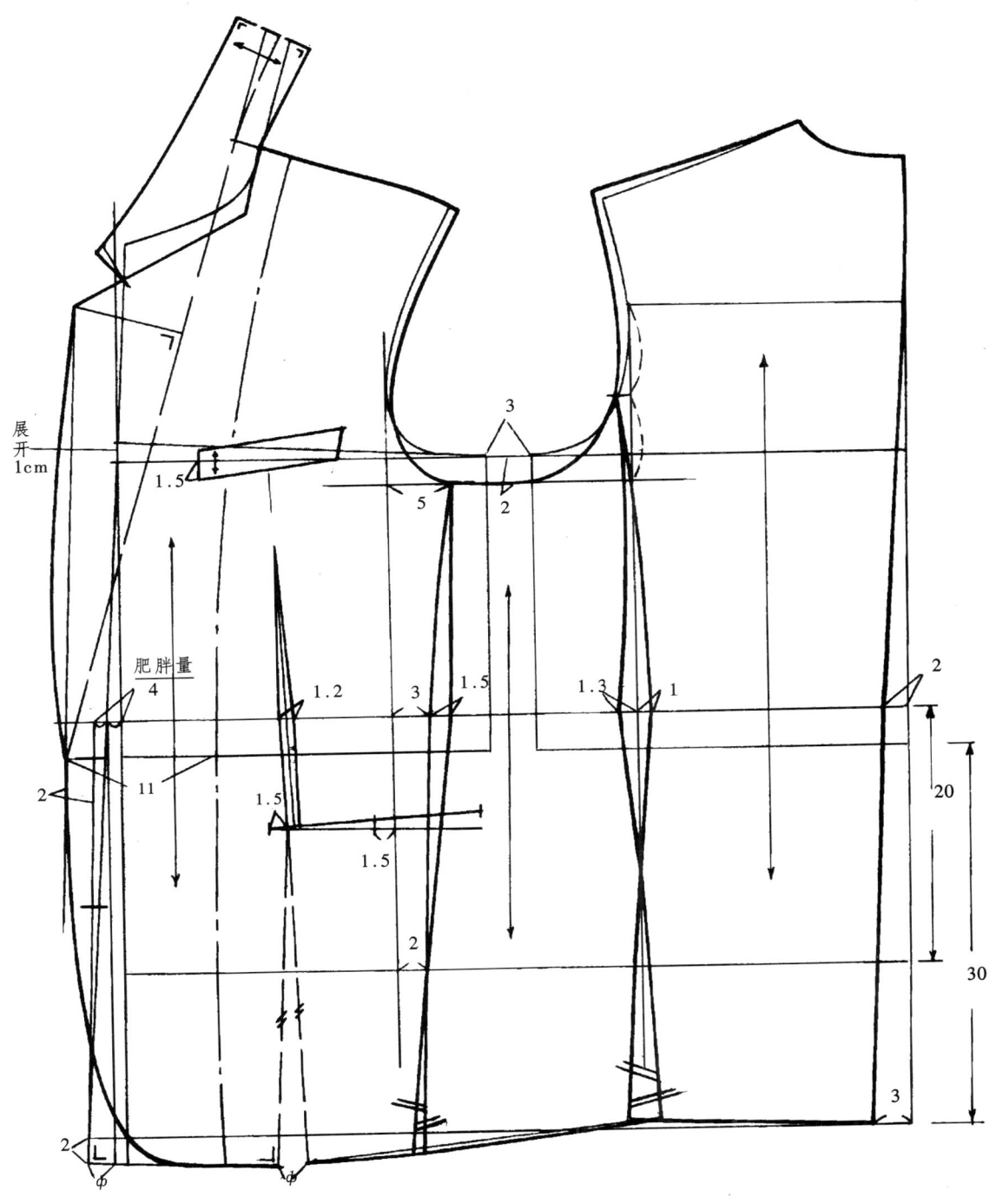

图 2-6-2

第 三 章
马 甲

马甲是胴衣的总称，男子的西服背心，就是它最典型的例子。它的语源产生自拉丁语，经过法语的 vest，成为现在英语的 vest。法语中的 vest 常指套装中的上衣，没有袖子的称作 gilet（坎肩）。

长度在腰围线处的称为 waistcoat，同下体衣（裙子、裤子等），用同种面料制作的叫 vest suit（马甲套装）。如此等等种类很多，但都是在衬衣或羊毛衫外面套穿的，根据形状与色彩的不同变化与搭配，可以欣赏到不同的效果。有合体型的，也有宽松型的；有短的，也有长的；还有带腰带的茄克式马甲等。这些在穿用的时候，要考虑到上下衣的调和与均衡。

素材有棉、毛、化纤、针织品、皮革、人造皮革等，或者是这些材料的随意组合等多种多样。

女式基本型马甲

设计说明

不受流行的约束，各种体型的人和各个年龄层次的人都能穿用。长度、领口与前摆的斜角等，可以根据流行与爱好自由决定。还可以在两侧加上束带及带卡，可以欣赏到设计的变化。

使用量

表布 140cm 幅宽 80cm，90cm 幅宽 140cm
里布 90cm 幅宽 80cm
粘合衬 90cm 幅宽 60cm

制图（图 3-1-1、图 3-1-2）

为了分散前胸的省量，把后片原型从前片原型的腰围线向上抬高 1cm。胸围上的余量追加 1~2cm。前后肩的差在后肩吃进去。如果是棉或化纤等

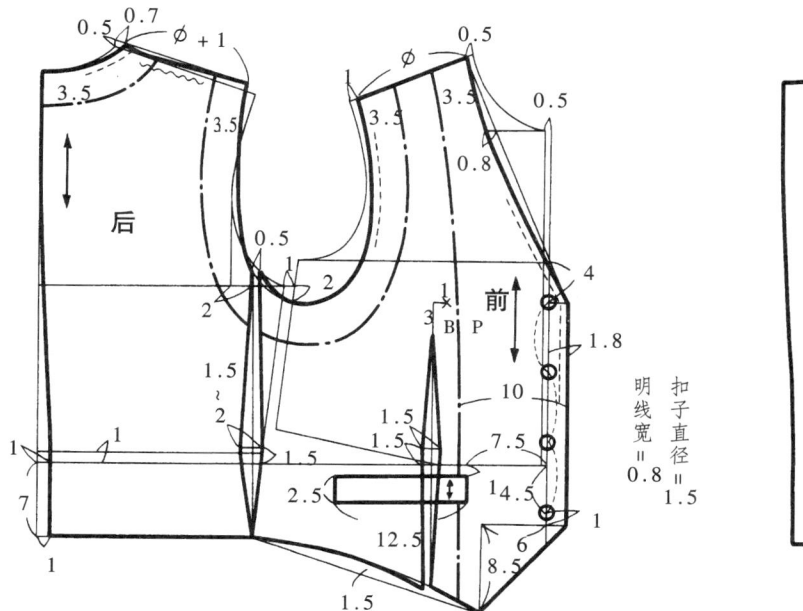
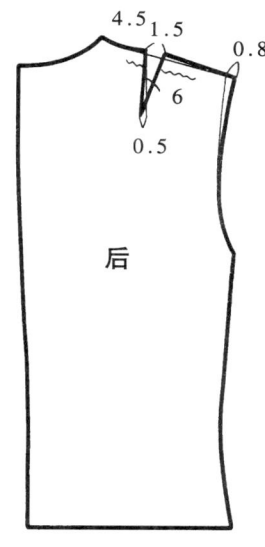

图 3-1-1

图 3-1-2

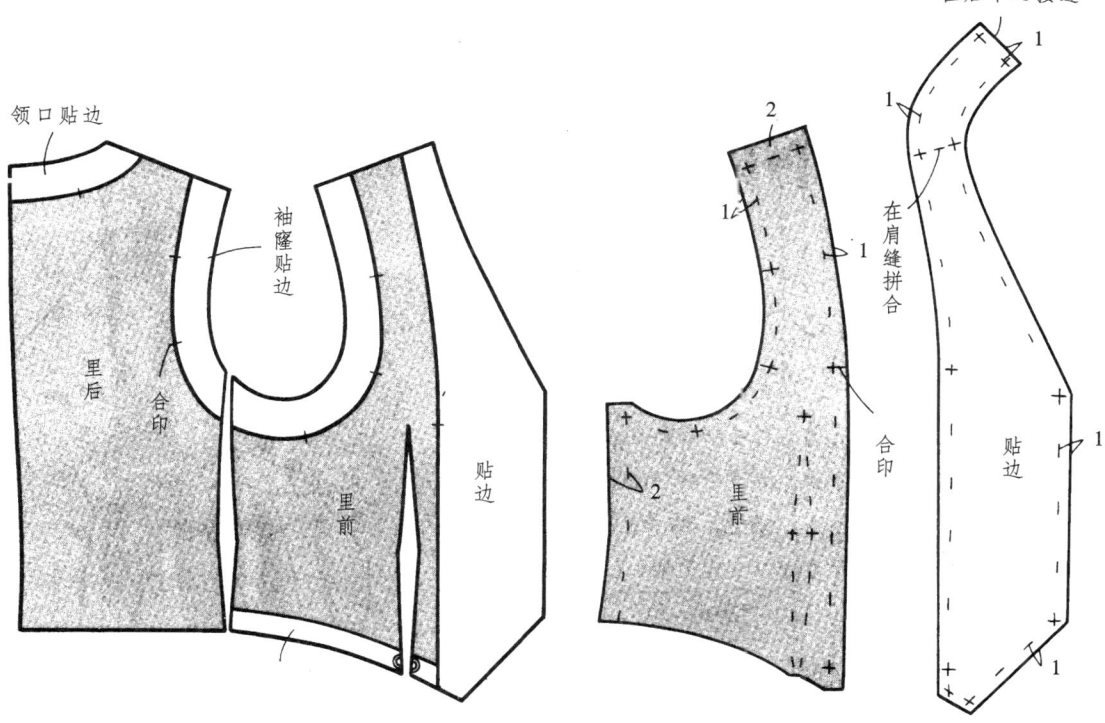

图 3-1-3

图 3-1-4

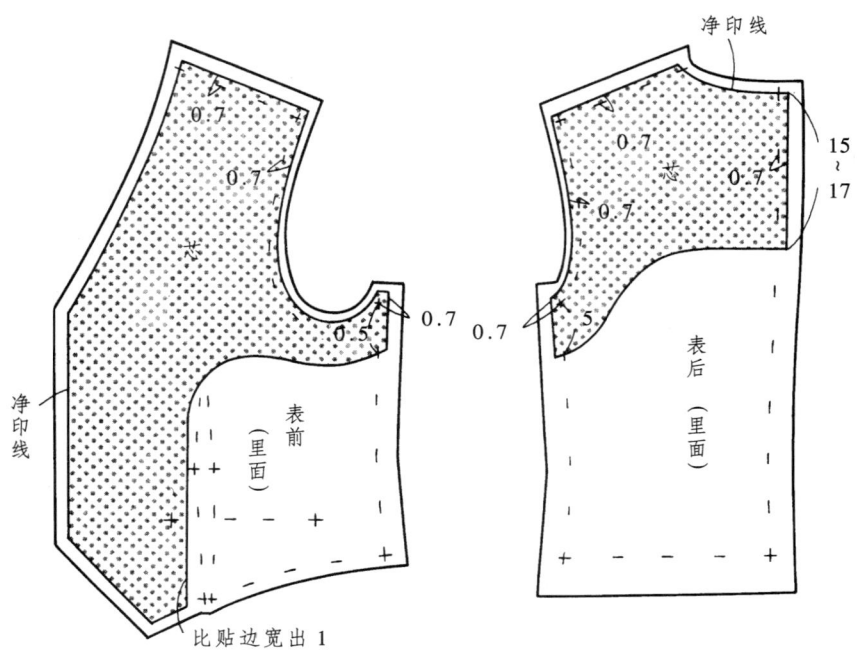

图 3-1-5

不易吃的布料,要按 2 图那样画入省缝。

制图完毕后,在下摆线的位置核对尺寸,看中臀围的余量是否适当。

裁剪要点(图 3-1-3～图 3-1-5)

贴边与里身(图 3-1-3、图 3-1-4)

因前片的下摆是呈弧形的,所以要另外绱贴边。后片的下摆折边与身连裁。

领口贴边与袖隆贴边同里身缝合的时候因弧线正好相反,不易制作,所以,要按图 3-1-3 那样,画好合印点。

贴边的肩缝,如果是厚料的话,就要按图 3-1-4 那样拼合样板,削去肩缝。这样可以防止面料肩缝缝头的重叠,把接缝放到了后中心。也可以根据不同的厚度在肩缝处使接缝向前移动 1cm。

衬(图 3-1-5)

前门与领口裁到净印线,肩缝、袖隆、侧缝与背中心加放 0.7cm 的缝头后裁剪。

制作要点(图 3-1-6～图 3-1-11)

这里解说的方法是首先钩前门、领口、袖隆,最后合侧缝。

拉扦条,钩前下摆贴边(图 3-1-6)。

合完肩缝后,从前门到领口连续拉扦条。在领口处扦条,要打剪口,紧贴领口净印弧线。

钩前下摆贴边时,要靠缝头侧 0.2cm 缝线。

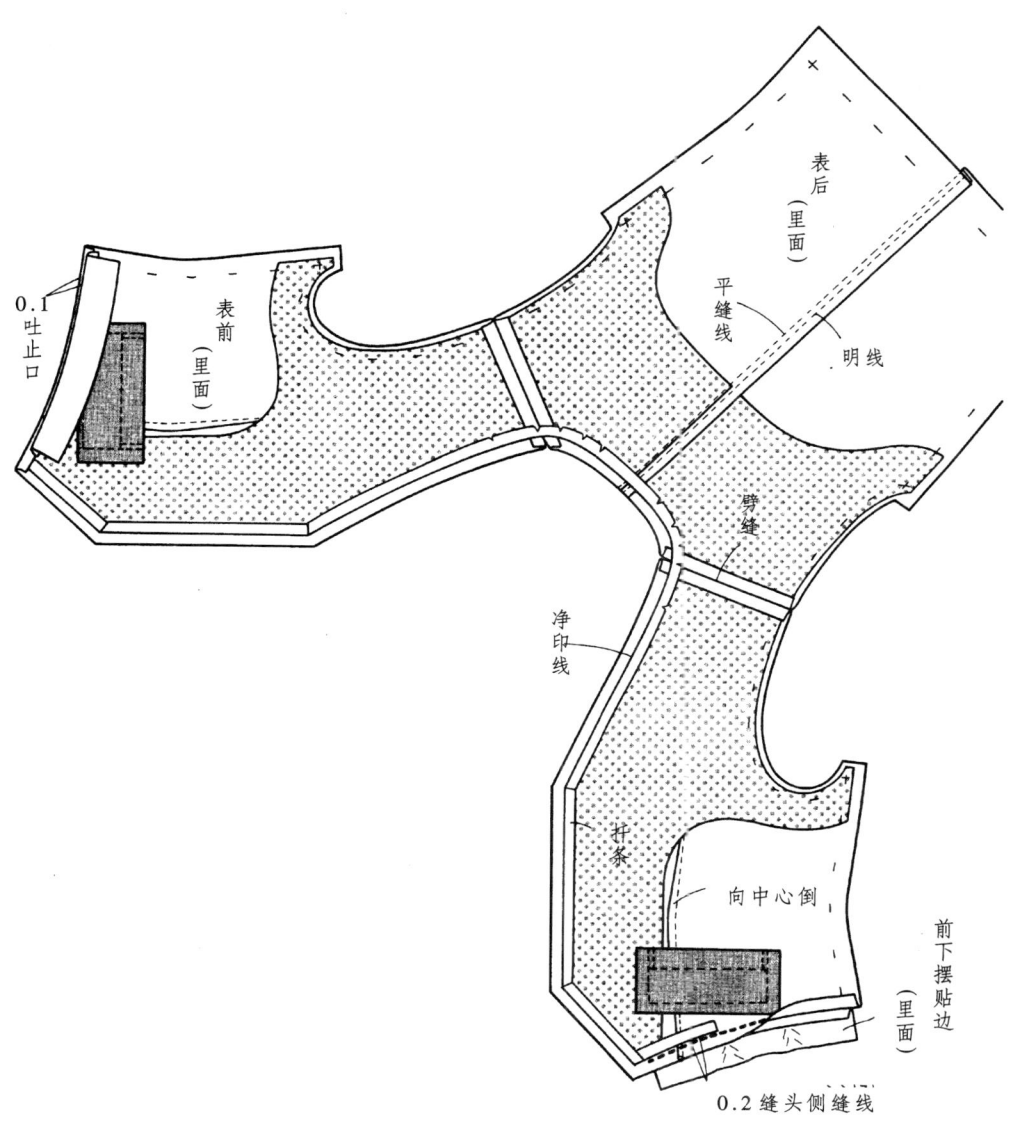

图 3-1-6

里身与贴边的缝合(图 3-1-7)

合袖窿贴边的肩缝后劈缝,里布的肩缝合完后,向后倒缝。合完里身与袖窿贴边后,向里身倒缝。倒缝前,要把里身的缝头打剪口,然后与前片贴边缝合,最后合后中心。

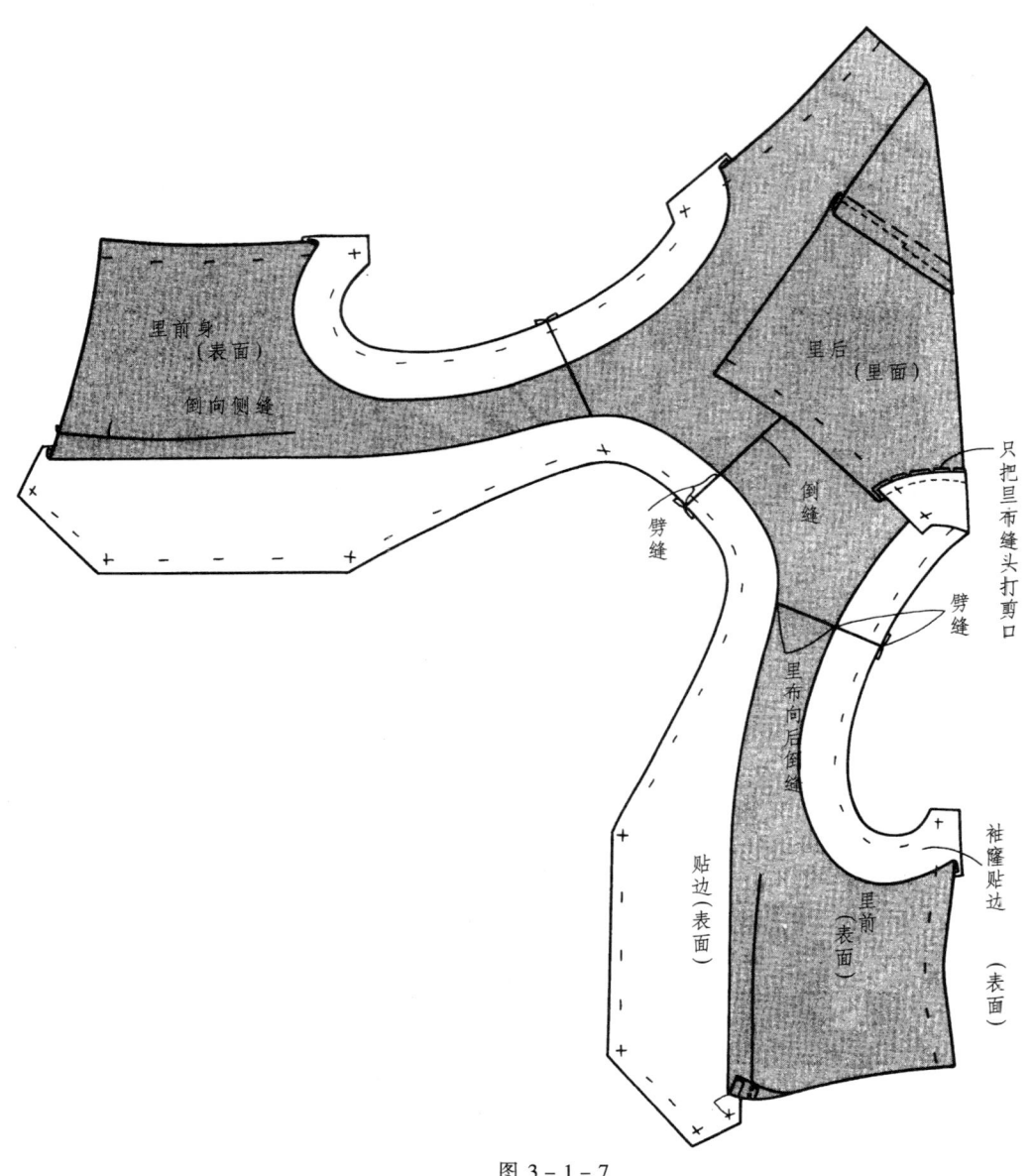

图 3-1-7

钩前门、领口与袖窿(图 3-1-8、图 3-1-9)

把表、里身反面朝外比齐,从右身贴边的边缝开始,经过前门、领口、左身前门到左身贴边的边缝钩合一周。钩袖窿的时候,要在侧缝线的净印线处缝止打回针。无论缝哪条线,都要从净印线让出来 0.2cm。

在弯线部位缝头要打剪口,这样翻到表面才能平服。弧度较强的地方,剪口相隔 1cm 左右;较平的地方,则可以间隔大一些,剪口要打到距缝线 0.2cm 的地方。

往表面翻的时候,要把手放入后身,把前身从左右的肩部翻出来。按图3-1-9那样使前门与袖窿贴边都吐0.1cm止口,用熨斗整烫。然后作压明线的准备,就是先在明线宽+0.1cm的位置手针攥线。这样等压完明线后,攥线容易抽掉。

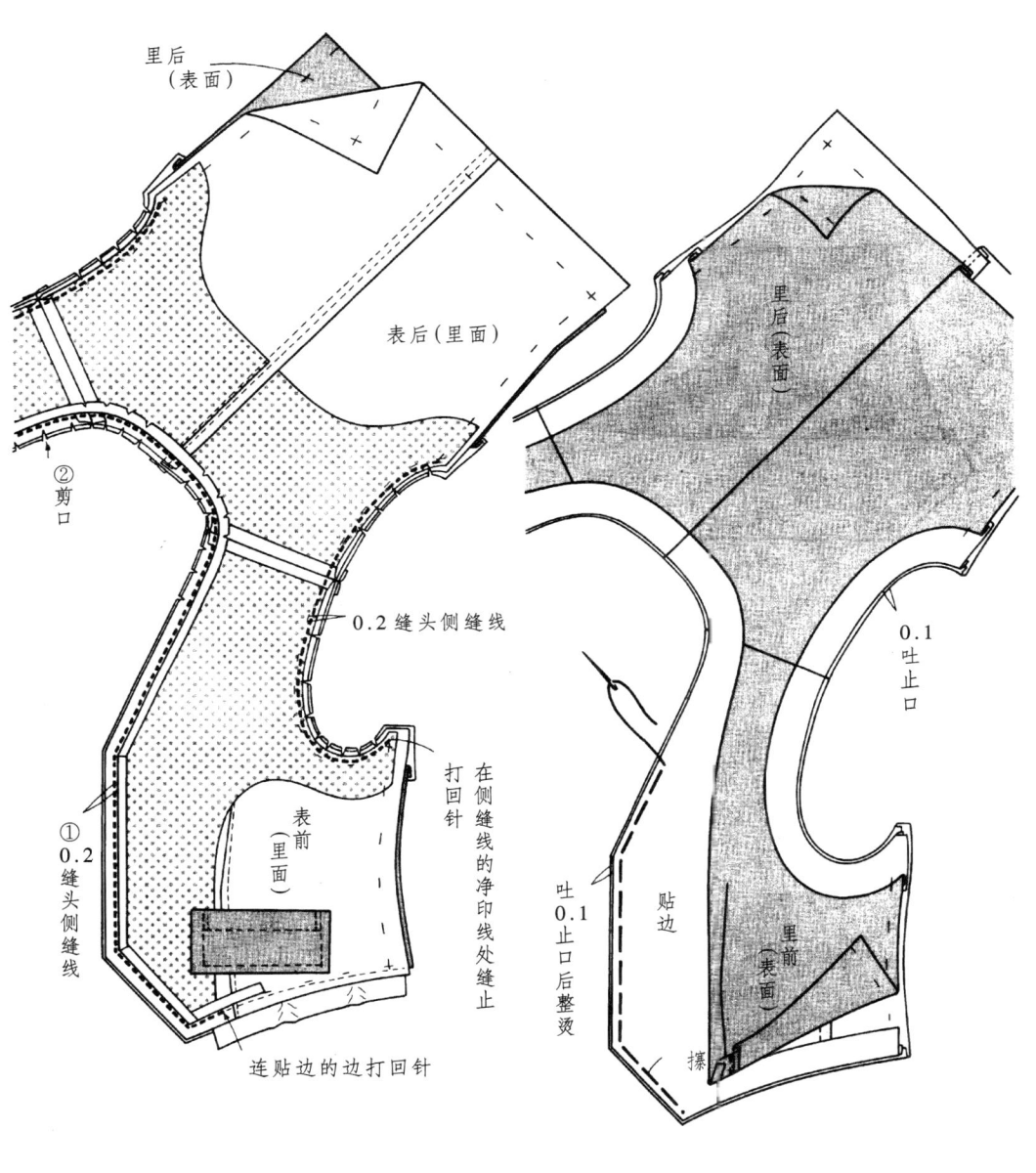

图3-1-8　　　　　　图3-1-9

缝合侧缝（图 3-1-10）

  首先，缝合表布的前后侧缝线。要注意侧缝线的上端，也就是不要使袖隆线错位，缝线要从袖隆线的净印线处，打回针起针，合向下摆。

  然后，把里布的前后身反面朝外，与表布同样从袖隆合向下摆。但里布要从净印线让开0.3cm缝线，以作为松量。

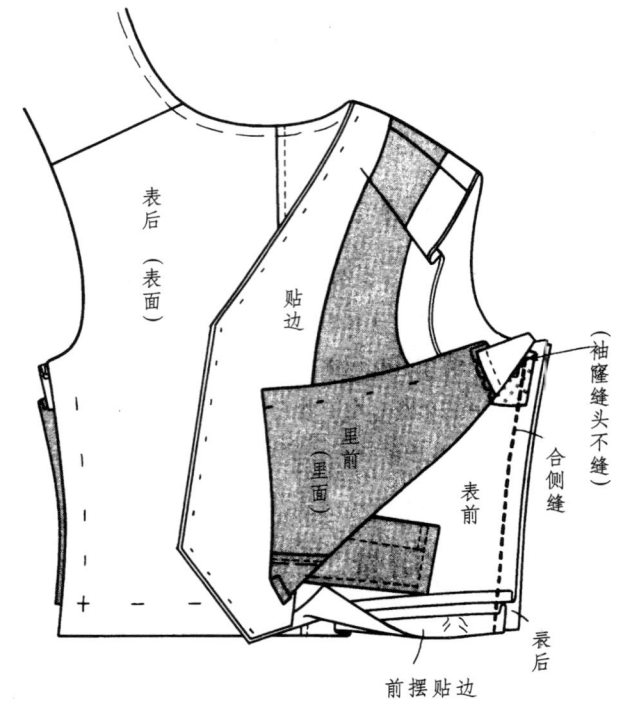

图 3-1-10

最后整理（图 3-1-11）

  扦缝表、里身的下摆后，以撩线为标记压前门、领口、袖隆的明线。

  最后锁眼、钉扣。

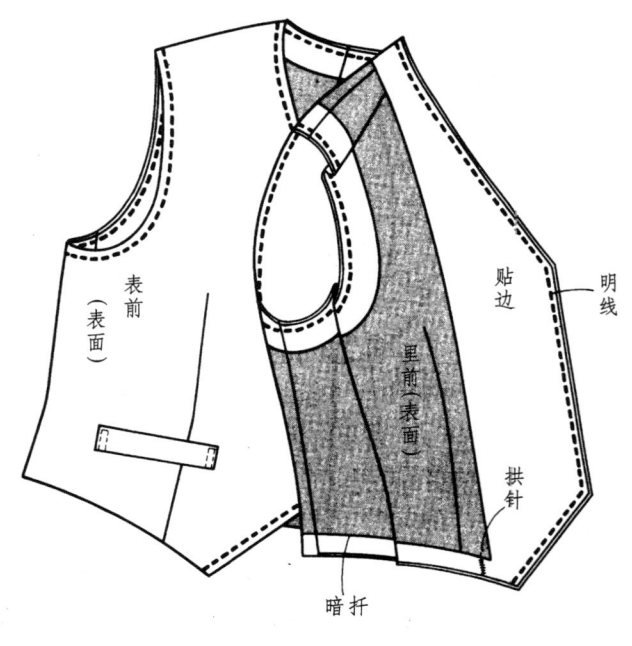

图 3-1-11

女式束带型马甲

设计说明

用束带轻轻系住腰部,在胸部装饰有贴袋的马甲。可以同衬衣或羊毛衫等进行各式搭配。为了使腰部产生柔软的感觉,不绱里子。

使用量

表布 90cm 幅宽 170cm,140cm 幅宽 90cm
粘合衬 90cm 幅宽 70cm

制图(图3-2-1)

为了分散前胸的省量和增加衣片的松量,后片原型的腰围线要比前片抬高1cm。侧缝的余量,前后都追加2cm。后肩的吃量,根据布料的不同而增减。

因为是单层的制作,所以要按制图那样,后领口贴边与袖隆贴边、前贴边与袖隆贴边都要裁整片。

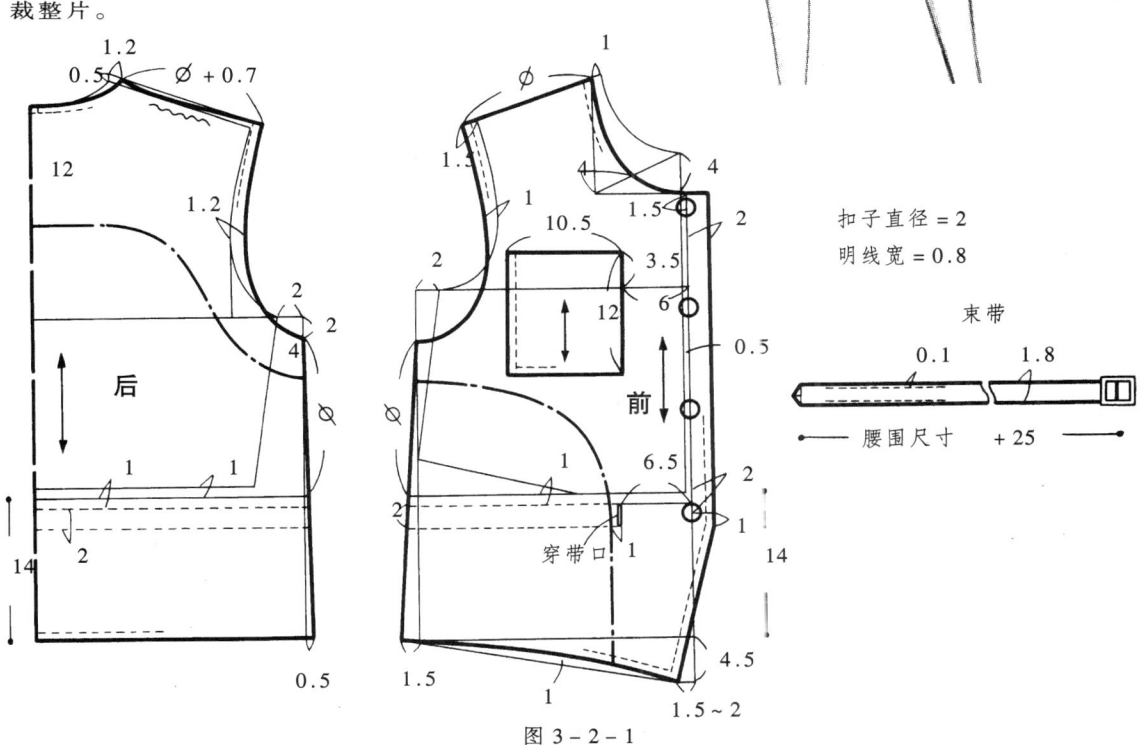

图 3-2-1

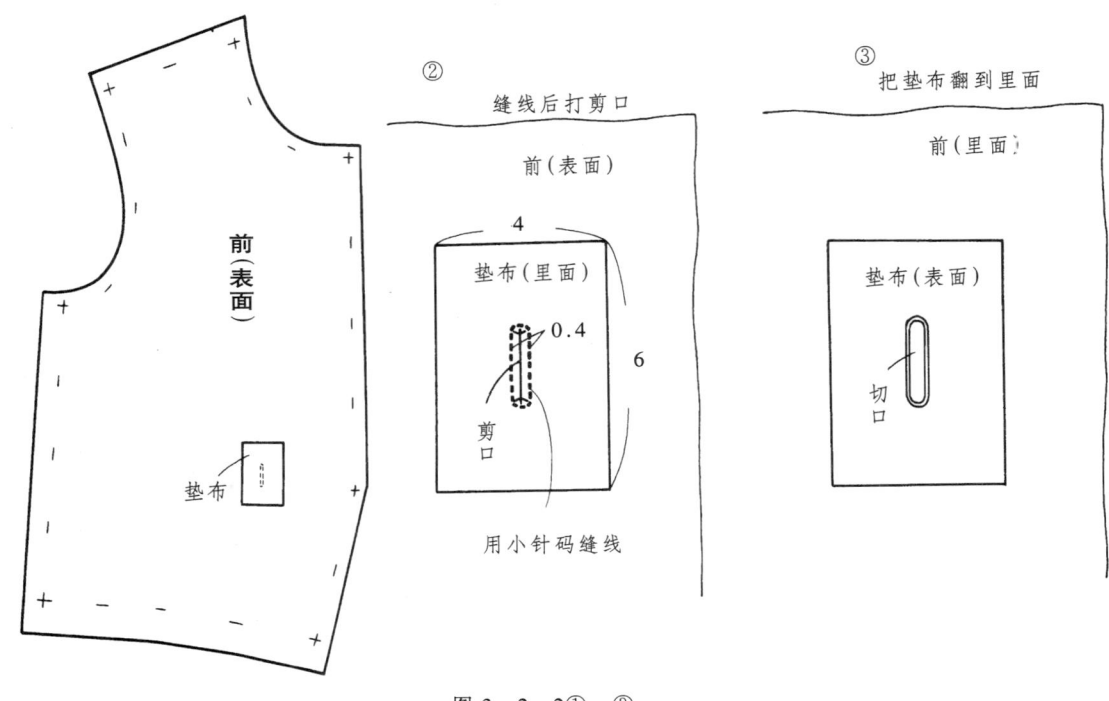

图 3-2-2①~③

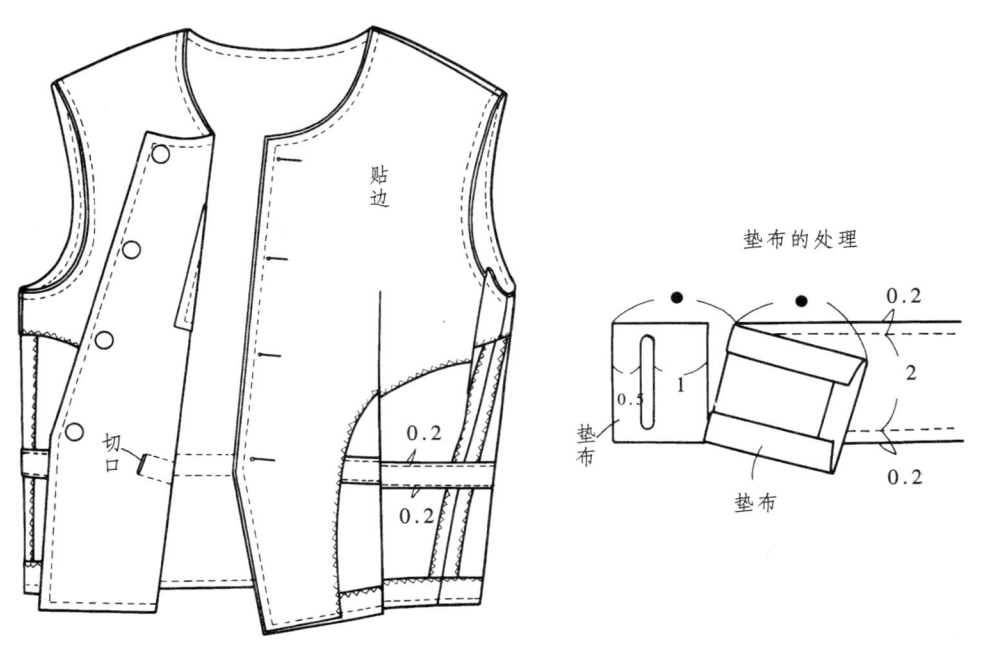

图 3-2-3

参考设计

（1） （2） （3）

制作要点(图 3-2-2、图 3-2-3)

衬的裁法

使用粘合衬，前后身都与贴边裁同样大小，粘到身上。

腰部的处理(图 3-2-2、图 3-2-3)

穿束带的切口，要在大身粘完衬后按图 3-2-2 制作。垫布使用斜纱的面料，如果是易脱纱的布料或厚料时，改用斜纹棉布也可以。或者用布帛型粘合衬取而代之的话，就更方便了。

在穿束带的位置按图 3-2-3 那样，在里面垫好垫布两端缝线。这个垫布要使用面料或里布。

参考设计

(1) 占有容量型的长马甲。里面配有羽绒或棉絮，可以替代大衣。

(2) 用破缝线和明线来体现运动感的茄克型马甲。

(3) 下摆的海扇形刺绣花边和胸袋成为注目点，具有朝气的短上衣式马甲。

男式西装马甲

在男子套装中,马甲是作为三件套西装的基本型组合,其式样别具风格,所以,在任何时代都受人们的欢迎和应用。马甲不只限于西服三件套的组合,随着人们衣生活的改善,马甲在功能上已逐渐从普通马甲的护胸、护腰的作用转变成装饰性的作用,在结构上,主要集中在腰部的处理,并伴随着结构的合理化和简易化。

马甲的分类

男马甲不像女马甲那样变型较多,有基本型马甲、应用型马甲、军用型马甲三种。

马甲除了与套装的面料相同以外,还可使用混纺、毛织物、棉织物、皮革、合成皮革、针织等不同材料制作成令人愉快的马甲。

基本型马甲制图

 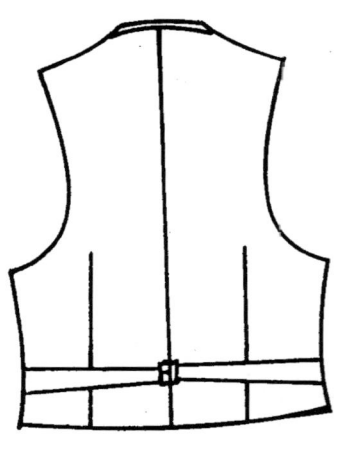

图 3-3-1

西装马甲（基本型）
（使用原型）

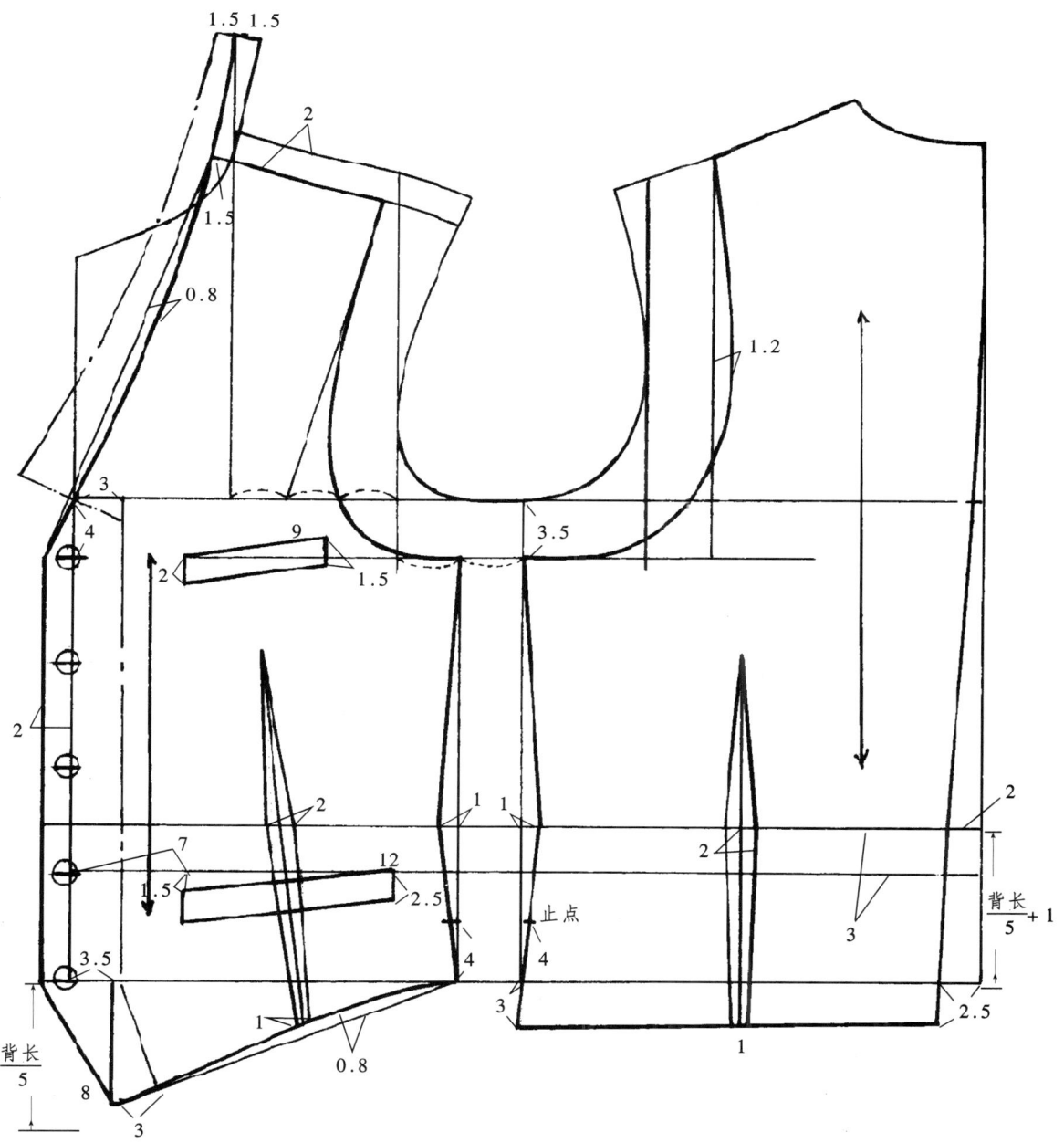

图 3-3-2

设计说明

基本型西装马甲是最正统型的,与上衣、裤子使用相同面料制作,或是不同面料配色制作。其造型为单排五粒钮扣,四个挖袋,前摆为斜角,后背有腰带,两侧有开衩。

制图要点(图3-3-2)

使用男子原型绘制基本型马甲。

马甲是穿在上衣里面的,所以不需要加多的余量,合体即可。前肩线比原型降低2cm,是使前衣身能够贴身合体。V字形领及下摆的形状,是同穿用者的身高或上衣的翻领止点有关系,因此,若5粒扣不能均衡就改为6粒扣,最下面的钮扣是作装饰用的。后身下摆的延长尺寸可以自由决定1cm~3cm之间,下摆线与水平线齐或短于水平线都可以。

裁剪要点(图3-3-3)

后身的里和面都是使用里布裁剪的。前身的侧缝处要有备放量。贴边在领口处与身连裁,前门襟的贴边要另裁,若面料不够时要拼接,拼接缝不要放在锁扣眼的位置上(图3-3-3①)。

袋口布要对齐衣身的纱向而裁。缝头不要留太多,挡口布也用面料裁剪。

前后里衣身裁剪(图3-3-3②)

衬是只裁剪前衣身,贴边不粘衬。

制作后衣身(图3-3-4)

①缝合表后衣身的后背缝,然后向左衣身侧倒烫,缝合腰省缝,向中心侧倒烫。

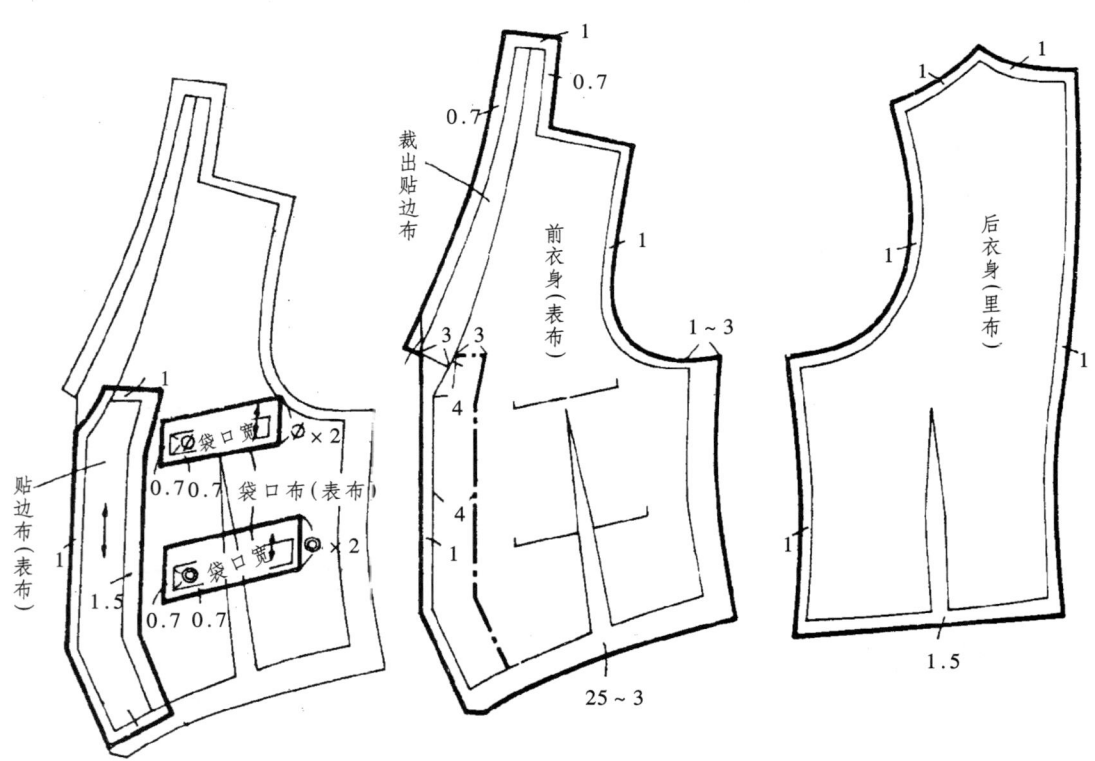

图3-3-3①

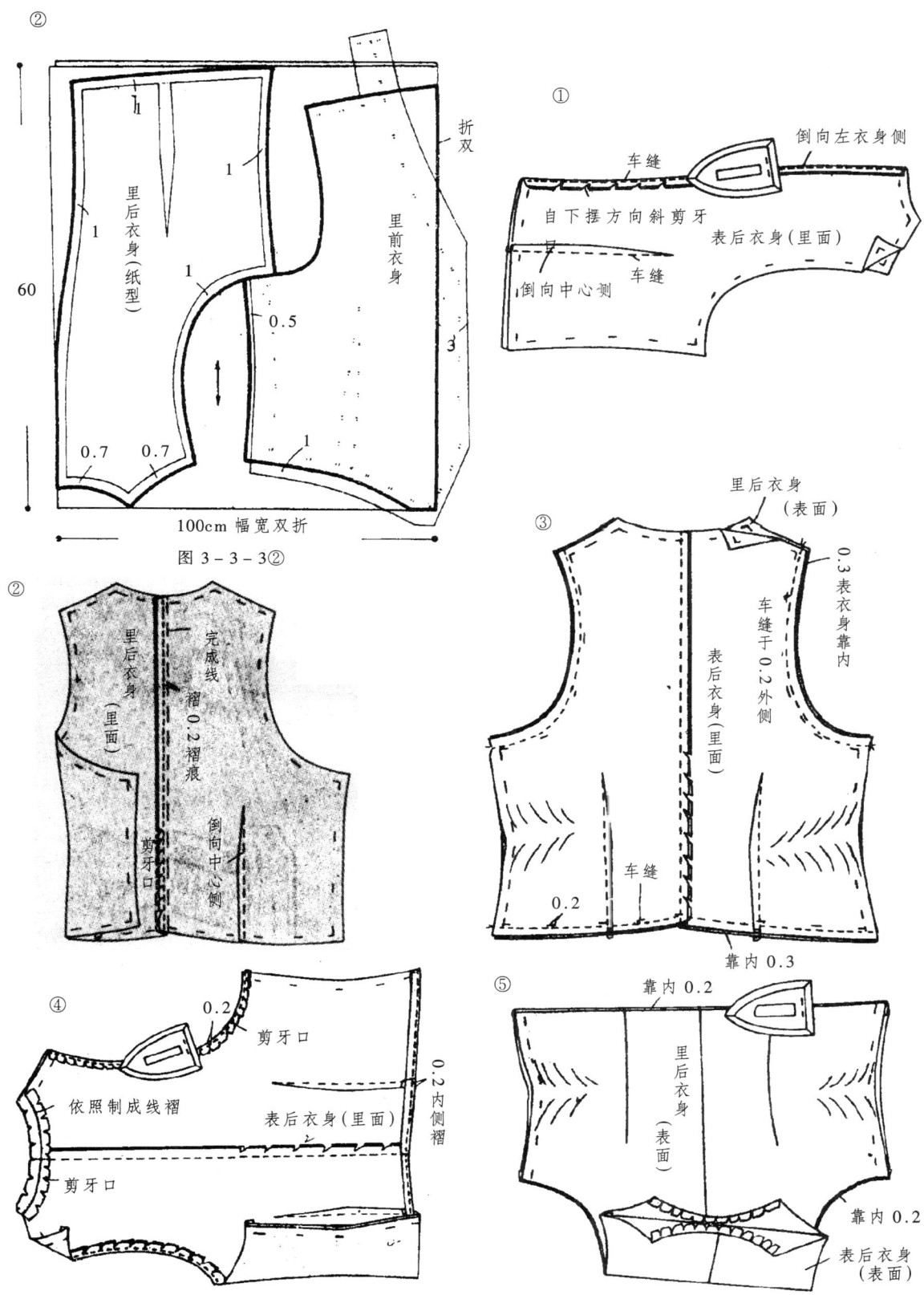

图 3-3-3②

图 3-3-4①~④

②在净样印外侧0.2cm处，缝合里后衣身的后背缝，向左衣身侧倒烫，注意烫出0.2cm的眼皮量。缝合腰省缝，向中心侧倒烫。

③将后衣身的里与面比好，袖窿及下摆处让里大于面0.3cm，然后在净样印外侧0.2cm钩缝袖窿及下摆。

④按净样印折烫袖窿及下摆，缝头倒向面。

⑤翻向表面，使袖窿及下摆均匀吐0.2cm子口用熨斗烫好。

制作前衣身(图3-3-5)

①首先缝合前衣身省缝，在省双折处剪至首尖3cm处劈烫，这样表面较平整美观。如果是容易脱纱的面料，就要加省缝垫条，即在前中心侧垫同样的布与省缝一起缝合，再劈烫，修剪省缝垫条，这样省缝垫条的薄厚大致相同，表面看起来好像是劈烫开的一样。

②进行口袋的制作工艺，与上衣手巾袋的制作工艺相同，也是箱型口袋的制作工艺，在此不做详细说明。

③把贴边与前身比好，在净样印外侧0.2cm处钩缝贴边，清剪缝头，按净样印折烫缝头，然后翻出表面，使前门襟均匀吐0.2cm子口整烫，领口处的贴边按净印顺弧折烫，贴边里口三角针扦缝(图3-3-5①)。

④缝合里前衣身的省缝向侧缝倒烫。前身的面与里对齐在净印外侧0.3cm钩缝袖窿，按净印折烫缝头，然后翻出表面，使袖窿均匀吐0.2cm子口烫好。把前身放在烫垫上，折烫里前身门襟缝头，用手针明扦或三角针缝法缝在贴边上。前门子口和袖窿距边0.7cm拱针缝(图3-3-5②)。

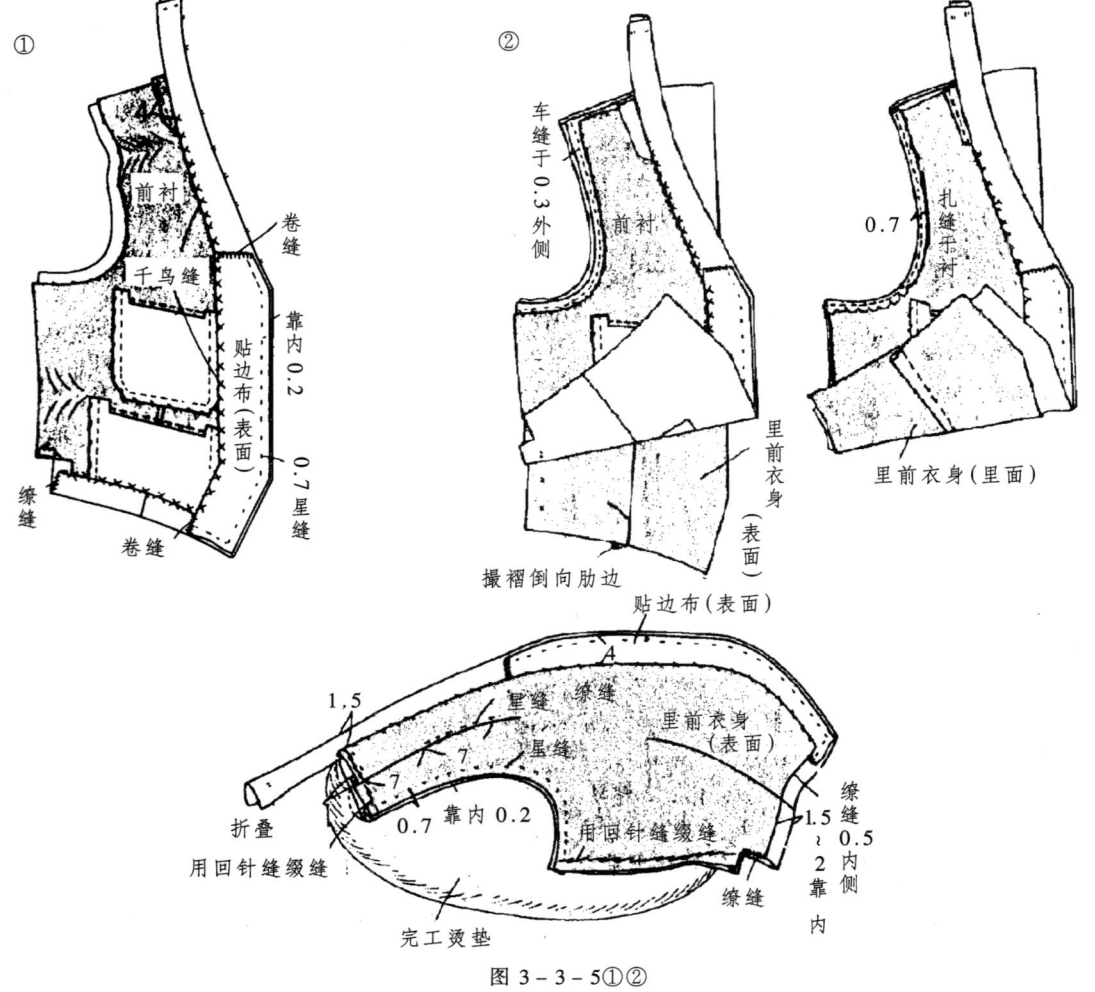

图3-3-5①②

前身与后身结合(图 3-3-6)

①以表面为内,把前衣身装进后衣身中去,夹着缝合肩缝与侧缝。为了使肩端与腋下不参差,先对齐里后衣身与前衣身,缝头倒向里后身侧。

②是里衣身侧所看到的图。

③翻出表面来后,缝头自然地倒向后衣身侧。后领口条对齐拼接劈烫,然后将表、里的后衣身领窝放在领口条距边1.5cm处手针扦缝。

④在两侧开衩缝合止点处打结子,整烫马甲,熨烫时,领窝要顺弧势自然弯曲而烫。整理之后,在左衣身锁扣眼,在右衣身缝钮扣。

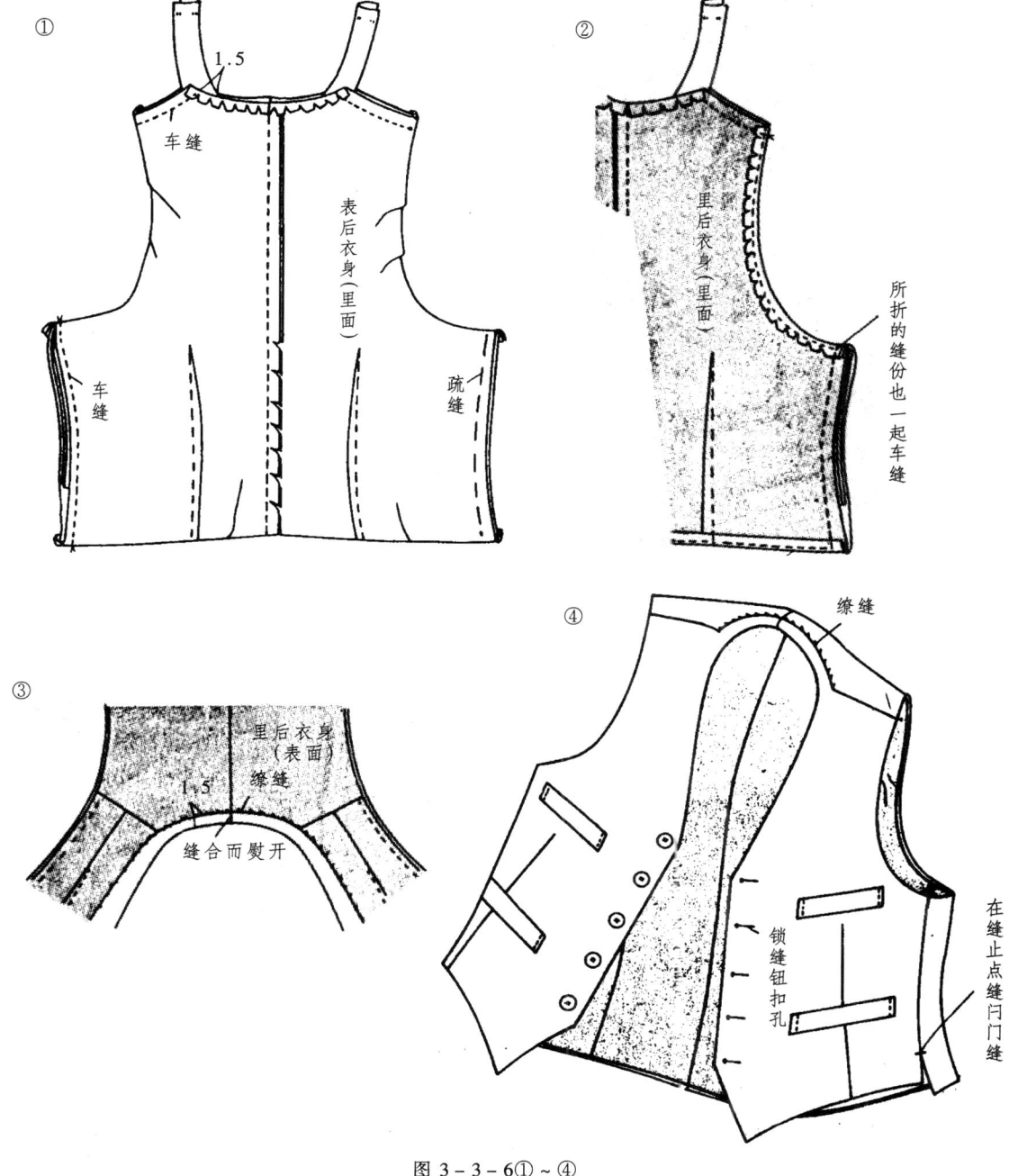

图 3-3-6①~④

男式基本型马甲(比例式)

比例式西装马甲的制图与使用原型的制图只是制图的方法不同(即采用的手段不同),其结果是相同的,基本型是一样的。现在为了穿着方便,制作方法简单,马甲后领口条可去掉,前衣身可做三个挖袋或二个挖袋,两侧可不结开衩,胸部的加放量也可增大。

画法不同,袖隆深的确定及小肩的宽窄可根据衣料的关系及喜爱自由变化。后身下摆是水平的。口袋在形状上亦可加以变化。

后衣身也可与前衣身采用相同的面料制作。

制作方法既可采用男马甲的缝制工艺也可采用女马甲的缝制工艺。

制图要点

注意贴边的画法,与前面原型制图的贴边

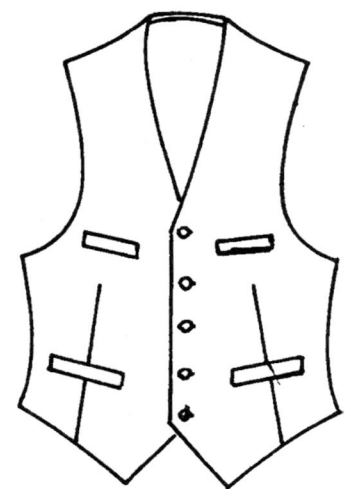 

图 3－4－1

西装马甲(基本型)(比例式)

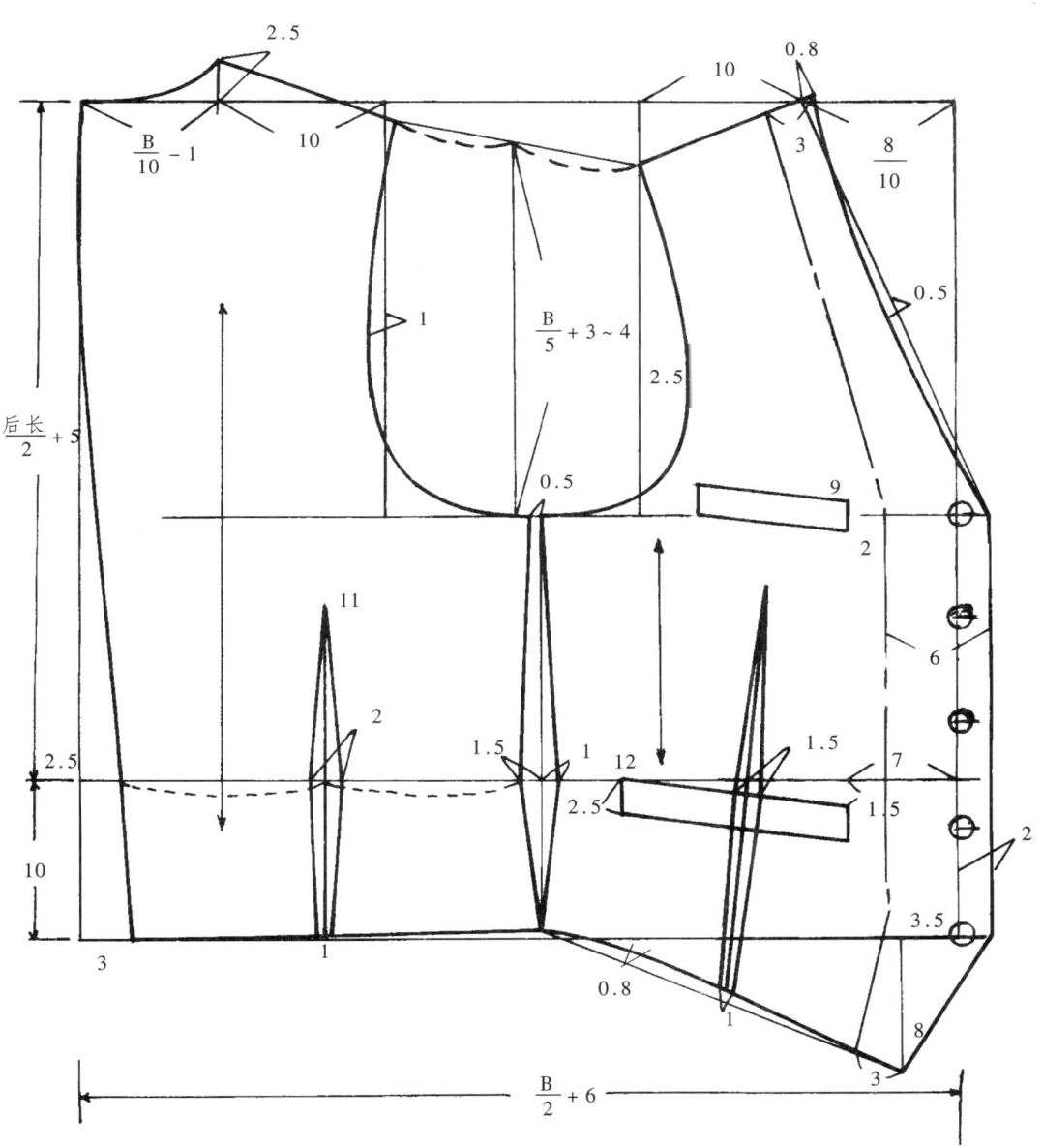

图 3-4-2

男式 L 字形接缝的马甲

设计说明

V 字开领，从前身向后开有 L 字形的破缝线，在破缝线上打褶。压明线，具有运动感。胸兜与装饰带成为注目点。与运动衫或羊毛衫相搭配后，可作为外出或便服用。

使用量

表布 140cm 幅宽 100cm，90cm 幅宽 140cm

里布 90cm 幅宽 100cm

粘合衬（贴边量）90cm 幅宽 75cm

制图（图 3-5-1）

袖隆线下降 4cm，在侧缝放出 0.5cm。领口根据里面套穿衣服的材质与设计来决定开口的大小。在摆幅的位置核对中臀围的余量是否适当是非常重要的。

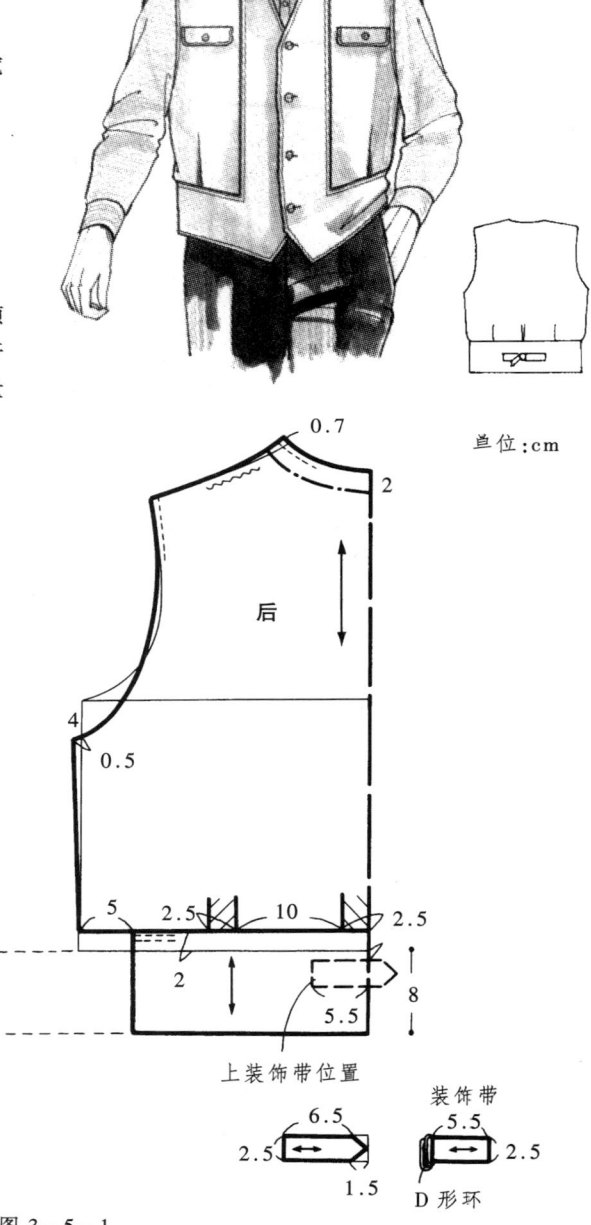

图 3-5-1

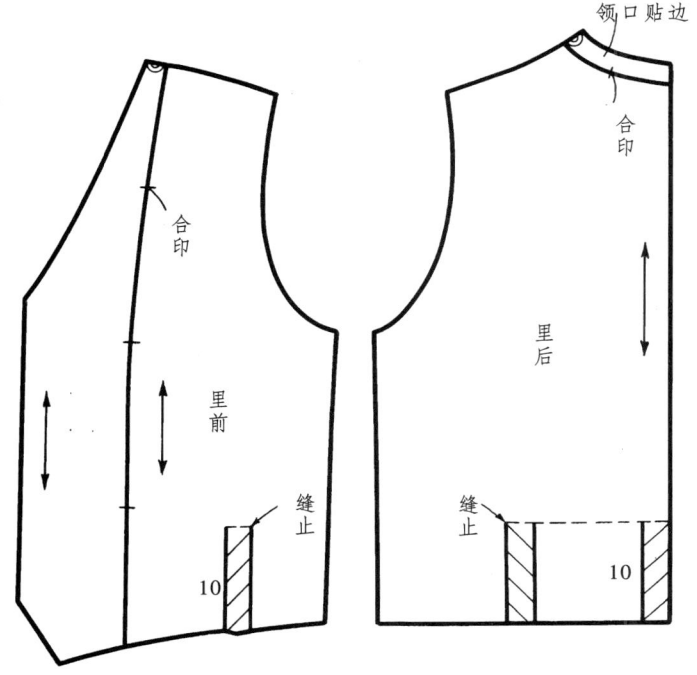

裁剪要点（图 3-5-2~图 3-5-4）

前贴边按图 3-5-2 那样，把前身的 L 字形设计线直线延长到下摆裁剪。里子的前后身也不打断，侧缝和褶都直线延长到下摆裁整片。

前后的贴边在肩部拼合后，按（图 3-5-3）那样裁整片。如果接肩缝的布料较厚时，最好把接缝向前移 1cm 比较好。

贴边衬同里料相同裁整片（图 3-5-4）。

图 3-5-2

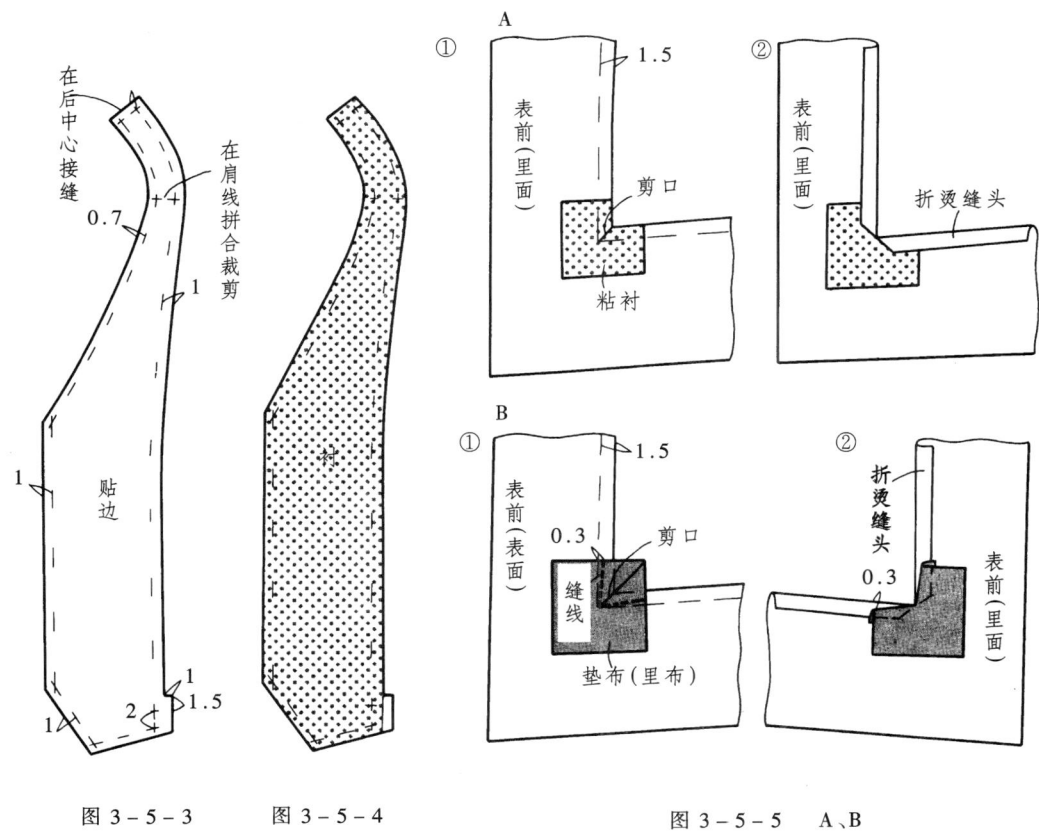

图 3-5-3　　图 3-5-4　　　　图 3-5-5　A、B

制作要点(图 3–5–5～图 3–5–8)

这里解说的方法是：先缝前门、领口、袖窿,最后合侧缝。

胸兜的制作,请参照部分缝制中的"带兜盖的单开线挖兜"。

前破缝线拐角的处理 (图 3–5–5)

先把 L 字形的拐角处按 A 法或 B 法制作,然后再压到表前身上用明线固定。

B 的垫布,当表布是薄料时,可以用表布；厚料时,用同表布是同色系的旦布。对于易脱纱、易毛露的面料,最好采用 B 的方法。

前门、领口、袖窿的制作(图 3–5–6)

①在后片的下半段钉好装饰带后,与上半段缝合。合完肩缝后,从前门开始与领口一起拉扦条。在领口处,扦条要打剪口。

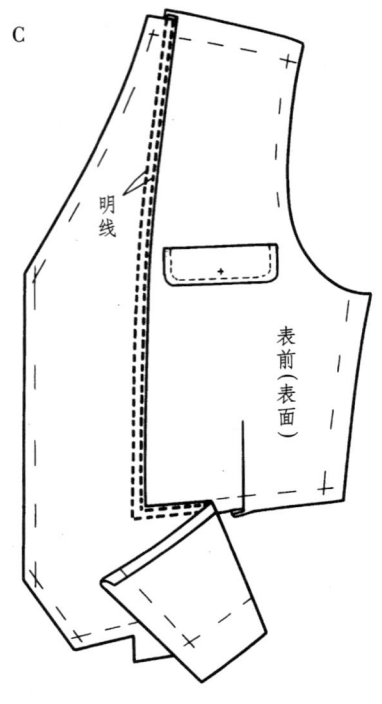

图 3–5–5C

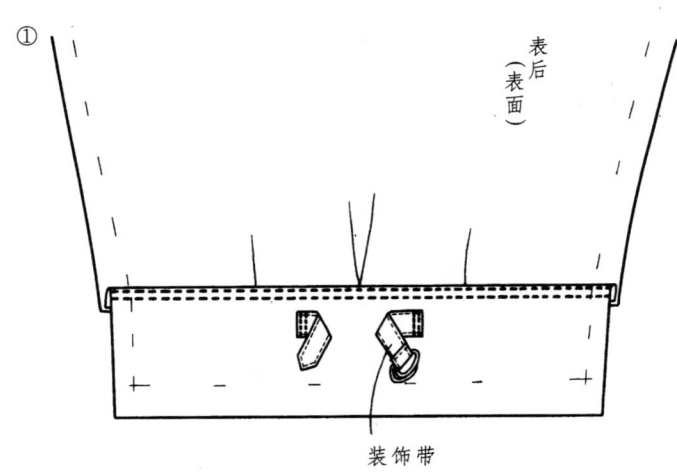

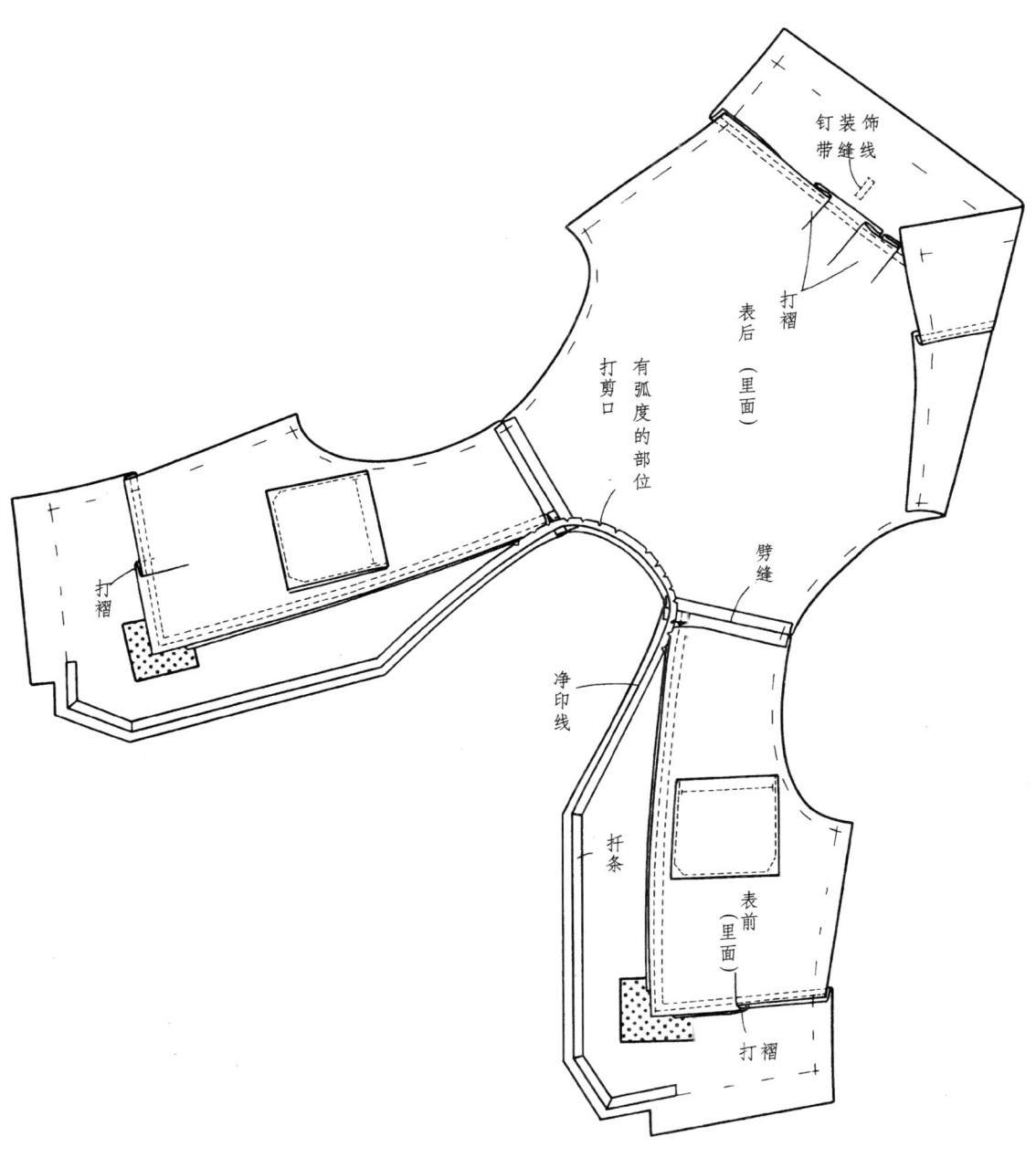

图 3-5-6①

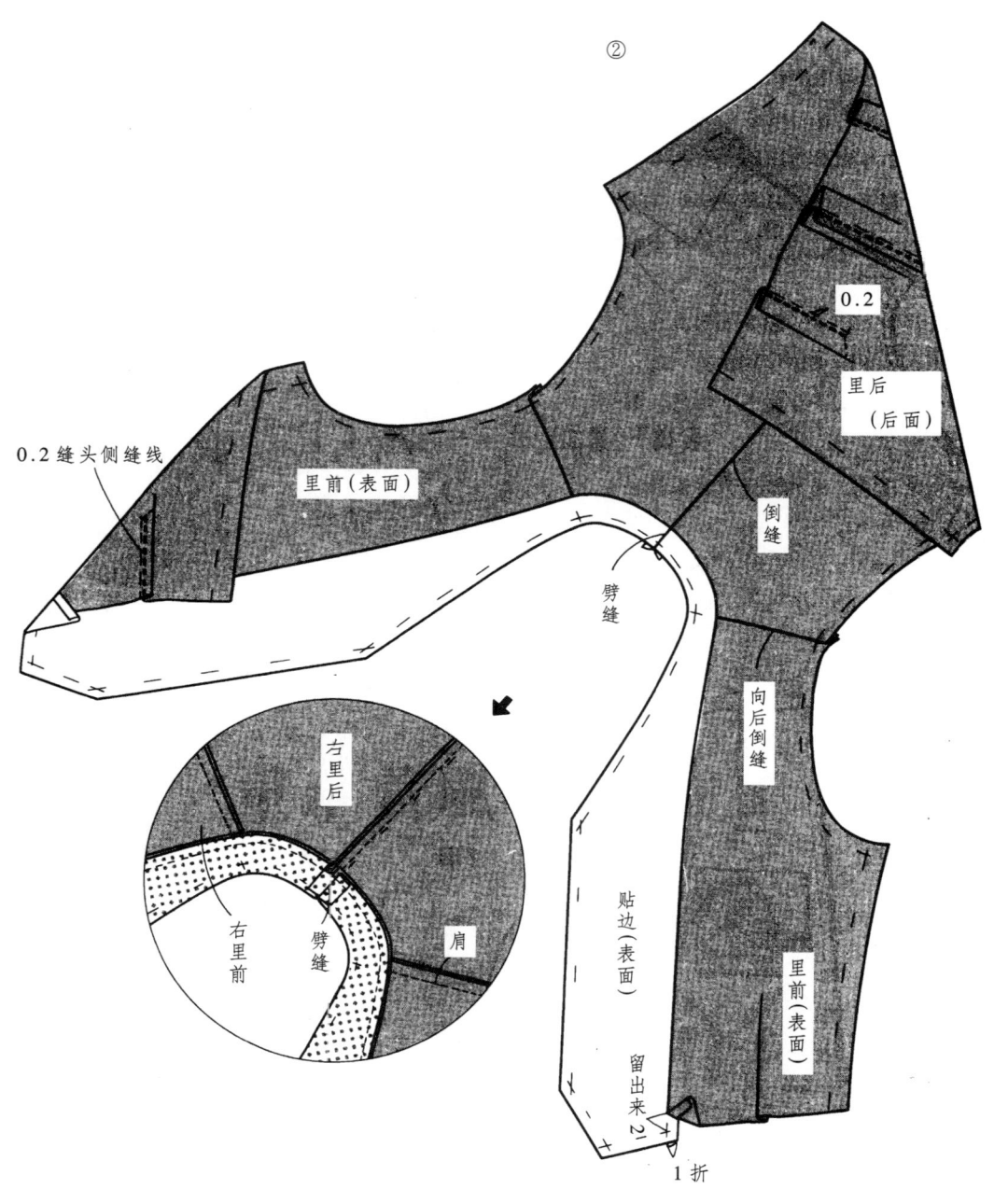

图 3-5-6②

②缝合里布的肩缝,向后倒缝。然后与前贴边缝合到后领口,这里后中心要合到净印线处,最后合后中心。贴边部分劈缝,里布向右身倒缝。

③把表身与里身反面朝外比齐,从右身的贴边边缘开始,钩缝到左身前门。

袖窿缝线要在侧缝的净印线处缝止打回针。为吐止口,缝线要从净印线向缝头靠0.2cm。

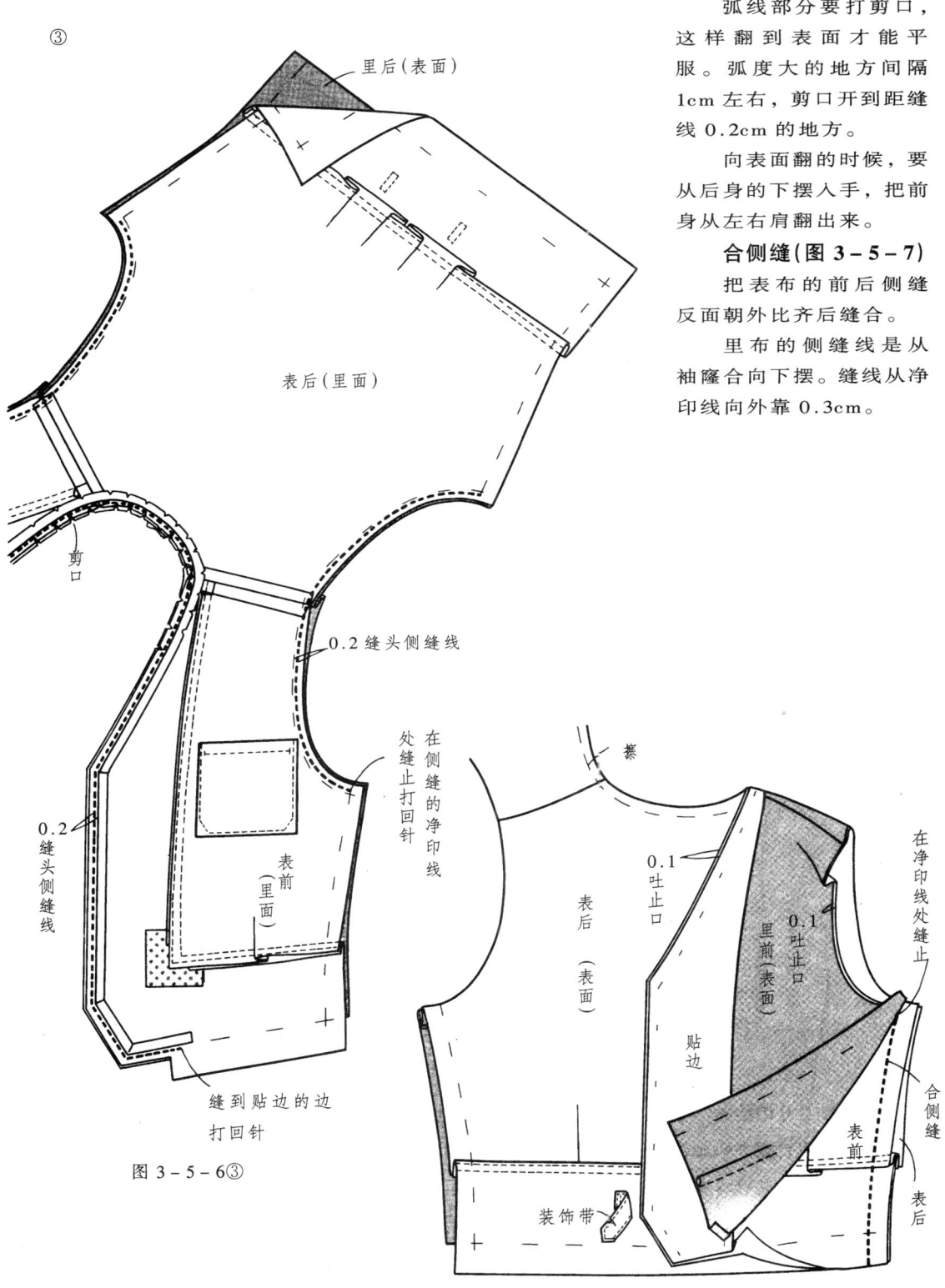

弧线部分要打剪口，这样翻到表面才能平服。弧度大的地方间隔1cm左右，剪口开到距缝线0.2cm的地方。

向表面翻的时候，要从后身的下摆入手，把前身从左右肩翻出来。

合侧缝（图3-5-7）

把表布的前后侧缝反面朝外比齐后缝合。

里布的侧缝线是从袖隆合向下摆。缝线从净印线向外靠0.3cm。

整理（图 3-5-8）

扦表、里身的下摆，然后压前门、领口、袖窿明线。最后锁眼，钉扣。

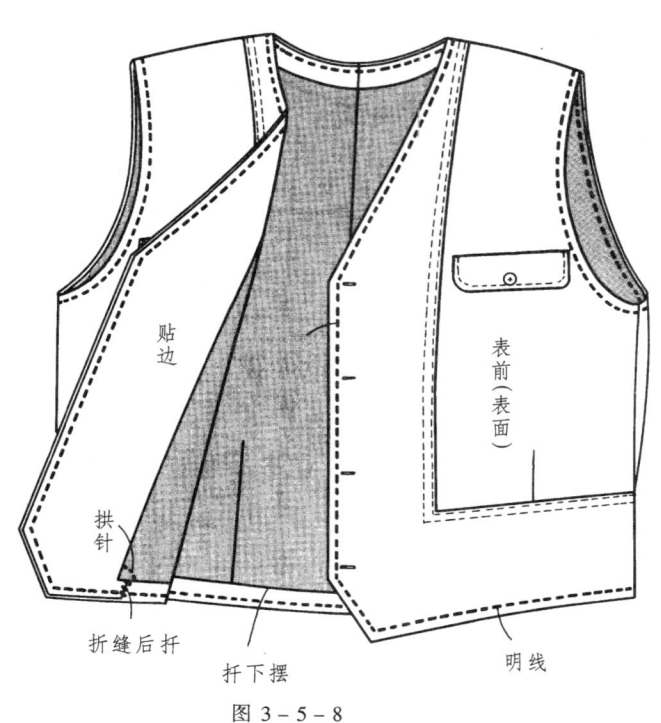

图 3-5-8

男式重叠式马甲

设计说明

以胸袋和两个吊袋为注目点，双前门、年轻化的重叠式马甲，为随便型的服饰搭配。

使用量

表布 140cm 幅宽 120cm，90cm 幅宽 180cm

里布 90cm 幅宽 70cm

粘合衬（前身、过肩、装饰带、袋口量）90cm 幅宽 90cm

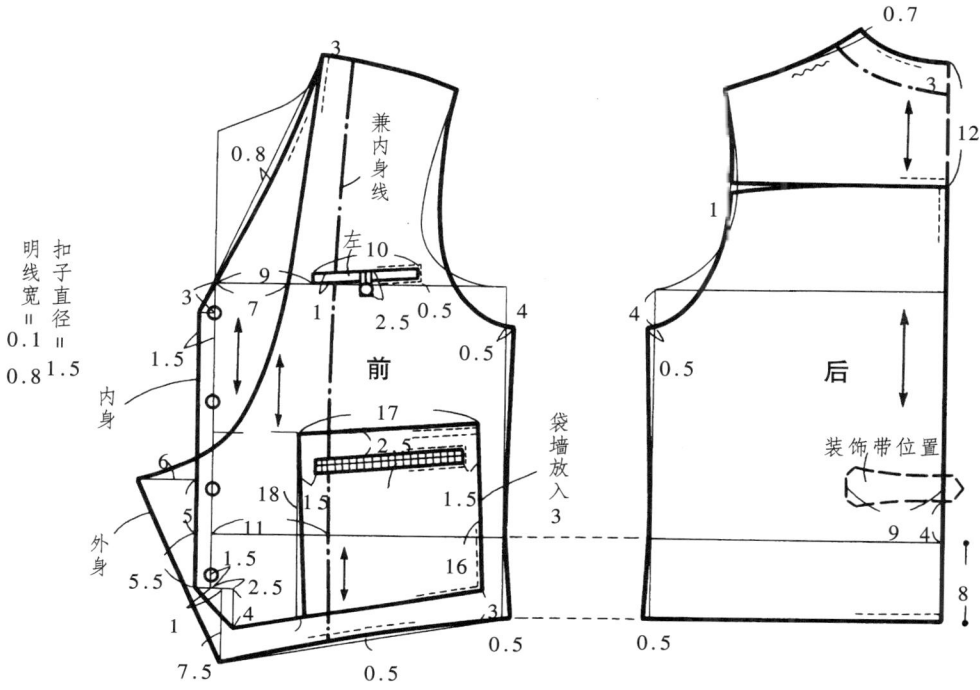

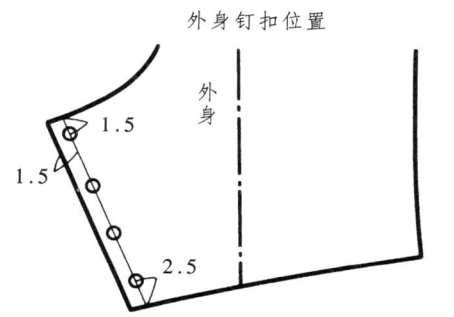

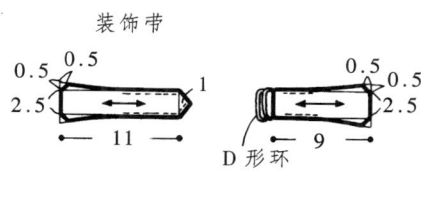

图 3-6-1

制图（图3-6-1、图3-6-2）

前门襟的重叠部分，是以外前贴边线为分割的，看起来像套穿的两层。

后领口贴边要与内身贴边拼合（图3-6-2）

长度是从腰围线开始后面延长8cm，前面延长13cm，形成前下落的下摆线。

制作要点（图3-6-3～图3-6-5）

前门襟贴边要裁外身与内身的两种贴边。

吊袋（带有袋墙的衣袋）的制作方法（图3-6-3）

衣袋要绱在外前身上。袋墙有两种裁法，A是与表袋布连续裁出来的方法；B是单独裁出来再与袋布相连的方法。

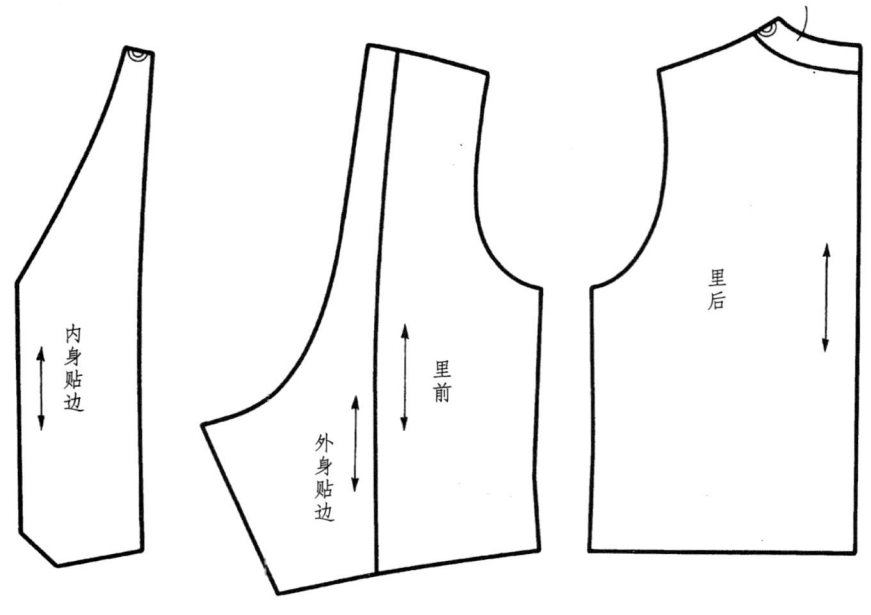

图 3-6-2

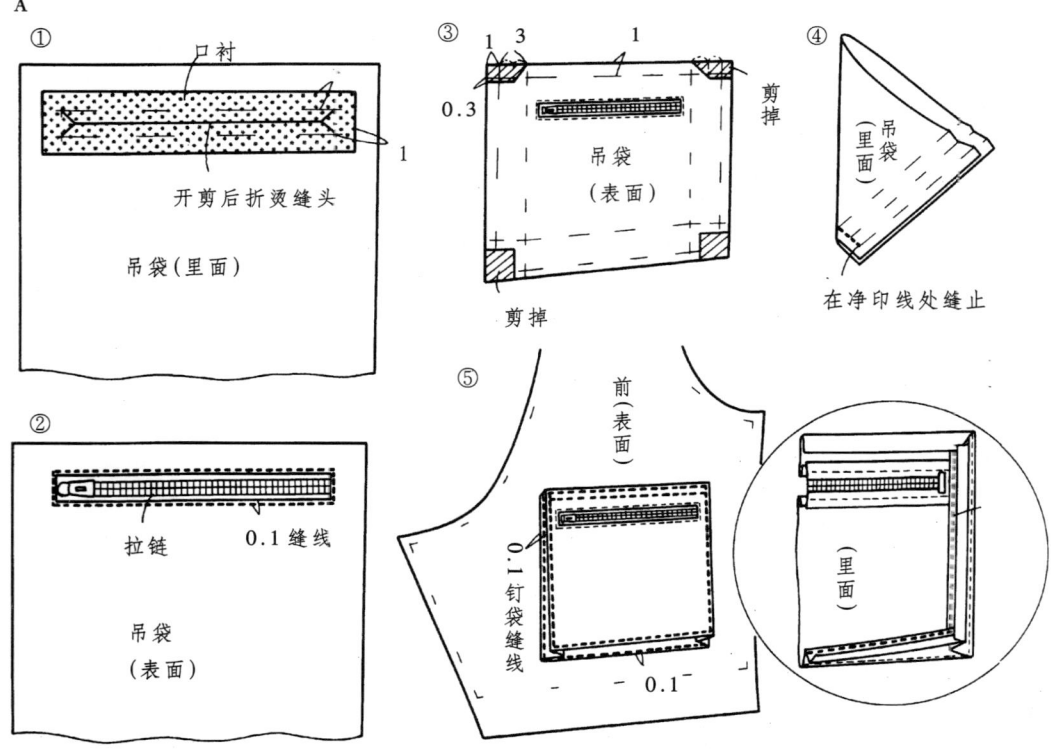

图 3-6-3A①~⑤

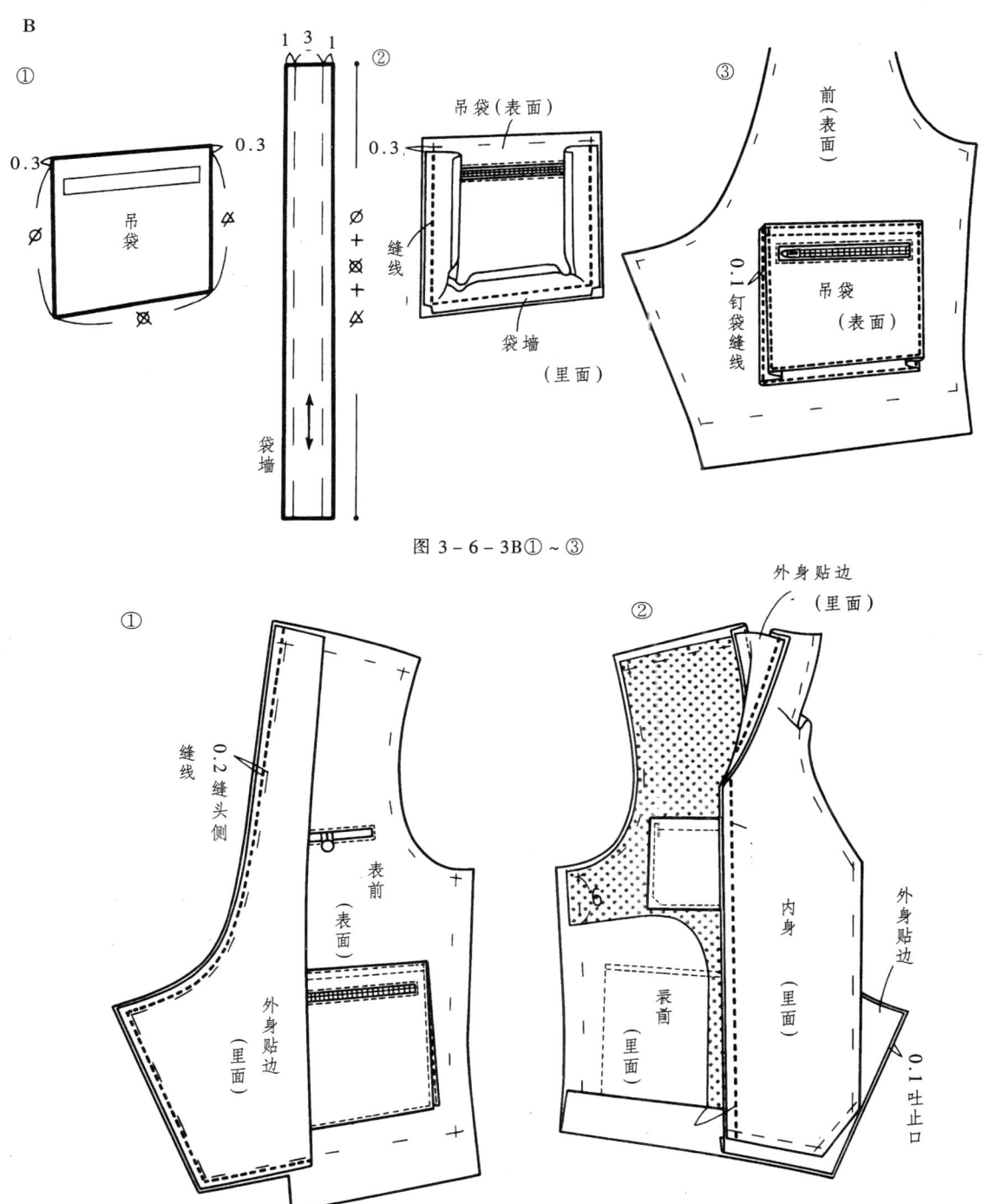

图 3-6-3B①~③

图 3-6-4①、②

前门襟、领口、袖窿的制作（图 3-6-4）

①把外前身与贴边反面朝外比齐，从前门钩到贴边下摆。为吐止口，缝线要从净印线向外靠 0.2cm，翻到表面整烫。

②把外身的贴边内侧与内身反面朝外钩缝。

③在表后身钉装饰带,表里身同时合肩缝,贴边与里身缝合。然后,把表身与里身反面朝外比齐,钩前门、领口与袖隆,翻到表面后领口、袖隆都吐0.1cm止口。

最后整理(图3-6-5)

侧缝线以上一款式的要领缝合,下摆要暗扦,然后压前门襟、领口、下摆明线。袖隆线用拱针固定。

最后,在两个身上锁眼,钉扣。

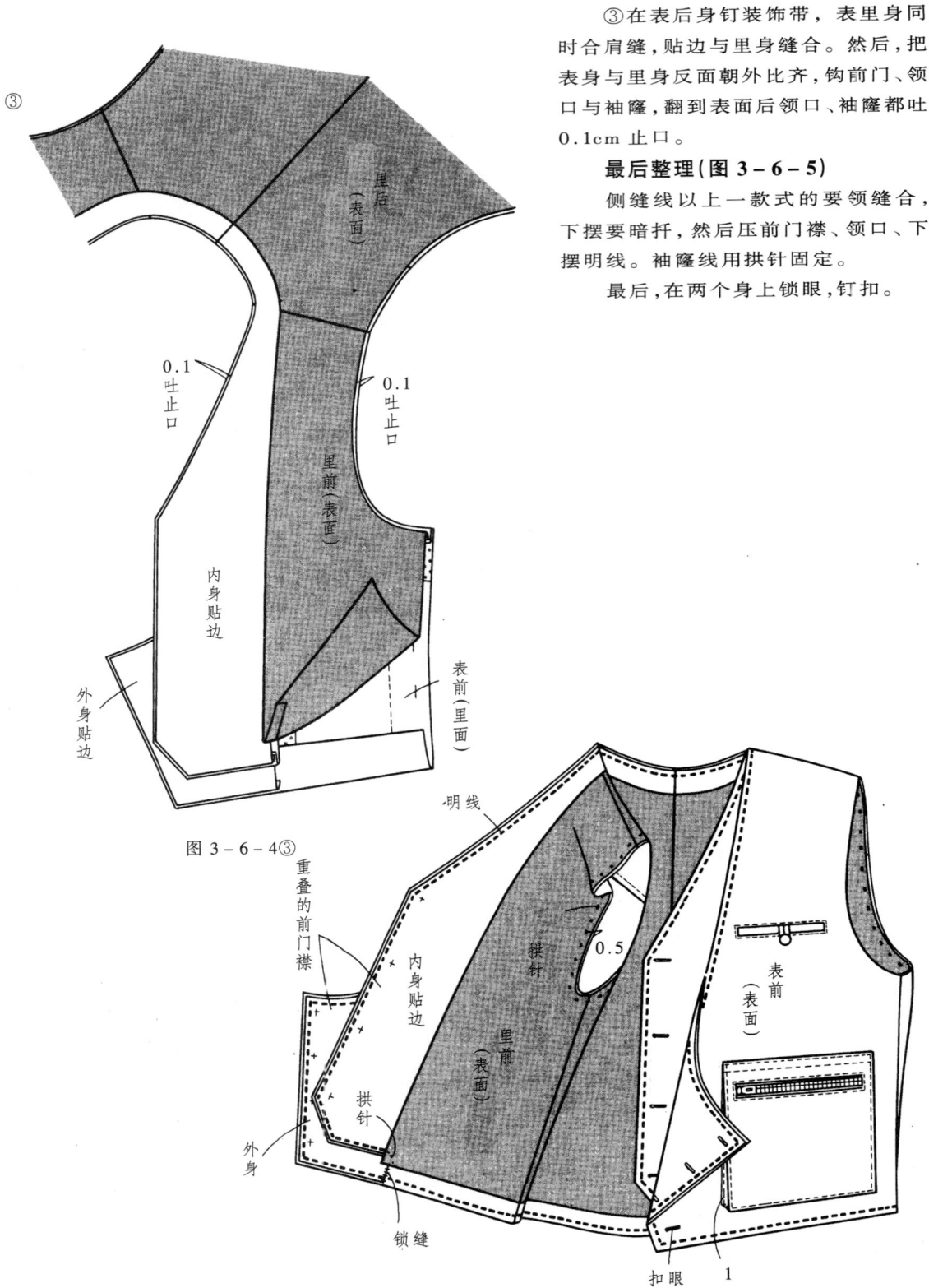

图3-6-4③

图3-6-5

第四章
中山服

设计说明

中山服结构严谨,庄重,八字型关门领,正中五粒扣直线均匀排列,四个均衡对称带有袋盖明贴袋,加上缉明线及腰节收省,穿着后收腰挺胸,显得精神大方,是制服种类之一。

使用量

面料 140cm 幅宽 180cm
里料 90cm 幅宽 220cm
衬料(粘合衬)90cm 幅宽 150cm

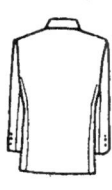

成品规格(cm)

后身长	胸围	大肩宽	领长	袖长	袖口
74	112	46	41	61	16

制图说明

衣身(图 4-1-1)

中山服是三开身的，后中心不破缝，后领窝在水平线基础上向上抬高 0.5cm，再找后领宽，在抬高 0.5cm 的基础上再抬高后领宽的 1/3 是颈侧点。

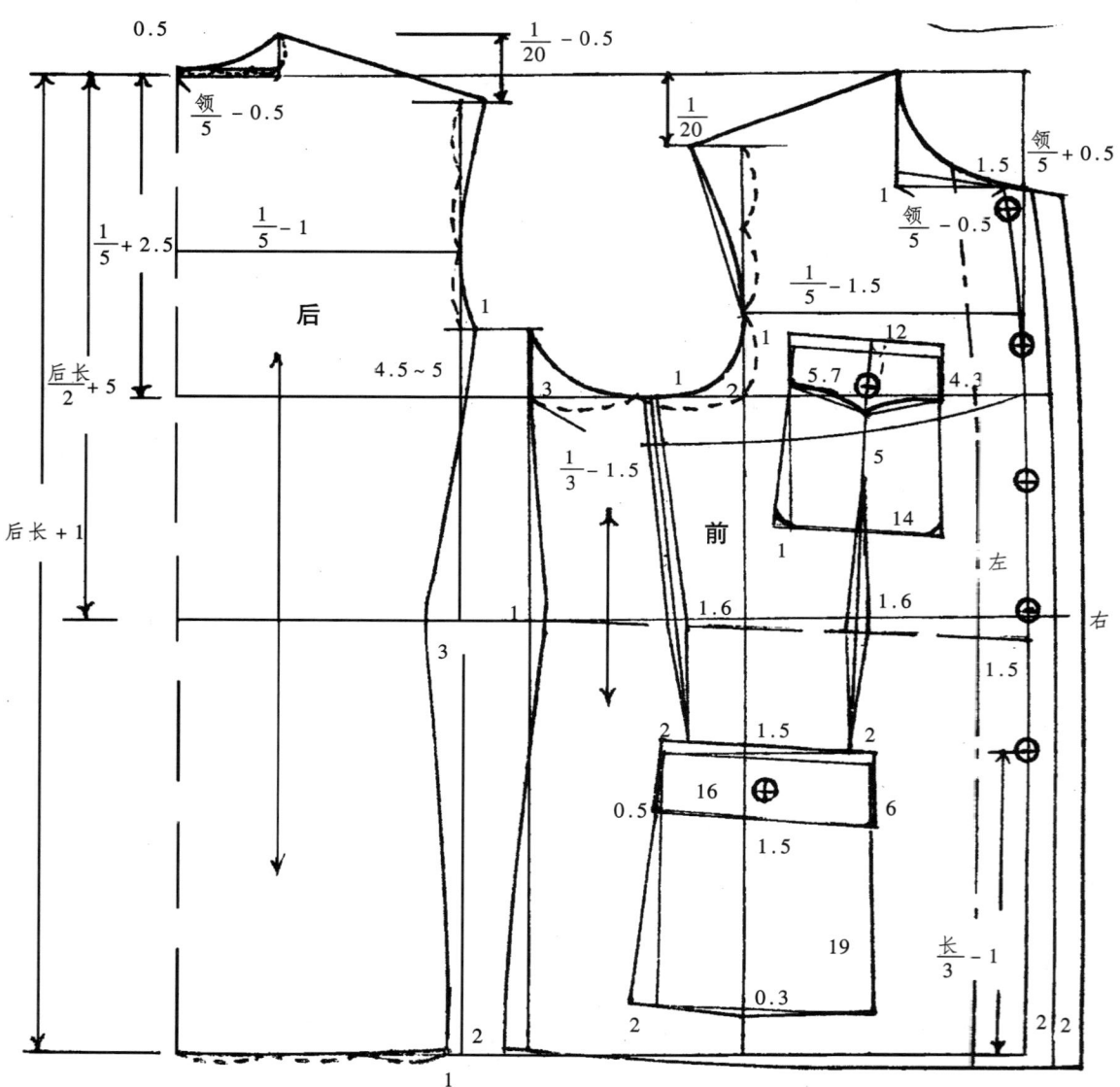

图 4-1-1

前衣身分左右大小前门，左边为小前门，搭门宽 2cm，右边为大前门，搭门宽 4cm，在前中心线上找前领深线，在领深线上先撇胸 1～1.5cm 再向里测量领前宽的尺寸。前中心线在下摆线向下 1cm，腰围线在前中心线上向下 1.5cm，收腰省的最宽点在此线上。前门五粒扣子，第一粒距领窝线 1.8cm，第五粒距下摆边是 $\dfrac{衣长}{3}-1$，中间三粒匀排，胸袋与第二粒眼位齐，大袋与第五粒眼位齐，贴边线可以是上下宽狭一致的或者是上比下宽出 1cm 取直即可。

袖（图 4-1-2）

这是与西服袖基本相同的两片袖子的制图。袖上肥与袖山高可根据材料及整体造型，可做适当的变动，袖口装饰开口的钮扣普通为 3 粒。

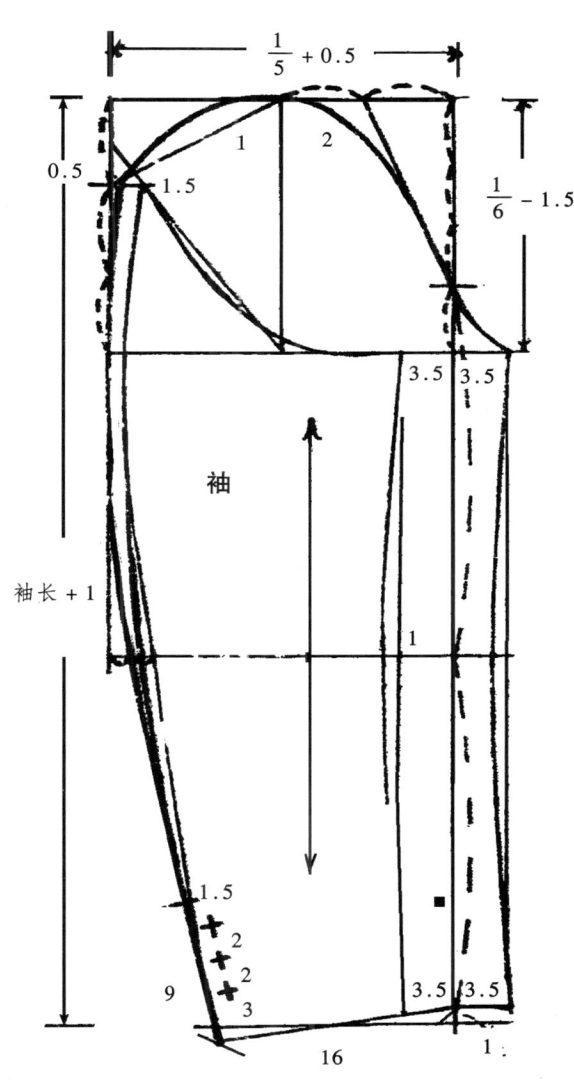

图 4-1-2

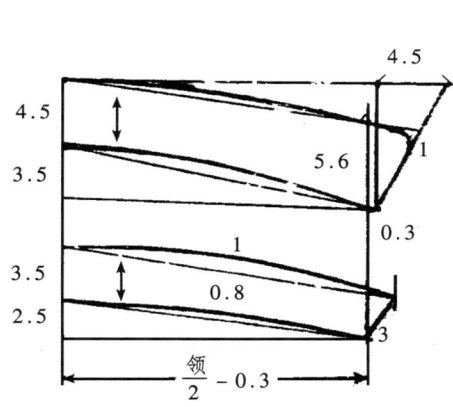

图 4-1-3

领（图 4-1-3）

因为是关门领的造型，所以领子的尺寸很重要，并要求领子很自然的符合脖颈，翻领是在座领的外围，在制图时翻领比座领要放出 0.3cm 的吃量。

大小袋盖与大小袋布

小袋盖前降 0.5cm,后抬 0.5cm,两边宽为 4.3cm,中尖长 5.7cm,中尖线与水平线垂直。大袋盖后翘 1cm,两边宽 6cm,前边与水平线垂直,后边在与水平线垂直的基础上向外侧出 0.5cm(图 4-1-4)。

大小袋布因为是在袋盖的下面及材料自身的厚度,所以大小袋布的袋口在袋盖大小尺寸基础上两边各进 0.2cm(图 4-1-5)。

单位:cm

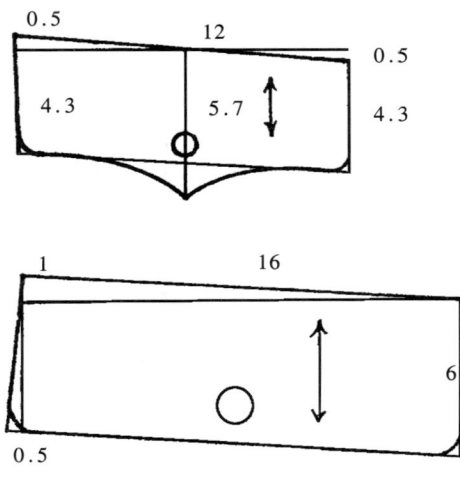

图 4-1-4

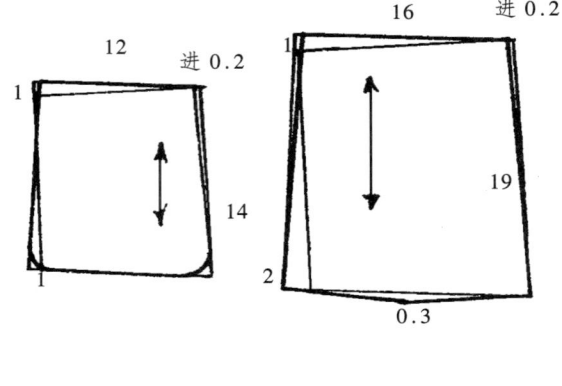

图 4-1-5

样板说明

①面料样板(图 4-1-6)

在净样印的外侧平行放出缝头量来。一般情况下缝头量的大小是 1cm~1.5cm,注意尖角位置处的放量,有不顺的地方要订正。在样板上要标明纱线向及合印位置(图 4-1-6①)。

大小袋布的上口都是用黑布沿边的,所以不需加放缝头量。大袋布三边放 3cm,两角留 1cm,多余打掉。大小袋盖均为 0.8cm 的缝头(图 4-1-6③)。

贴边里口缝头顺直取 1cm 即可,前片有撇胸贴边要与前片的撇胸相一致(图 4-1-6②)。

②里料样板(图 4-1-7)

里布要在宽度及长度上加放余量。宽度上的余量分别把各个缝头量加大即可;长度上与下摆净样印平齐或者比净样印加长 1cm(这 1cm 是预缩量)(图 4-1-7)。

③衬料样板(图 4-1-8)

以前由于我们做毛料中山装时是采用传统敷衬的工艺方法,所以在裁剪时需有大身黑碳衬等等,该方法工艺较复杂。这里给大家介绍新工艺,是使用粘合衬的方法。为了使肩头平、挺更美观,所以在前片粘完衬以后再敷上肩头衬能充分显示外观造型。

前身粘合衬使用厚衬,其他部位使用薄衬即可。

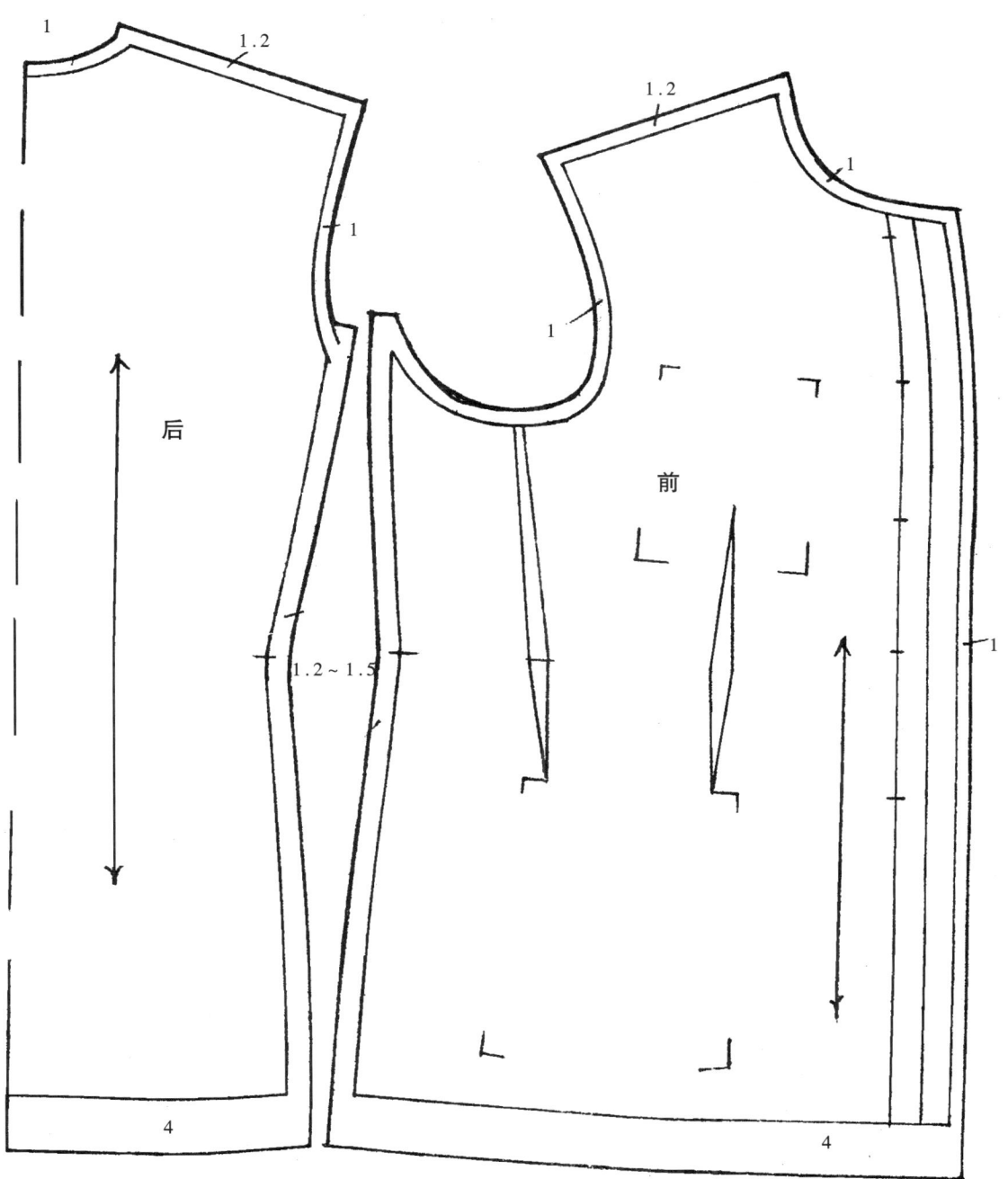

图 4-1-6①

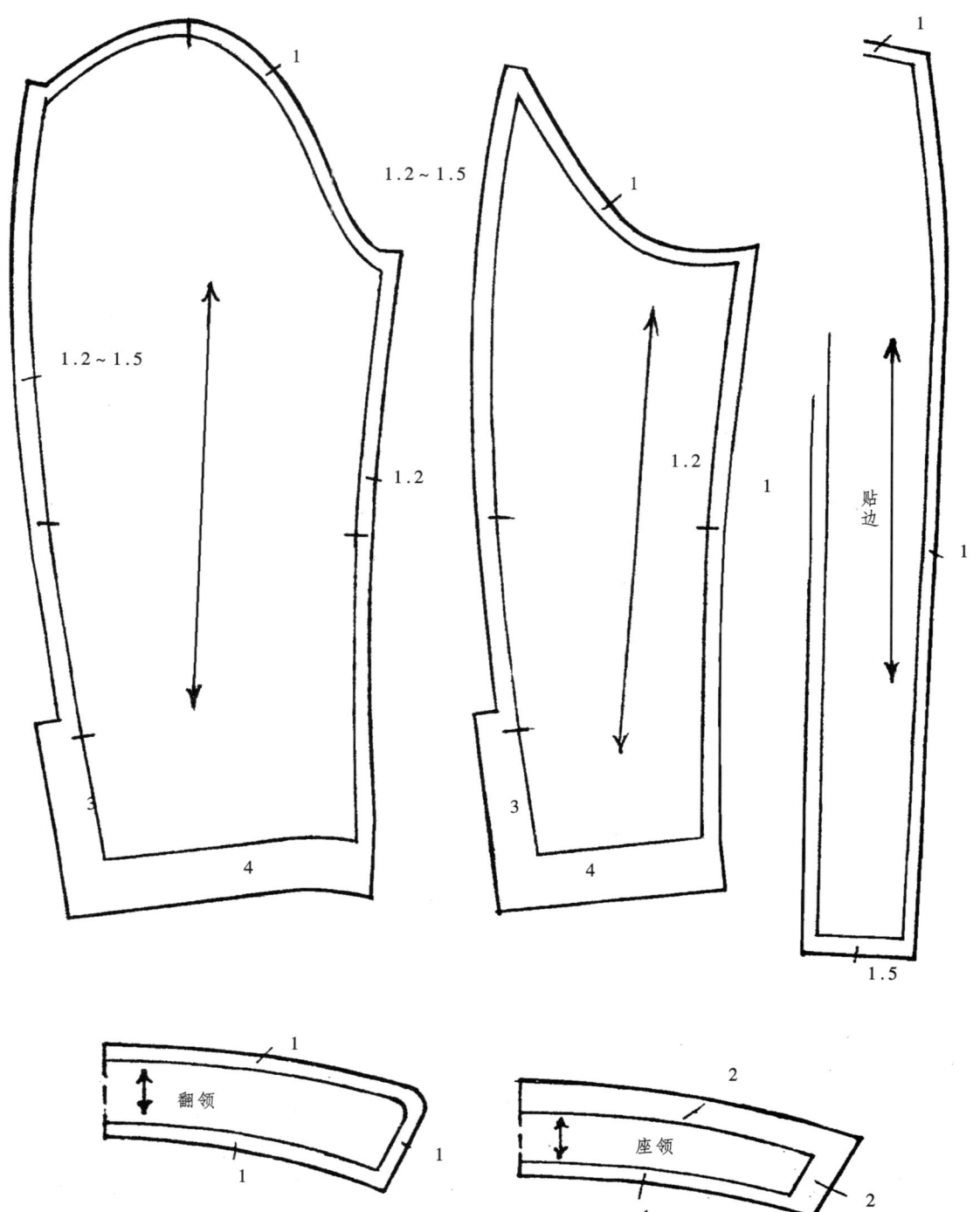

图 4-1-6②

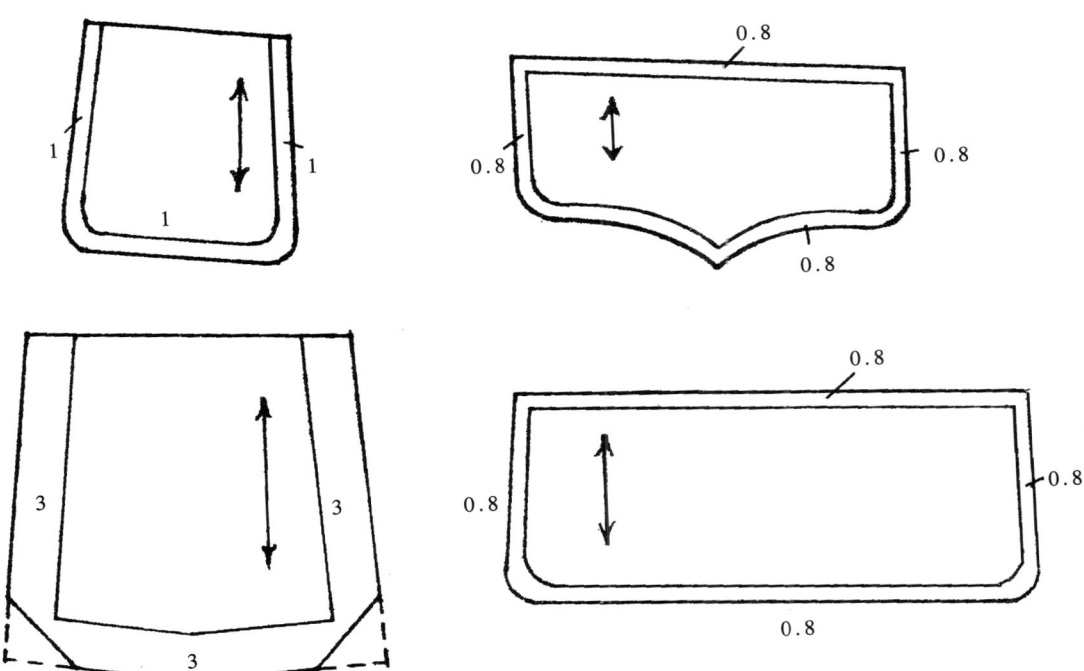

图 4-1-6③

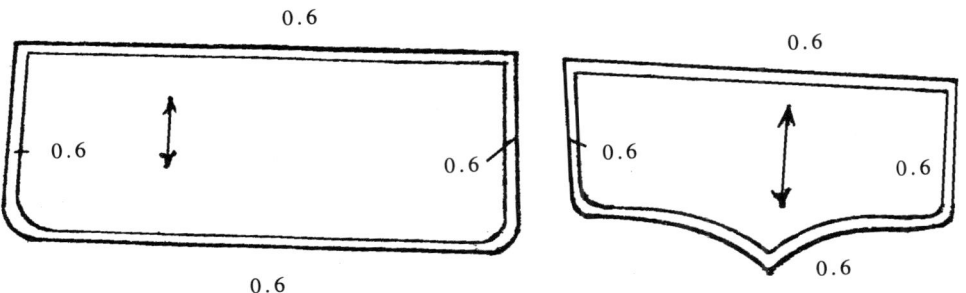

图 4-1-7③

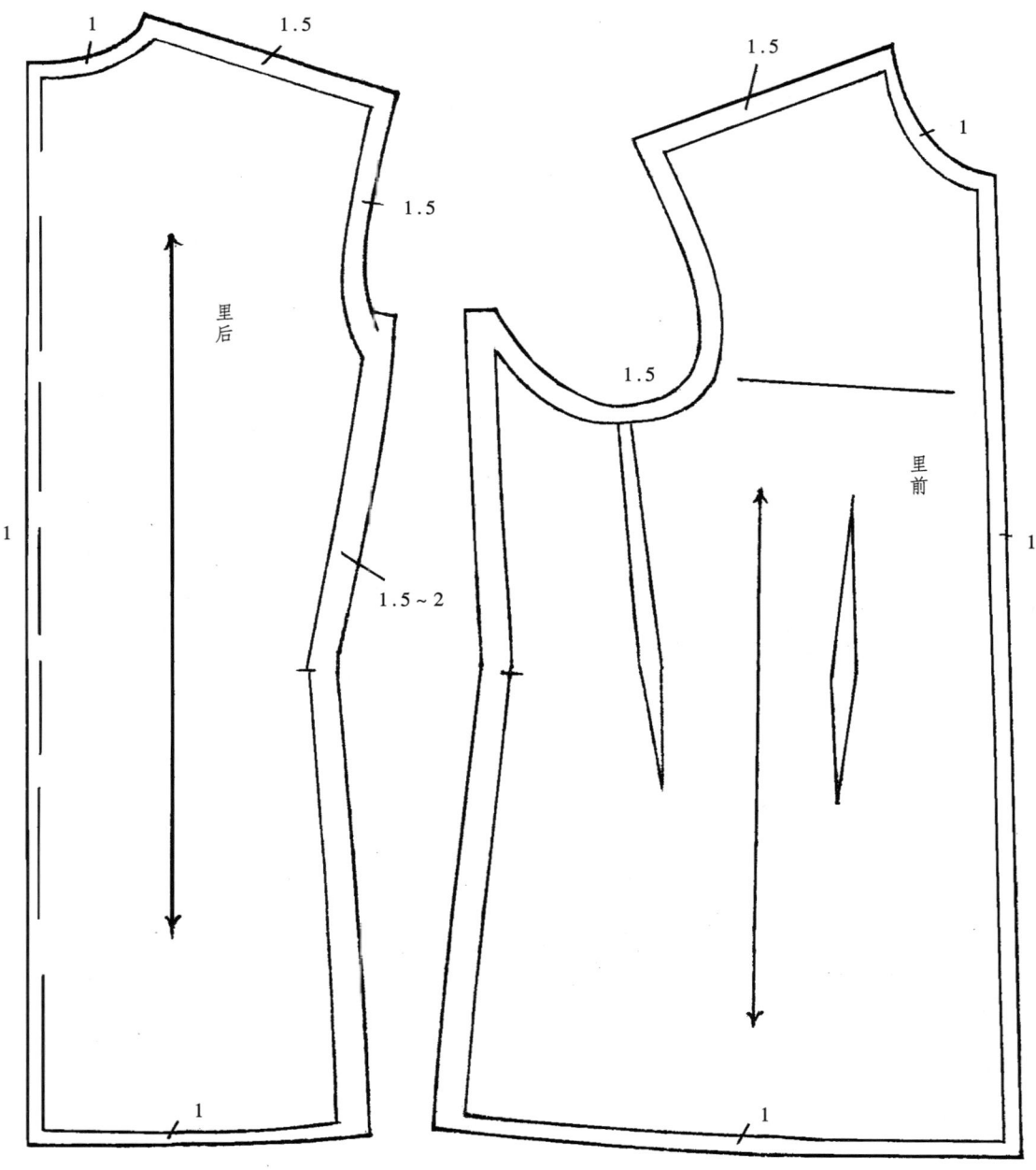

图 4-1-7①

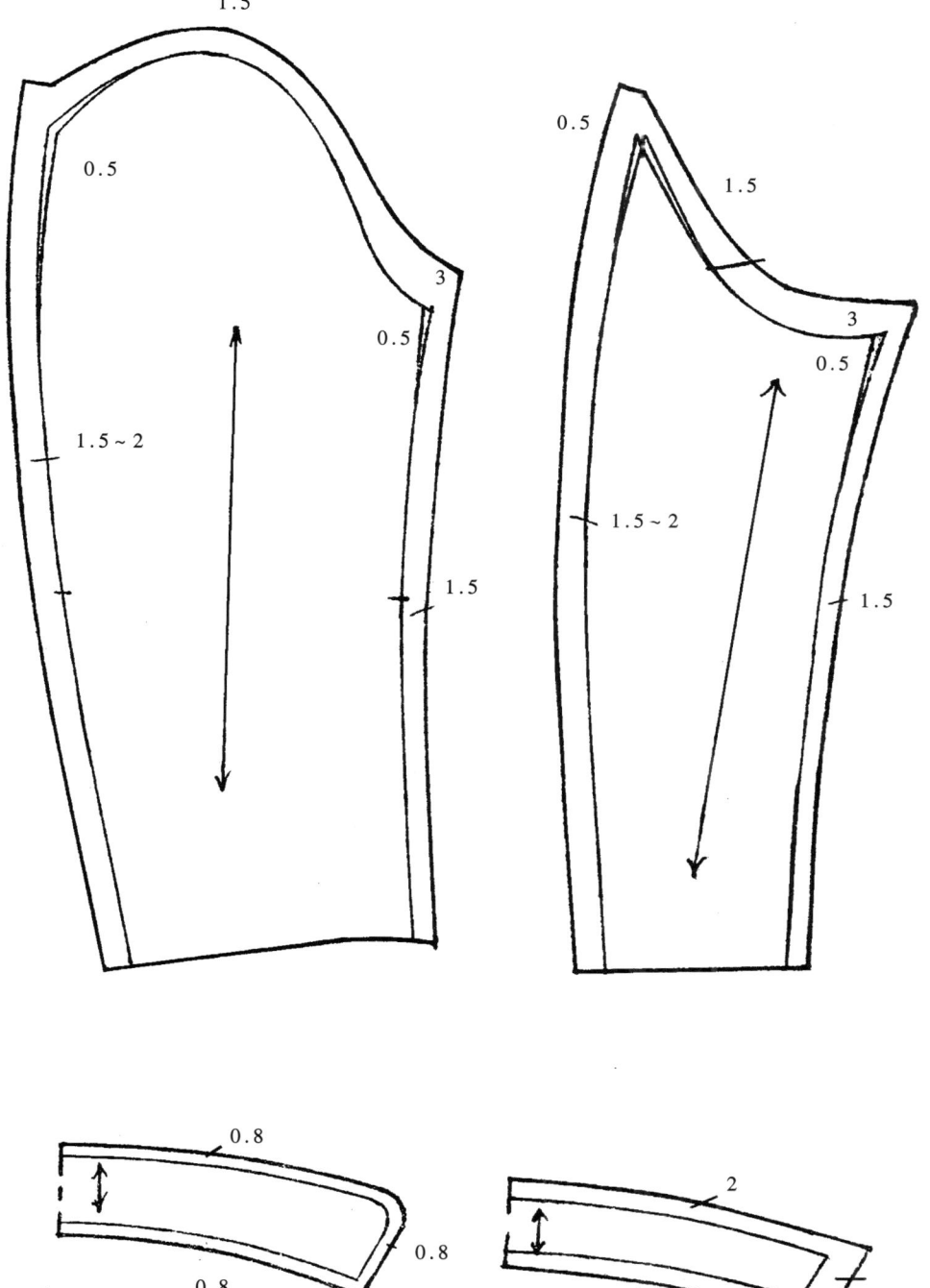

图 4-1-7②

肩头衬使用黑碳衬,领窝处8cm,袖隆处是12cm,斜纱下裁(图4-1-8①)。

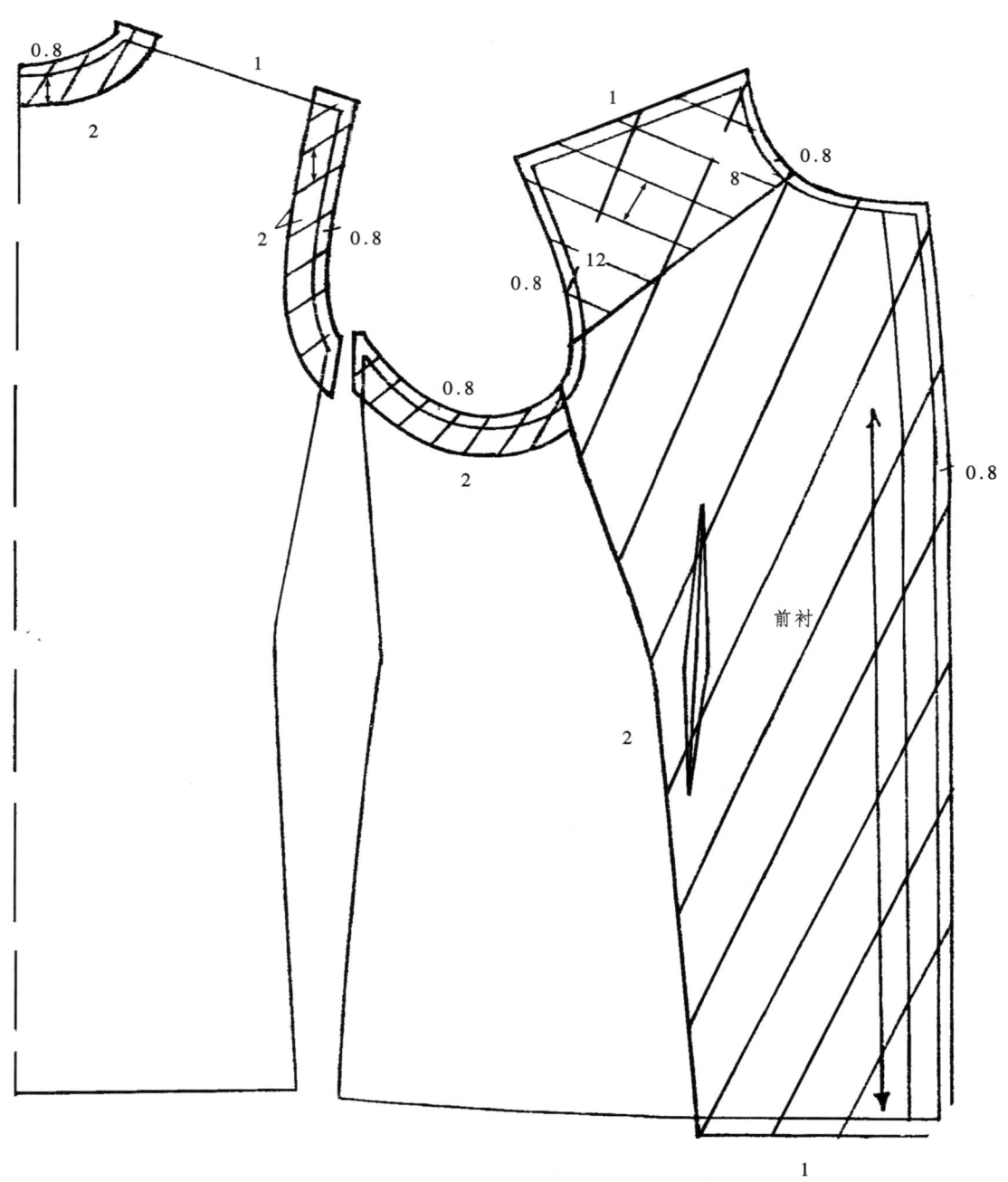

图4-1-8①

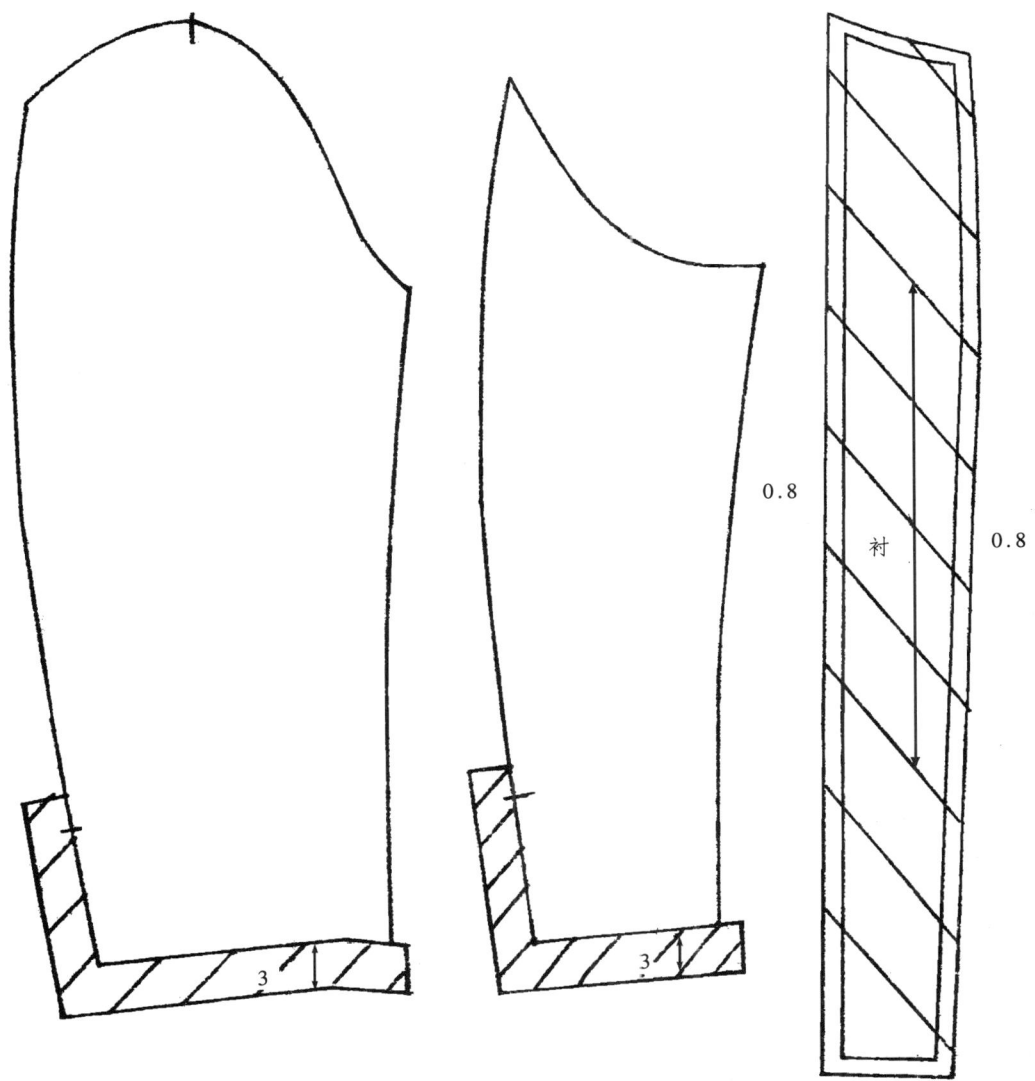

图 4-1-8②

座领衬是用厚衬净样下裁（或用腰头衬、树脂衬）。

袋盖衬和翻领衬粘在袋盖及翻领的里布上，一般情况，面上不粘衬为佳（图4－1－8③）。

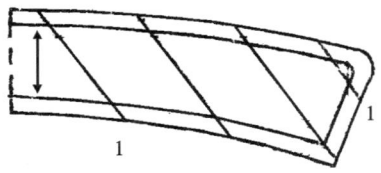

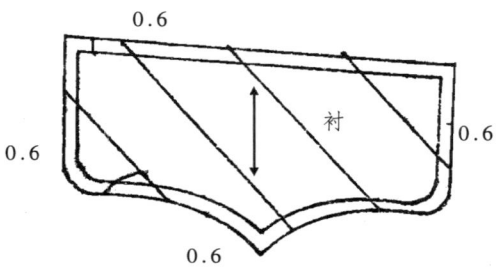

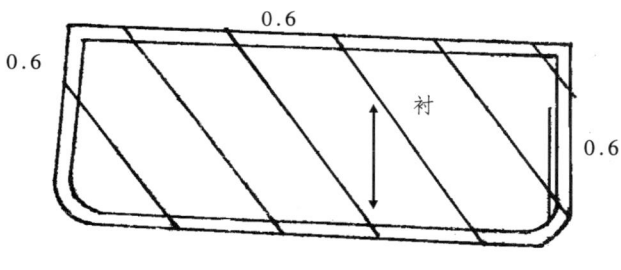

图4－1－8③

面料、里料的裁断

面料在下裁时，如果有倒顺毛的面料，样板的方向都向一方放置，条格织物的注意对条对格（如排料图4－1－9）。

里布下裁时，把里布对折样板放平即可（如里布的排料图4－1－10）。

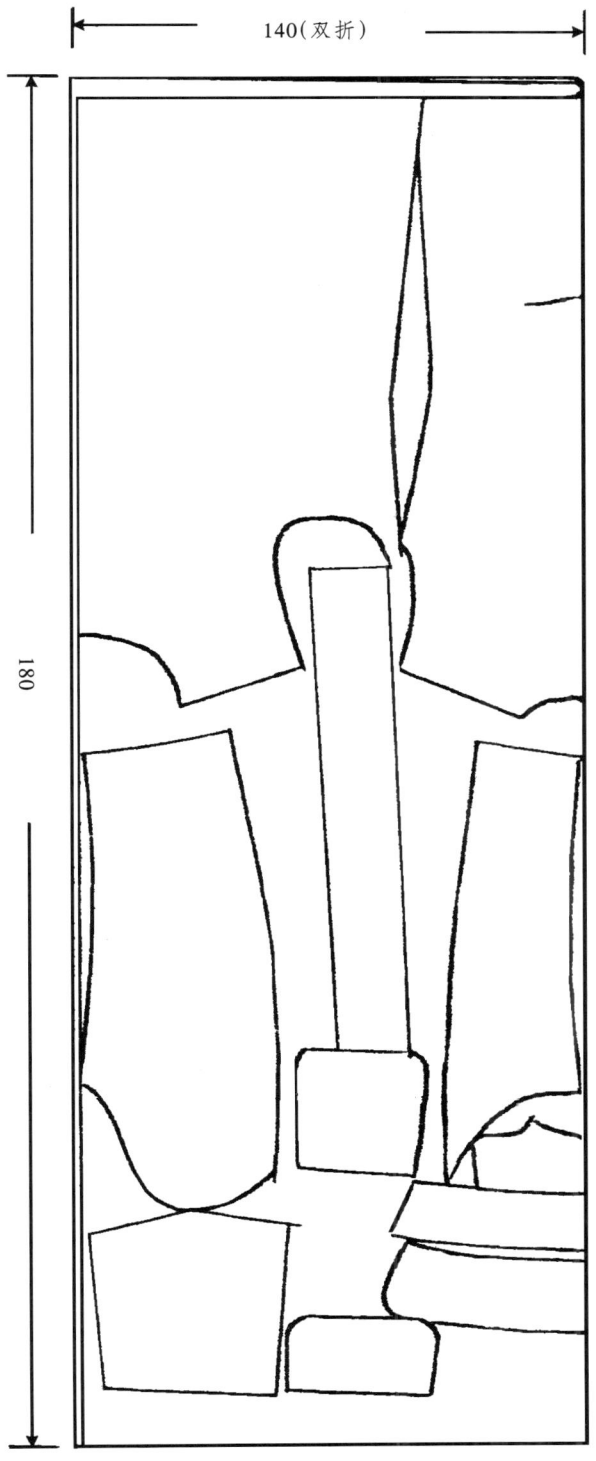

图 4-1-9

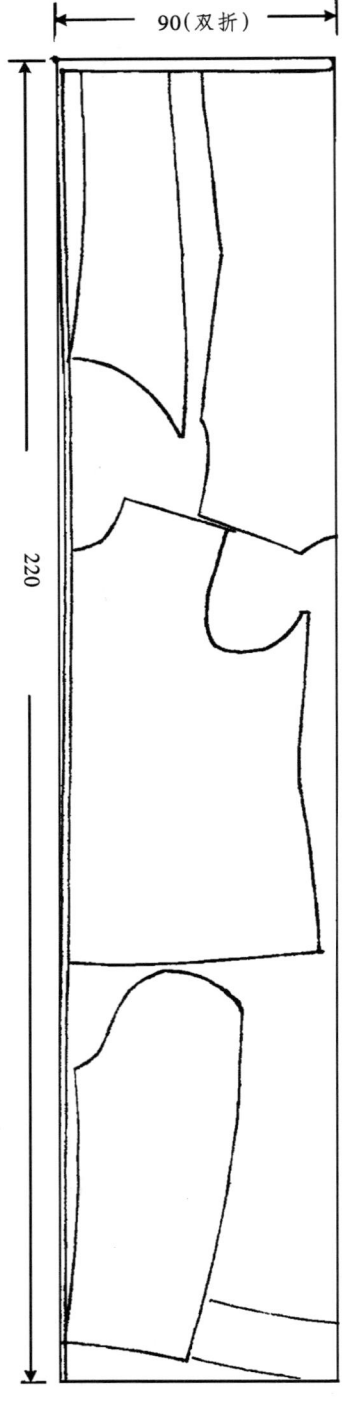

图 4-1-10

中山装的缝制工程表

准备工程

1. 面料裁剪 前身、后身、袖、贴边、大袋布、小袋布、大袋盖、小袋盖、翻领面、座领面。
2. 里料裁剪 前身、后身、袖、大袋盖里、小袋盖里、翻领里、座领里。
3. 衬料裁剪 前身衬、贴边衬、袖隆衬、袖口衬、袋盖衬、领衬。

第1工程

1. 收表前身省缝,并向侧缝方向倒烫。
2. 里前身与贴边缝合,缝头倒向里前身侧。
3. 收里前身省缝,并向侧缝方向倒烫。
4. 缝合里后身中心缝,倒向左身并烫出余量。
5. 钩大袋盖与小袋盖,整烫外形及余量。

第2工程

1. 把大袋布与小袋布的成品外形烫好。
2. 按要求把大袋布、小袋布绱在前身袋口位置处。
3. 把大、小袋盖缉在袋布上口处。
4. 在里前身上做里袋。

第3工程

1. 在表前身小肩处敷肩头衬。
2. 缝合表身肩缝并劈烫,再把黑碳衬用手针縩在小肩缝头上。
3. 缝合表身腰侧缝,劈烫缝头。

4. 缝合里衣身的肩缝,腰侧缝,缝头倒向后身,并烫出0.3cm的余量。

第4工程

1. 钩左、右贴边及下摆边,翻烫整形。
2. 用手针縩上表身腰缝与里身腰缝。
3. 缉门襟明线。
4. 钩翻领,做领结合。
5. 绱领子。

第5工程

1. 缝合表袖的袖底缝、袖外缝,做袖开口。
2. 缝合里袖的袖底缝、袖外缝,表里袖口。
3. 表、里袖底缝,袖外缝用手针縩好。
4. 抽袖山,一般袖山的吃势为3.5cm左右。
5. 绱袖子。

第6工程

1. 锁眼,钉扣。
2. 縩线全去掉,手针扦领口。
3. 成品整烫。

中山装的缝制要点

① 做袋(第1、2工程) (图4-1-11)

中山装大小袋两边对称,是外形对比的主要部位,如:袋位的高低、袋的长短及进出、小袋的圆头与斜势,袋盖与袋口的大小与顺直,缉明线的宽窄。

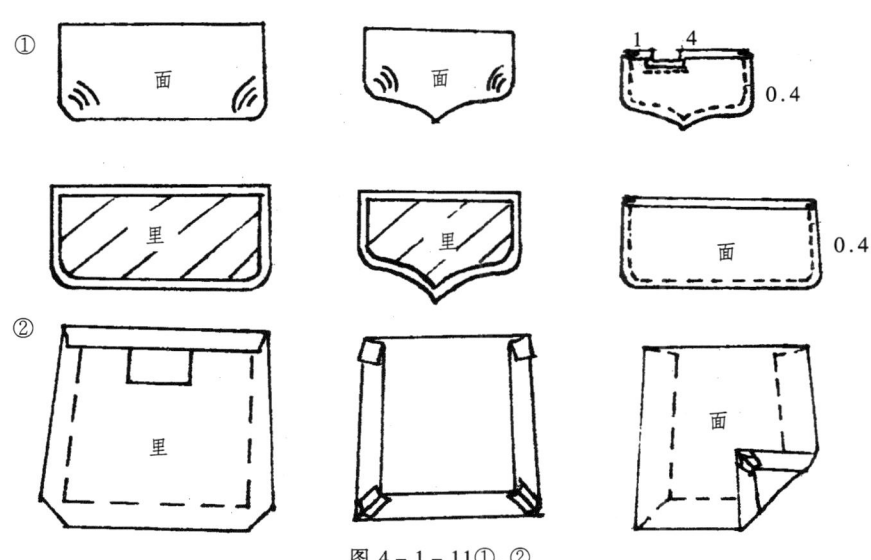

图4-1-11①、②

大小袋盖钩好,吃势均匀,子口 0.1cm,明线规整。小袋盖留插笔孔。

大小袋布与里钩好,按净样印烫好,袋口滚边,钉扣部位加本色垫布一块,以加强钉钮牢固。

如图,把烫好的大袋布、小袋布分别用手针撩到身的袋口位置上,要在布馒头上撩,使之有相应的胖势,撩线要撩袋边缘,撩牢,以免移动。

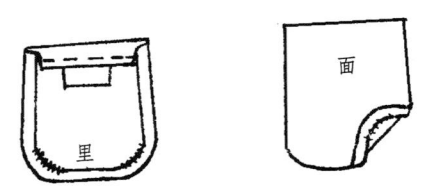

图 4-1-11③

袋布撩好后,在按袋边沿缉线。缉线要顺直,两头回针把线头引到反面打牢结头,然后再把大小袋盖缉在袋口上边,袋盖略有余量,以适合胖势。

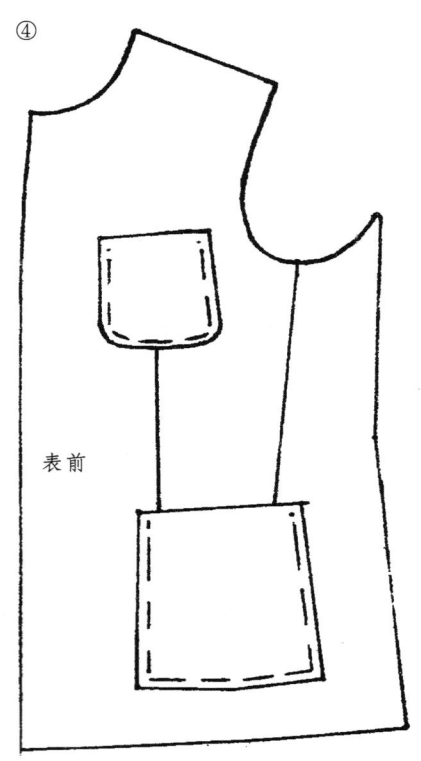

图 4-1-11④

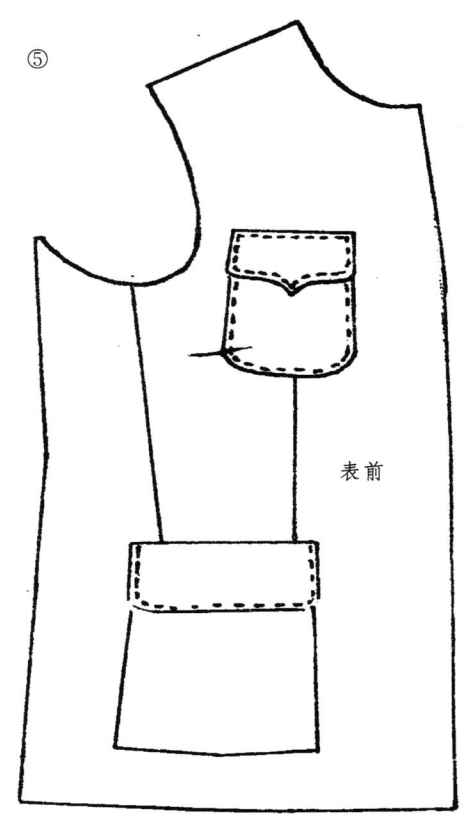

图 4-1-11⑤

中山装的里袋与西服的里袋制作工艺相同,请参考西服里袋的制作。

②做领子

先钩翻领,把翻领里面比好吃势均匀钩缝,清剪缝头翻烫,子口 0.1cm,两边圆角圆顺大小一致,烫平服,再缉 0.4cm 明线(图 4-1-11⑥。

绱领勾,先把座领衬粘在座领面料上,座领净样的宽三等份缉两道明线,然后将四边缝头和转,两头钉领勾(注是左勾右环),领勾与领口平齐(图 4-1-11⑦)。

领结合:翻领与座领缝合时,翻领在有吃

⑥

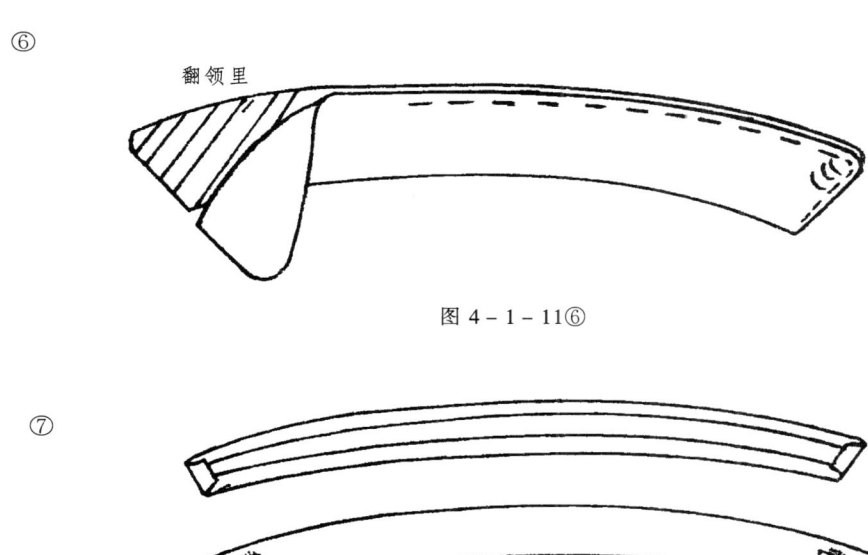

图 4-1-11⑥

图 4-1-11⑦

势，从领角进 3cm 开始，在颈肩转折部位略微多吃些，后领窝不放吃势，但左右两边吃势要一致，进出要一致。缝合时，座领比翻领进 0.15cm，不可过多或过少（图 4-1-11⑧）。

⑧

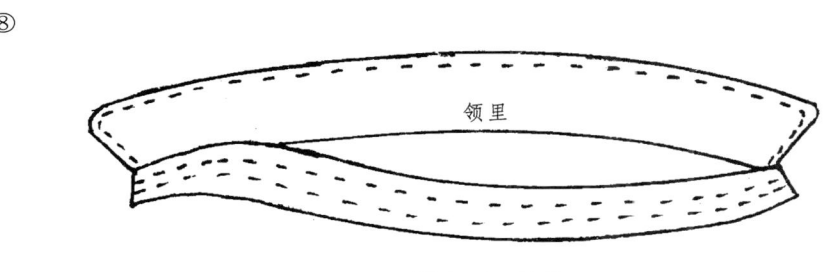

图 4-1-11⑧

③绱领子

一般左领台 2cm，右领台 4cm，在绱领子之前，先把后领中心点、肩缝点、大身肩缝的合印位置定好、绱领时，两头要压领台 0.15cm，以防缺嘴处毛露。绱领子时，吃势放在两边肩缝前后转折部位，而大身要略拔开，后领平绱不宜放吃势，两边吃势对称，绱圆顺，领头不歪斜。

除此之外，其他缝制工艺与男西装的相同，请参见男西装即可。另外还要再补充一点，中山装素有国服之称，我国人民在庄重的场合穿着较多，因此，对它的质量要求较高。中山装对称部位多，缝制难度大，要作好它是需要下一番功夫的，所以要认真学习。

中山装总的质量要求：

外形美观，穿着合体，领头服贴，肩头平服，胸部包满，大身挺括，止口顺直，袖子圆顺，后背方登，面里整洁，熨烫平整，规格正确。

⑨

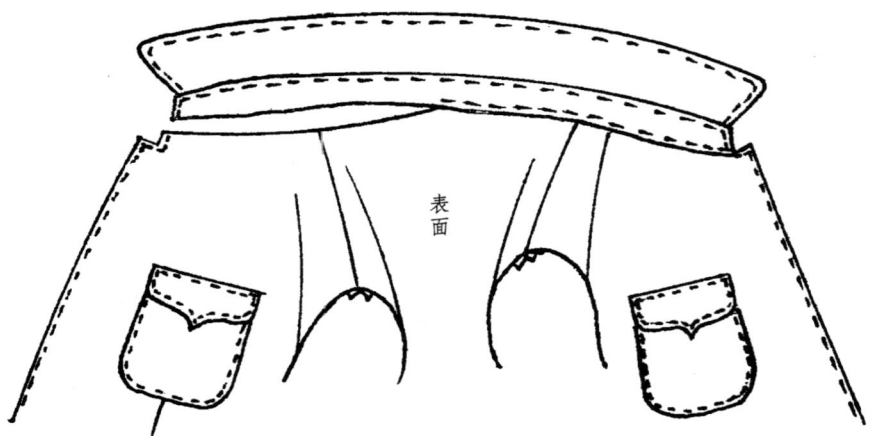

图 4-1-11⑨